FRANÇOIS DE SINGLY

François de Singly, sociologue, est professeur à la faculté des sciences sociales de la Sorbonne, et directeur du Centre de recherches sur les liens sociaux (CERLIS/CNRS-Université de Paris V). Spécialiste reconnu de la famille et de la vie privée, directeur de collection chez Armand Colin, il a publié de nombreux ouvrages, dont *Libres ensemble* (Nathan, 2000), *Fortune et infortune de la femme mariée : sociologie de la vie conjugale* (PUF, 2004) et *Les uns avec les autres* (Armand Colin, 2003).

LE SOI, LE COUPLE ET LA FAMILLE

DU MÊME AUTEUR

CHEZ POCKET

LIBRES ENSEMBLE

FRANÇOIS DE SINGLY

LE SOI, LE COUPLE ET LA FAMILLE

nouvelle préface de l'auteur

NATHAN

ISBN 2-266-13547-3

Remerciements

Nombreux sont les étudiantes et les étudiants qui m'ont aidé à concevoir ce livre, en réalisant des entretiens, en distribuant des questionnaires, en soulevant des objections, en proposant de nouvelles pistes.

Je pense aussi à Gilda Charrier avec qui j'ai réalisé une première version du travail sur Pygmalion.

Je n'oublie pas les membres du Centre de recherches en sociologie de la famille, les lectrices et lecteurs qui m'ont conseillé pour améliorer les premières versions de ce texte – notamment Claire Hennaut, Françoise Juhel, Jean-Claude Kaufmann, Catherine Pont-Humbert, Jean-Manuel de Queiroz. Je les remercie.

Je remercie également les institutions qui ont, d'une manière ou d'une autre, soutenu mon travail de recherche : la Caisse nationale d'allocations familiales pour la recherche sur le travail professionnel des femmes, le forum « *Gender* et emploi du temps » de l'Institut universitaire européen qui m'a accueilli à Florence, la Commission de la Communauté européenne, l'Association canadienne-française pour l'avancement des sciences, l'université de Rennes II et la faculté de sciences humaines et sociales de la Sorbonne (université Paris V).

Ce livre doit aussi beaucoup à mes proches. À Paul et Marie-Madeleine, mes parents. À Camille, Bertrand, Blandine, mes fidèles supporters qui n'ont pas été avares en encouragements. À Chantal qui estime avec indulgence que la fortune n'est pas écrasée sous l'infortune.

« — Écoutez, dites-moi une seule chose avant de partir. Qu'attendez-vous au juste ?

Un étonnement fugace sembla traverser son regard.

— Ce que j'attends ?

— Oui. Je veux dire, qu'avez-vous envie qu'il vous arrive ? Qu'attendez-vous qu'il se passe ?... Je veux dire que vous ne semblez pas... Je veux dire que vous vous traitez comme si vous n'étiez qu'un objet d'exposition, une espèce d'étoffe. Or vous êtes beaucoup plus que cela, mais quoi au juste ?

— Qu'avez-vous envie que je sois ? demanda-t-elle. J'aurais pu devenir tout ce qu'on aurait voulu, si j'avais su ce qu'on attendait de moi. »

F. SCOTT FITZGERALD, « Nouveaux genres »,
Saturday Evening Post, 1934.

Préface à l'édition de poche

Une nouvelle « garantie de qualité » dans la famille contemporaine

Les articles ou les ouvrages qui rendent compte des changements de la famille insistent avant tout sur la pluralité des formes de la vie privée. Et ils en dressent la liste : famille classique, famille monoparentale, famille recomposée, famille homoparentale. Cependant ce constat ne fournit pas les clés pour comprendre cette révolution domestique. En effet pourquoi l'institution du mariage a-t-elle perdu son pouvoir exclusif de fabriquer le cadre de la vie « normale » ? Pourquoi les enfants nés hors mariage ne sont-ils plus stigmatisés ? Pourquoi, même mariés, les hommes et les femmes pensent-ils que le mariage n'est pas nécessaire pour réussir leur vie de couple et de famille ? Pendant longtemps le mariage permettait de différencier les enfants légitimes des autres et de préserver ainsi la transmission du patrimoine domestique. Aujourd'hui le mariage est surtout une affaire privée parce que la famille doit produire des enfants dont le développement est harmonieux. Or personne, ou presque personne, ne croit qu'une institution peut apporter une telle garantie de qualité. Comme en témoignent par exemple la croissance des services d'aide à la parentalité et les discussions sur l'homoparentalité, la question porte désormais plus sur la compétence éducative des parents que sur leur statut matrimonial.

Le déclin de la preuve par l'institution accompagne un changement du registre des normes. Depuis les années 1960, depuis la « seconde modernité », les normes morales ont été remplacées pour une large part par des normes de type psychologique ou relationnel [1]. Ce qui compte dans les sociétés « individualistes » occidentales, c'est le fait que tout individu, petit ou grand, vive dans un environnement favorable pour développer son identité personnelle, pour devenir un être singulier. Un « bon » parent, un « bon partenaire » c'est celui ou celle qui apporte cette aide personnalisée. La famille devient ou devrait devenir un service d'aide aux personnes à domicile. Ces normes relationnelles sont associées à un interdit, celui de la violence qui s'inscrit dans la condamnation de la pédophilie et de la violence conjugale et familiale. Un enfant doit être traité comme une personne, mais comme une personne spécifique. Il n'a pas encore le pouvoir de donner son consentement. Il doit être protégé. Tout adulte qui abuse d'un enfant commet un crime. Un mari qui frappe son épouse en commet un aussi. Aucune excuse ne peut justifier le manque de respect – y compris corporel – vis-à-vis d'un proche. Le titre de conjoint ou de parent ne donne aucun droit de propriété sur la personne de son partenaire ou de son enfant.

Pensée avant tout pour la sphère publique, « la déclaration des droits de l'homme et du citoyen » s'applique de plus en plus à la sphère privée. Les droits des

1. F. de Singly, « La crise des normes », in *Les uns avec les autres*, A. Colin, Paris, 2003.

femmes et de l'enfant[1] reflètent l'individualisation à laquelle tout individu doit parvenir. Avoir un « monde à soi » est l'impératif social des sociétés modernes occidentales pour chaque personne.

Le travail des coachs à domicile

Idéalement, les familles offrent un cadre pour que chacun, petit ou grand, puisse devenir et rester lui-même, grâce d'une part à l'aide personnalisée de proches et d'autre part à une ambiance permettant d'être « libres ensemble »[2] et de pouvoir créer son monde personnel. L'indépendance laissée à chacun ne suffit pas à définir l'attraction de la famille moderne, comme semble trop le supposer Anthony Giddens[3]. En effet, les proches ne doivent pas seulement vous laisser en paix quand il le faut, ils doivent, à d'autres moments aussi décisifs, vous regarder, vous écouter, vous conseiller, éventuellement vous contredire et vous critiquer. *Le soi, le couple et la famille* montre comment le conjoint et le parent parviennent à remplir cette nouvelle mission en devenant des « coachs ». Les parents interprètent ce que l'enfant exprime sans avoir conscience toujours de qu'il veut dire. Ils rassurent. Ils soutiennent lors des moments difficiles. Le conjoint fait en partie le même travail de réassurance identitaire et d'interprétation. Il peut devenir un pygmalion accom-

1. F. de Singly, *Enfants-adultes : vers une égalité de statuts ?* ; Universalis, Paris, 2004.

2. F. de Singly, *Libres ensemble*, Nathan, Paris, 2000, Pocket n° 11589.

3. A. Giddens, *La transformation de l'intimité. Sexualité, amour et érotisme dans les sociétés modernes*, Le Rouergue/Chambon, Rodez, 2005.

pagnant le projet de l'autre. À la différence du parent, il attend une certaine réciprocité.

Les proches sont des personnes décisives pour la construction de l'identité de l'individu. Ce sont des « autrui » significatifs. Leur fonction peut être rapprochée de ce qu'Axel Honneth nomme, à la suite de Hegel, la reconnaissance [1], désignant le processus par lequel une personne *« se reconnaît en tant qu'elle-même dans une autre totalité, une autre conscience »* (Hegel). Le détour est nécessaire : *« Je ne puis savoir si ma totalité est reconnue, respectée, que par la manifestation de l'agissement de l'autre par rapport à elle. »* (*Idem.*) Grâce à ces proches, à leur regard, à leur aide, l'individu a le sentiment d'une existence unique et entière. La reconnaissance est une des dimensions importantes du processus de l'individualisation.

Ce travail interactif est difficile dans la mesure où le développement personnel ne peut pas obéir à des commandements énoncés a priori. Seuls peuvent être énoncés des principes généraux qu'il faut ensuite adapter à chaque situation, à chaque personne. Un parent doit garantir une certaine protection à son enfant, il doit en même temps créer les conditions pour que cet enfant puisse apprendre progressivement à devenir autonome. Comment pondérer protection et autonomie ? Tout est affaire d'équilibre. C'est la même chose pour la tension entre la fixation des limites par les parents – et donc d'une imposition de l'hétéronomie à l'enfant – et la nécessaire socialisation à l'autonomie ? C'est si difficile que les spécialistes vantent tour à tour l'un ou

1. A. Honneth, *La lutte pour la reconnaissance*, Cerf, Paris, 2000.

l'autre principe et réprimandent les parents qui ont du mal à trouver cet équilibre dans leur vie.

Les familles contemporaines reposent donc sur des principes et non sur des « repères » ou sur des commandements précis, à l'exception de la règle du respect. Chaque famille doit inventer son guide des bonnes manières : afin que l'intérêt de l'enfant et l'intérêt de ses parents se concilient, que l'autonomie de l'enfant ou de l'adulte soit compatible avec le besoin de sécurité personnelle, que l'épanouissement personnel n'interdise pas la réussite scolaire... Par définition, à tout moment, l'équilibre est à rechercher. Il y a nécessairement chutes et rechutes. Les proches sont là pour encourager chacun à remonter sur le fil de la vie, et à prodiguer conseils. Ils peuvent se faire aider par des professionnels. Ils ont aussi besoin de politiques qui mettent à disposition, pour tous, suffisamment de bons terrains d'exercice et de réalisation personnelle.

Deux fonctions

En plus de cette fonction relationnelle, les familles contemporaines assurent une autre fonction, universelle, contribuant à la reproduction biologique et sociale de la société. Elles y parviennent en se mobilisant pour que les enfants occupent des positions sociales au moins comparables à celles de leurs parents. L'idéal de l'égalité des chances – principe central d'une société individualiste et démocratique – est contrecarré par cette transmission d'un héritage culturel, par les stratégies et par le travail parental d'éducation associés à cet objectif.

Cette dualité des fonctions de la famille pose au moins deux problèmes. Au niveau microsocial, l'équilibre à trouver entre ces deux exigences exige, lui aussi, des arbitrages permanents : comment un enfant parvient à concilier investissement scolaire et temps à soi ? Au niveau macrosocial, la famille contribue simultanément à la reproduction des inégalités entre les individus et les groupes familiaux, et à la production d'une certaine égalité grâce à des rapports interpersonnels plus égalitaires. Bon nombre de familles sont devenues plus démocratiques dans leur fonctionnement, cela n'a eu aucun effet sur l'égalité entre les familles, les deux fonctions de la famille étant relativement indépendantes. La tension observée dans les sociétés démocratiques et inégales se réfracte désormais totalement au sein de la vie privée.

François DE SINGLY

Présentation

1. La leçon de *La Leçon de piano*

Et si *La Leçon de piano* (1994) avait obtenu un tel succès parce que, sous le couvert d'une histoire romantique, au XIXe siècle, ce film nous a présenté un grand mythe moderne : celui du bon conjoint ? Le spectateur est heureux de constater qu'à la fin, Ada vit avec Baines, et non plus avec Stewart, le mari légal. S'il adopte un point de vue qui pourrait paraître « immoral », en référence au respect du mariage-institution, c'est qu'il sent bien que l'homme qu'il faut à Ada c'est Baines, et non pas Stewart. Le film se termine donc bien. Envoûté par l'histoire de Jane Campion, remarquablement soutenue par la musique de Michael Nyman, le spectateur ne cherche pas nécessairement à comprendre les raisons cachées de son jugement. Autorisons-nous à le faire à sa place, malgré tout, car la leçon du film illustre bien la thèse de ce livre. En effet, aujourd'hui, la forme de vie privée que chacun choisit n'a guère besoin d'une légitimité externe, conformité sociale à une institution, ou encore de la morale. Elle se structure avant tout sur la reconnaissance mutuelle des personnes qui vivent ensemble, sur le respect qu'ils se portent. Un bon partenaire, c'est celui qui sait aider l'autre – le conjoint ou son équivalent – à être lui-même, à développer ses capacités personnelles, à s'épanouir. Le couple se pense dans l'accomplissement mutuel de l'homme et de la femme.

Or, dès le début du film, on comprend que Stewart est aveugle aux besoins d'Ada. Le piano qu'elle a emporté dans leur déménagement n'est pas un objet ordinaire. Il représente pour elle à la fois son passé et sa compétence (on apprendra qu'Ada est, peut-être, une ancienne chanteuse d'opéra et le père de Flora, sa fille, un musicien). Le piano est le support de son expression personnelle. Ada n'en fait pas mystère ; sur la plage elle écrit à son mari, réticent à emmener un tel instrument, « j'ai besoin du piano ». Quelque temps plus tard, lorsqu'il découvre qu'Ada joue du piano sur un clavier dessiné sur la table (sous la nappe), il préfère penser que son épouse est dérangée. Il raisonne uniquement en termes d'accumulation de capital, de terres. Pour reprendre la terminologie de Talcott Parsons, Stewart ne joue qu'un rôle instrumental pour sa famille. Pourvoyeur de revenus, il considère que son épouse devrait, elle, se charger du rôle expressif, notamment en étant attentive à lui, en lui manifestant de l'affection. Dans cette optique, l'échange conjugal est « complémentaire », chacun répondant à des besoins différents. Or Ada réclame aussi de son partenaire une attention personnelle. Elle désire être reconnue pour ce qu'elle est : quelqu'un qui aime le piano et sait en jouer à tel point que cet objet est constitutif de sa personne.

Leur voisin, Baines, pourtant moins cultivé (il ne sait pas lire), l'a compris et échange avec Stewart le piano contre de la terre. Comme il a obtenu, en plus du piano, le droit à des cours de la part d'Ada, Baines propose un marché à son professeur. Il lui rendra son piano à la condition qu'elle lui obéisse, qu'elle lui donne progressivement son corps. Tous deux vont être pris au piège de ce marché, lui comprenant qu'il est ému au-delà de ce qu'il connaît (« une forme insoupçonnée du désir »), et elle découvrant son corps par le biais de l'émotion qu'elle suscite chez son amant. Amoureux, Baines lui rend le piano. Voulant être aimé pour lui-même, il refuse désormais d'acheter Ada : « Ce marché fait de vous une putain et me rend misérable. Je voudrais compter pour vous, mais c'est impossible. » L'intelligence de Baines lui fait découvrir que la reconnaissance de l'autre doit être inconditionnelle, c'est-à-dire « gratuite ».

Ada veut lui répondre. Elle détache avec un couteau une touche du piano sur laquelle elle grave : « Cher George, vous avez mon cœur, Ada McGrath », signant de son nom de jeune fille. Elle offre une partie d'elle-même, le piano qui prolonge son corps. Ce don est une métonymie de son désir et un signe de son amour. Cette scène, remarquable, donne à voir comment, dans la relation de couple, la reconnaissance inconditionnelle n'exclut pas la transformation de soi. Mais il ne s'agit pas d'une reconnaissance comme celle érigée par Stewart, synonyme de reniement, ou pire, de mutilation, puisque le mari dépossède Ada de ce qu'un pianiste a de plus précieux : ses mains, en lui coupant un doigt. À partir du moment où Ada est redevenue elle-même (marqué dans ce message par le retour à son nom de jeune fille), elle peut accepter d'être aussi quelqu'un d'autre, quelqu'un que le regard amoureux transforme. Elle peut alors faire la preuve qu'elle est prête à sacrifier un symbole de son identité initiale en proposant de se séparer de son piano. En effet, son identité dépasse désormais le cercle de la compétence musicale, même si cette dernière en constitue le noyau central. La symbolique de la scène de la noyade l'exprime à la perfection : Ada coule, attachée au piano. Elle s'en libère pour se sauver. Elle renaît en quelque sorte.

Si le film s'était arrêté là, il aurait été peut-être plus romantique, mais moins « moderne ». Car le sacrifice était trop important. Même si en amour, on ne compte pas – ce qu'Ada prouve en acceptant la perte de son piano – l'affection ne peut, de manière durable, reposer sur la disparition des identités. L'amour fusion est illusoire. À la fin du film, Ada rejoue de la musique sur un nouveau piano, certainement offert par Baines. Le passé est en partie aboli (le vieux piano, chargé de souvenirs), mais l'identité personnelle d'Ada est préservée. Cette femme est restée elle-même tout en devenant quelqu'un d'autre, transformé par les attentions de Baines et aussi par les effets qu'elle provoque chez lui.

2. La place centrale de la famille dans la construction de l'identité individualisée

2.1. *« Il faut, pour le moins, être deux pour être humain »*

Les individus sont interdépendants. C'est peut-être le seul universel pour les sciences sociales, comme le souligne Tzvetan Todorov (1995), citant Hegel : « Il faut, pour le moins, être deux pour être humain. » Cette dépendance n'existe pas seulement du fait de l'inachèvement au moment de la naissance, le « petit homme » ne pouvant survivre seul ; elle continue tout au long de l'existence, le « grand homme » ayant, lui aussi, besoin de la connaissance et de la reconnaissance des autres. La socialisation, primaire et secondaire, constitue le processus central de la construction à la fois de l'identité individuelle et de la vie en société : « Individu et société ne désignent pas des termes séparables ». Charles Horton Cooley l'affirme dès le début du siècle. Il estime que l'individu doit passer d'un *self-feeling à* un *self-consciousness* (c'est-à-dire d'un vague sentiment de soi à une véritable conscience de soi) par la médiation d'un *looking-glass self*[1]. L'individu cherche à se conformer au regard qu'autrui lui renvoie de lui-même, par le miroir que cet autrui lui tend. À la même période, William James dans ses *Principes de psychologie* (1904) pose un principe comparable :

> Le soi social de l'homme est la reconnaissance que celui-ci obtient de ses semblables. Nous sommes non seulement des animaux grégaires, qui aimons être à proximité de nos compagnons, mais nous avons aussi un penchant inné à être remarqués, et remarqués avec approbation, par les êtres de notre espèce.

Dans *L'Esprit, le Soi et la Société* (1963), Georges Herbert Mead précise cette orientation :

> Le soi, en tant qu'objet pour soi, est essentiellement une structure sociale, et naît dans l'expérience sociale [...] L'individu s'éprouve lui-même comme tel, non pas directement, mais seulement indirectement en se plaçant aux divers points de vue généralisés de tout le groupe social auquel il appartient. Il entre dans sa propre expérience comme un soi ou comme un individu, non directement ou immédiatement, non en devenant sujet pour lui-même, mais seulement dans la mesure

1. Sur cette histoire de la socialisation, on se reportera notamment à de Queiroz et Ziolkovski (1994), à Dubar (1991), à Cuvillier (1967), à Dubet (1995).

> où il devient d'abord un objet pour lui. Il ne devient un tel objet qu'en prenant les attitudes d'autrui envers lui.

Le soi ne se construit que par le détour de la communication extérieure avec des individus proches, des autruis significatifs (*significant others*). Progressivement, le contenu de leurs regards, de leurs jugements, ou de leurs demandes, se sépare de ceux, de celles qui les ont émis. Alors, « à l'intérieur de la conscience, l'individu s'identifie non seulement avec des autruis significatifs, mais aussi avec une généralité d'autres, c'est-à-dire avec une société ». Pour Georges Herbert Mead, pour Peter Berger et Thomas Luckmann dans *La Construction sociale de la réalité* (1986), le passage des autruis significatifs à l'autrui généralisé est décisif pour la formation de soi.

Dans cette optique, la famille représente un espace de socialisation important, essentiellement pour la prime éducation. Pendant une première phase, le petit commence à intérioriser le regard de ses proches. Ensuite, il doit s'identifier à d'autres individus, à des groupes, à un cercle plus large, pour que le mouvement d'abstraction et la naissance de l'autrui généralisé puissent se dessiner. Sans utiliser ces termes, Émile Durkheim a cependant un point de vue similaire dans *L'Éducation morale* (1925). Selon lui, l'enfant, lorsqu'il grandit, puis l'adulte ont besoin d'autres institutions de socialisation que la famille, celle-ci étant trop douce (et donc imparfaite pour l'apprentissage de règles abstraites) et trop instable.

Par rapport à ces orientations universelles, ce livre se situe à la fois dans la continuité de l'étude des processus de socialisation et en discontinuité. Et ce, pour deux raisons complémentaires.

2.2. *L'identité latente ou le « fond de nous-mêmes »*

La première tient à la définition de l'individu dans les sociétés occidentales contemporaines. Selon Charles Taylor (1992), on peut « parler d'une identité individualisée : particulière à ma personne et que je découvre en moi-même ». On est passé d'une conception morale « où le contact avec certaines sources – par exemple, Dieu ou l'idée du Bien – était considéré comme essentiel à la plénitude de l'être. Mais à présent, la source que nous avons à atteindre est au fond de nous-mêmes ». Cette manière de penser l'identité exige une conversion « au subjectivisme, une nouvelle forme d'introversion dans laquelle nous venons à nous penser nous-mêmes comme êtres dotés de profondeurs intérieures ». Dans *Sources of the Self* (1989), Charles Taylor retrace l'histoire de ce changement de perspective identitaire :

> Non seulement je ne dois pas modeler ma vie sur les exigences du conformisme extérieur ; je ne peux même pas trouver un modèle de vie à l'extérieur de moi-même. Je ne puis le trouver qu'en moi.

Le travail de tout individu est de parvenir à découvrir cette identité personnelle, cachée au fond de lui-même – cette identité que nous nommerons « intime ». Il n'y parvient donc pas par l'intériorisation de règles de morale, par le fait d'apprendre à jouer des rôles préétablis. La conception moderne de l'individu dévalorise les rôles (ce qu'il se représente comme tels), exaltant au contraire l'originalité et encore plus l'authenticité (comme sentiment de fidélité à soi-même). Elle présuppose donc une identité latente, une croyance en une nature (aimable), source de notre « moi ». C'est l'objectif de la socialisation.

Charles Taylor ajoute : « Être fidèle à moi-même signifie être fidèle à ma propre originalité qui est quelque chose que moi seul peux énoncer et découvrir. » Cet énoncé peut prêter à confusion, laissant croire que « l'identité individualisée », le soi contemporain se construit exclusivement dans un dialogue intérieur. Ce qui est erroné :

> Ma découverte de ma propre identité ne signifie pas que je l'élabore dans l'isolement, mais que je négocie par le dialogue, partiellement extérieur, partiellement intérieur, avec d'autres. Ma propre identité dépend vitalement de mes relations dialogiques avec les autres.

Les sociétés modernes ne suppriment pas la dépendance, l'interdépendance, bien au contraire (Élias, 1991). Si l'individualisme apprécie peu la figure de l'héritier, il ne prend pas pour autant comme exemple le *self-made man*. La suffisance et l'affirmation extrême de soi que ce dernier affiche, lui interdisent d'être complet. L'individu a besoin de personnes sachant reconnaître en lui autre chose que sa réussite, et il doit, lui-même, parvenir à un regard personnel capable de voir au-delà des apparences associées à des positions. L'identité latente de soi ne peut être connue que parce que d'autres la reconnaissent comme telle, c'est-à-dire définie comme strictement personnelle, et non selon des logiques d'appartenance à des groupes et à des statuts (appartenir au groupe des hommes, des jeunes, des ouvriers...).

2.3. La famille au centre du processus de révélation de soi

Que cette identité individualisée soit reconnue à titre personnel appelle un certain type de relations avec autrui. Tel est le second point de divergence avec le schéma universel de la socialisation. Les relations « personnelles » et affectives sont requises pour aider le soi, enfantin ou adulte, à se découvrir. Contrairement à une vision universelle de la socialisation selon laquelle le développement de l'être humain se ferait en deux étapes – la prime socialisation avec des autruis significatifs de la famille, puis la socialisation secondaire avec des autruis moins proches, voire avec des autruis généralisés sous la forme d'institutions – dans les sociétés contemporaines, la quête de soi étant toujours inachevée, elle demande en permanence des liens avec des très proches.

C'est pourquoi, moins comme institution que comme espace des relations affectives, personnelles et (assez) durables, la famille contemporaine est au centre de la construction de l'identité individualisée [1]. Telle est la thèse de cet ouvrage. La famille a su se transformer pour assurer, tenter d'assurer, cette fonction centrale de production identitaire. Par sa propre histoire, elle peut le faire parce qu'elle dispose d'un mode de fonctionnement – l'amour – qui présuppose (dans l'idéal), la gratuité et l'inconditionnalité. L'amour et l'affection autorisent la création de liens de confiance,

1. *La Socialisation* de Dubar (1991) se situe principalement dans la conception universelle de la socialisation, en accordant pas ou peu de place à la famille pour la socialisation secondaire, ce qui est cohérent avec une sous-estimation de l'aide des très proches (sous-ensemble des autruis significatifs) dans la construction identitaire.

confiance qui, selon l'expression d'Anthony Giddens (1994), « n'est pas donnée, mais travaillée, et ce travail signifiant un mécanisme mutuel de révélation de soi [1] ».

Étant donné la conception de l'individualité moderne, la fonction universelle des autruis significatifs prend encore plus de poids. Et c'est la famille (comme forme la plus ordinaire de création et de maintien de liens privés, affectifs) qui assume en grande partie cette fonction spécifique de la révélation des identités latentes. C'est pourquoi, contrairement aux apparences et aux discours de désolation, la famille n'a jamais eu autant d'importance. Elle met en œuvre, par les relations entre les conjoints (ou des équivalents [2]), entre des très proches adultes, et par les relations entre les parents et les enfants, une ambiance telle que le soi puisse se réaliser dans sa triple quête : la découverte de ses ressources cachées, l'unité, et la stabilité.

Caroline Bongrand en fournit un exemple romanesque dans *Le Souligneur* (1993). Une jeune femme croit découvrir à la bibliothèque des messages qui lui sont destinés, formés de phrases sélectionnées dans des romans grâce à un marqueur. Un jour, elle se décide à écrire à son mystérieux correspondant en laissant un mot dans un des livres :

1. Pour Giddens, dans *The Transformation of Intimacy* (1992), la sexualité dans une relation durable est un temps important car elle autorise cette « mise à nu » des corps et des âmes, augmentant les chances de se découvrir soi-même en se livrant ainsi au regard de l'autre. On peut revoir le comportement de Baines dans *La Leçon de piano* sous cet angle.

2. Dans la logique de la révélation de soi au sein de relations de confiance, l'institutionnalisation de la relation n'est pas le critère le plus pertinent (cela ne veut pas dire insignifiant – voir la conclusion), pas plus que ne l'est celui de l'hétérosexualité.

Je vais vous dire qui je suis... Oui, je suis une jeune femme ; oui, je suis romantique ; oui, je suis brune ; oui, je suis seule. La vie me fait très peur, je ne sais pas très bien où je vais comme ça, où toutes ces habitudes, tous ces gestes vont me mener, j'en suis encore au stade où j'ai le sentiment de ne pas exister, et pourtant j'existe puisque cette encre sur le papier, ce n'est pas du rêve. La vérité est, je crois, que *je ne pourrais jamais me suffire à moi-même. Je suis comme qui dirait incomplète, et j'ai besoin pour être remplie, pleine, pour vivre vraiment, d'un autre moi, de quelqu'un qui sache faire ce que je ne sais pas faire du tout ces temps-ci, et même en général : m'aimer* (souligné par François de Singly).

En quelques lignes, cette femme exprime les croyances en un soi original et en un autrui très proche qui sache le reconnaître.

La famille contemporaine continue à contribuer à la reproduction biologique et sociale de la société, mais cette fonction coexiste avec une autre, tout aussi importante, la fonction de révélation du soi enfantin, puis adulte. Dans le classement, opéré par Charles Taylor (1994), entre les institutions services et les institutions identificatrices, la famille se situe dans la seconde catégorie : « Entre mari et femme, entre parents et enfants, se constitue au fil des années l'identité de chacun des membres. Ce sont les échanges qui forment ceux qui en font partie. » La famille ne suit pas le mouvement général du « déplacement » des institutions vers le pôle service. Elle a plus qu'auparavant une dimension identificatrice. Elle est le lieu dans lequel les adultes et les jeunes, les hommes et les femmes élaborent cette forme d'intériorité qui nous amène à nous concevoir comme des êtres doués de profondeurs intimes (Taylor, 1992), et qui crée le sentiment d'authenticité, c'est-à-dire

« une certaine façon d'être humain qui est *la mienne* », sans imiter celle des autres.

Les relations entre les sexes et entre les générations au sein de la sphère privée doivent soutenir ce projet de révélation. Les exigences de la société individualiste sont telles que l'individu est amené à vivre sous le régime de l'éducation permanente. L'adulte, comme l'enfant, n'a jamais terminé sa propre construction. Lorsqu'on demande à des « adultes » (au sens officiel) s'ils le sont, la majorité refuse d'admettre qu'ils puissent se considérer, et être considérés, comme des êtres « finis [1] ». Aujourd'hui l'individu se pense inachevé ; il a donc toujours besoin de très proches pour l'aider à découvrir des ressources enfouies au fond de lui-même. Cette demande fournit une coloration pédagogique – et même quasi thérapeutique (au sens étymologique) – à la famille contemporaine [2]. Les enfants ne sont pas les seuls à demander un soin personnel, les adultes ont également besoin de très proches capables de les aider à

1. Voir la rubrique « Être adulte » de *La Vie*.

2. Schématiquement, l'histoire récente de la famille occidentale peut être décrite en trois phases. Dans la famille « traditionnelle », ce qui importe avant tout c'est le patrimoine économique de la famille. À partir du milieu du XVIIIe siècle, et surtout à la fin du XIXe siècle, la logique affective se met en place très progressivement. Entre la guerre de 14-18 et les années 1960, domine la première phase de la famille moderne, caractérisée par trois éléments : la forte relation entre l'amour conjugal et l'institution du mariage, une valorisation de la division du travail entre les conjoints, et une éducation qui a pour objectif de transformer l'enfant par l'imposition de la morale. Ensuite, à partir de 1965-1968, débute la seconde phase de la famille moderne, nommée ici « famille contemporaine ». Les rapports entre les conjoints se transforment – avec la montée du travail salarié des femmes et la place du divorce notamment –, ceux entre les parents et les enfants également : l'inculcation, l'imposition autoritaire laissent la place à l'épanouissement de l'enfant.

être eux-mêmes. Les grandes lignes du modèle du « bon conjoint » ressemblent donc à celles du « bon parent ». Cependant, trois différences fondamentales demeurent entre les relations conjugales et les relations éducatives. L'enfant a une moindre capacité à soutenir autrui, son travail consiste surtout à se construire. Pour cela, il a, davantage que l'adulte, besoin de sécurité, garantie par la permanence de son entourage. Et néanmoins, il doit parvenir à quitter sa famille d'origine ; c'est son objectif ; il a donc de moins en moins besoin de ses premiers proches pour parvenir à choisir ses propres relations personnalisées. Le rapport au temps dans la relation conjugale et dans la relation éducative diffère.

3. Deux révélateurs privilégiés : le conjoint et le parent

Les ouvrages, philosophiques ou sociologiques – notamment ceux de Giddens, de Taylor, de Berger – sur l'individu et la modernité sont passionnants et stimulants. Cependant ils restent le plus souvent spéculatifs. L'originalité de ce livre est de confronter ces acquis théoriques avec de nombreuses recherches empiriques, en s'appuyant, grâce à l'aide de mes étudiants, sur des centaines d'entretiens. Écouter la parole des hommes et des femmes, des adultes et des jeunes sur la manière dont ils tentent de se construire et d'aider leurs très proches à se construire est conforme à la notion de « soi » : le « soi » étant réflexif, il s'élabore dans la conversation avec autrui et avec lui-même. L'entretien constitue un support privilégié pour appréhender ces processus, il permet de découvrir comment les individus ont une conception multi-dimensionnelle de l'identité. Ils sont « modernes » en ce qu'ils valorisent fortement leur moi intime, celui de leur conjoint, ou de leur enfant [1]. Ils n'abandonnent pas, pour autant, toute référence aux marqueurs d'une identité statutaire. L'analyse du changement de nom (Lapierre, 1995) le démontre également : bien que le nom de famille soit beaucoup moins personnel que le prénom, il sert aussi à construire le soi. Les travaux présentés ici sur les relations entre conjoints et sur celles entre parents et enfants vont nous permettre – au cours de quatre chapitres – de préciser comment la construction identitaire se réalise « sous tension ».

Ce livre repose aussi sur de nombreux matériaux littéraires et cinématographiques. Cela peut surprendre. Mais n'est-ce pas dans l'imaginaire que se sont élaborées et s'élaborent (souvent en avance) les normes sociales des relations avec des proches ? L'amour et le roman sont des formes indissociables (Luhmann, 1990). La littérature aura deux usages. Le premier – tout au long du livre – sera celui de l'illustration. Une fois que le sociologue est parvenu à construire un idéal-type de ce qu'il cherche à comprendre, il peut – à la manière de Max Weber et de son célèbre texte sur Benjamin Franklin (1964) – repérer des citations dans des romans ou des films qui condensent en quelques lignes ce que de nombreux individus lui ont raconté pendant les entretiens. L'imaginaire produit, davantage que la réalité, des figures idéal-typiques. Le second usage est différent. Au lieu d'emprunter, pour le raisonnement par

1. La famille contemporaine cherche à produire des individus dits « modernes », jeunes et adultes, correspondant à la demande de la société du même nom (ou « individualiste ») : individus qui croient en l'existence d'une nature profonde, personnelle, qu'ils doivent montrer.

analogie, à une autre discipline scientifique (par exemple la linguistique pour le structuralisme), on puise dans le réservoir des mythes littéraires. Dans la première partie, on fait « comme si » les relations conjugales contemporaines fonctionnaient sur le modèle de Pygmalion. Les hommes et les femmes modernes ne cherchent pas à se conformer à ce modèle, ils peuvent même l'ignorer. Néanmoins, leurs conduites peuvent être rapprochées d'un tel modèle théorique qui permet de mieux en appréhender la spécificité. Il est difficile de penser aux relations entre nos grands-mères et nos grands-pères selon cette perspective ! Leur vie conjugale ne peut pas être interprétée dans la perspective de la révélation de soi.

Dans ce premier chapitre, nous relirons tout d'abord avec une grande attention le mythe de Pygmalion dans les *Métamorphoses* d'Ovide et ses transformations, explicites ou non, dans la pièce de George Bernard Shaw, *Pygmalion*, et le roman de F. Scott Fitzgerald, *Tendre est la nuit*. Les relations entre Pygmalion et Galatée dans le premier cas, entre le professeur et Eliza dans le deuxième, entre Dick et Nicole dans le troisième, permettront d'élaborer un idéal-type des échanges conjugaux dans les sociétés contemporaines. Chacun doit aider l'autre à devenir lui-même, en assumant un travail relationnel. Ensuite, grâce aux romans d'Anita Brookner, d'Alison Lurie, de David Lodge, et à une série de films américains de l'avant-guerre (années 30-40), nous examinerons quelques problèmes posés par la construction de soi dans des liens de dépendance affective, notamment ceux qui sont associés au changement identitaire (Strauss, 1992). Le soi n'est pas stable. Lorsqu'il se modifie, que faire du conjoint ? Cette relation privilégiée est-elle susceptible de se reconvertir afin d'accompagner les transformations des deux partenaires ? Comment concilier fidélité à soi-même (mouvant) et continuité de l'union ?

Le deuxième chapitre sera une mise à l'épreuve sociologique du mythe de Pygmalion. Il présentera une analyse des regards croisés de l'homme et de la femme dans trois couples. Nous verrons comment l'homme peut jouer un rôle de révélateur des ressources de sa partenaire afin qu'elle puisse s'investir en tant que personne dans sa vie professionnelle. En validant l'identité de leur partenaire, ces Pygmalions se réalisent eux-mêmes. Mais nous observerons aussi d'autres types de relation conjugale. Certains conjoints – nous les nommerons les Maris – aident à la construction de l'identité féminine en valorisant davantage une définition plus statutaire de soi. D'autres – les Gentlemen – jouent parfois au Pygmalion en aidant leur partenaire à se réaliser dans la dimension professionnelle de son identité. Ils le font avec espoir de retour, cherchant à bénéficier d'un tel regard, d'un tel soutien.

C'est en référence à cette conception de la famille identificatrice que sera également étudiée la construction du soi enfantin. Le premier chapitre de la deuxième partie décrira la manière dont les parents devraient intervenir pour aider l'enfant à devenir lui-même. On discernera tout d'abord les normes « psychologiques » qui entourent la nouvelle éducation en famille. Ensuite, à partir de plusieurs enquêtes par entretiens et par questionnaires, on analysera certaines des manières de faire des parents, notamment lorsqu'ils sont confrontés au choix d'un collège d'excellence ou d'une école nouvelle, à l'éducation de jumeaux, à la définition de leurs objectifs pédagogiques, au dilemme entre égalité de traitement et attention différenciée vis-à-vis de leurs enfants.

Le principe de l'épanouissement personnel et de la révélation d'un soi intime ne constitue pas le seul enjeu éducatif, il coexiste avec la préoccupation de la réussite scolaire de l'enfant. Il y a parfois tension entre ces deux exigences. Pour reprendre les termes de Basil Bernstein (1975), les parents modernes rêvent de créer une famille qui concilie une orientation « personnelle » – qui définit chaque enfant par ses qualités propres – et une orientation « positionnelle » – qui définit l'enfant par un statut (une position dans les groupes de sexe, d'âge, de l'institution scolaire). Mais à la différence de Bernstein et d'autres sociologues, on posera ici l'hypothèse que toutes (ou presque toutes) les familles adhèrent à ces deux principes. Ce qui les distingue, ce sont les formes de pondération entre ces deux principes, et surtout les moyens dont elles disposent pour leur mise en œuvre.

Grâce au support d'autres corpus d'entretiens auprès de parents et d'adolescents, le deuxième chapitre de la deuxième partie examinera les difficultés que l'homme connaît dans son engagement personnel en tant que père. Son nouveau rôle est surtout défini en creux : il ne doit être ni un père autoritaire, ni un copain ou un ami. Et les psychanalystes lui demandent aussi de ne pas être une mère. Comment traduire alors ce souhait de proximité avec ses enfants ? La comparaison, d'une part entre rôle du père et rôle de la mère (effectuée par des parents) et, d'autre part, entre rôle du père et rôle du beau-père (effectuée par des jeunes concernés), montrera les différences entre ces trois positions. Là encore, on décèlera l'existence de tensions au sein des familles contemporaines. Le père doit être celui qui, tout en n'étant pas autoritaire, marque les frontières entre le privé et le public, entre le permis et le défendu. Il doit être lui-même, et en même temps représenter certaines limites, certaines frontières.

La conclusion proposera une réflexion sur l'individualisme contemporain. Comment l'individu, jeune ou adulte, parvient-il à se convaincre qu'il est lui-même, tout en nouant des liens d'interdépendance avec des proches ? Il le fait en cherchant deux équilibres – qui se correspondent en partie – entre « se lier à » et « se délier de » au niveau des relations avec autrui ; entre le « soi intime » et le « soi statutaire » au niveau de sa propre identité. En effet, si l'exaltation du soi personnel et authentique dévalue les rôles, les places, les statuts dans l'ordre des représentations, dans l'ordre des pratiques, elle se combine avec la logique positionnelle et statutaire. Cette double articulation entre l'autonomie et la dépendance vis-à-vis des très proches, et entre le moi profond et les marqueurs d'appartenance pose problème. Elle peut donner naissance à des crises où le soi multiple (défini ici par ces deux dimensions [1]) ne sait plus s'unifier avec l'aide de ses très proches, où il estime que la dimension statutaire a été trop prépondérante et a étouffé la révélation de certaines ressources personnelles.

4. Pygmalion et Pygmalionne

Avant de découvrir comment, par son travail relationnel, une femme ou un homme soutient son partenaire ou son enfant dans la construction identitaire, encore deux remarques :

Le langage des rôles et de l'identité est à manier avec précaution, comme le souligne Jean-Claude Kaufmann (1994). En se plaçant du point de vue des acteurs

1. Sur d'autres visions du « soi multiple », voir Elster (1985) et Douglas (1990).

sociaux, les rôles sont critiqués car ils apparaissent contraires à l'affirmation d'un soi authentique, ou en tout cas décalés par rapport à elle. Comment comprendre, par exemple, les discours sur la bisexualité qui affirment qu'« on ne tombe pas amoureux d'un homme ou d'une femme, mais d'une personne[1] » ? Cela n'implique pas que la sociologie renonce à l'usage de la notion de rôle pour rendre compte du fonctionnement des sociétés individualistes ou qu'on réserve cette notion exclusivement à la dimension statutaire de l'identité. En effet, la construction de l'identité individualisée ne s'effectue pas sans repères normatifs – la croyance en un « moi intime » en est la première preuve ! Ce livre met en forme ces principes et élabore donc une théorie du rôle de l'identité intime.

La richesse des matériaux ne permet pas, pour autant, de rendre compte de tous les processus de socialisation du soi au sein des familles contemporaines. Certains choix ont été faits. L'homme en tant que conjoint et en tant que père occupe une place importante dans l'ouvrage. Pourquoi ? Tout d'abord, parce que je devais, après avoir étudié dans *Fortune et infortune de la femme mariée* (1987) la vie conjugale du point de vue de la femme, modifier l'angle de vue et opter pour la vision des hommes. Ensuite, et surtout, parce qu'il m'a semblé heuristique de détourner sociologiquement

1. *Elle*, 9 octobre 1995. L'article d'Alain David (*Le Monde*, 20 septembre 1995) en faveur des certificats de concubinage délivrés aux couples homosexuels repose sur un argumentaire du même ordre : « La famille ne peut donc plus désormais prétendre se fonder sur des liens naturels, mais suppose le geste supplémentaire d'un amour librement consenti. *Librement, c'est-à-dire sans référence à aucun préalable, fût-il le préalable de la différence biologique entre hommes et femmes*, qui n'est peut-être que le dernier nom de nos superstitions » (souligné par F.d.S.).

un mythe littéraire – Pygmalion – pour l'étude du thème central du livre : la révélation de soi. Cette relation entre un individu qui regarde quelqu'un d'une certaine manière et ce dernier, regardé, qui peut ainsi mieux se comprendre, s'appréhender en tant que personne est construite à l'image d'une relation entre un homme et une femme. Il y a donc une ambiguïté initiale puisque cela pourrait nous conduire à penser que l'homme a une identité autonome tandis que la femme, créée par le regard de Pygmalion, est dépendante.

Les risques d'un dérapage interprétatif existent, mais ils sont faibles dans la mesure où les versions plus modernes du mythe de Pygmalion insistent au contraire sur la dépendance de l'homme et sur les possibilités d'indépendance de Galatée. Une nouvelle de Manuel Vásquez Montalban – « Les cendres de Laura » dans *Trois Histoires d'amour* (1995) – dévoile aussi ce mécanisme. Le détective Carvalho repère, pendant ses filatures, une femme mariée qui s'ennuie (« Une jeune mère appétissante qui a déjà l'air d'être un peu à l'abandon, comme si elle s'était résignée à être bientôt une jeune ex-jeune femme consacrée aux tâches ménagères et à la routine d'un foyer »). Il l'aborde et une liaison se noue. Il éveille non seulement les sens de cette femme, mais aussi le désir, enfoui, du savoir (en tant que fille, elle n'a pas été poussée par sa famille). Progressivement, Carvalho en prend conscience :

— J'ai l'impression que tu t'intéresses plus à mes livres qu'à moi.

Laura l'embrasse sur la bouche.

— Tout ce que tu m'as donné compte beaucoup pour moi. Tu m'as redonné l'envie de faire des choses, la conscience de moi-même. Tu es mon Pygmalion.

Quelques jours après, le mari surprend les amants. Laura en profite pour rompre, comme le rapporte Carvalho : « Elle m'a dit que je l'avais aidée à se rendre compte que sa vie n'était pas une vie. Elle partait avec l'enfant vivre seule, pour travailler et faire des études. »

Pygmalion personnifie le travail de révélation de soi. Travail qui, au sein d'une relation de dépendance, en libérant ce potentiel personnel, peut aider l'autre à se construire un soi plus authentique. Dans la réalité – étant donné le besoin de réciprocité des regards, et la compétence de soin et d'attention qu'elles ont intériorisée historiquement – les femmes peuvent aussi devenir des Pygmalionnes. Ce qui fascine dans le mythe c'est justement l'inversion, le monde à l'envers, le fait que ce soit un homme qui sache regarder avec amour et soit plus attentif. Pour nous, la dimension sexuelle est secondaire. Le plus important réside dans le regard et sa réception. Dans les yeux du cœur.

Première partie

LE TRAVAIL DE CONSTRUCTION DE L'IDENTITÉ ADULTE PAR LE CONJOINT

I

Pygmalion, le révélateur de l'identité latente

La famille contemporaine ne se définit pas exclusivement comme un espace où circule l'amour. Si elle distribue ce bien désiré, et peu disponible sur d'autres marchés, elle produit aussi autre chose : la construction des identités de chacun de ses membres (1.). Dans les sociétés individualistes, cette instance assure une fonction centrale, celle de (tenter de) consolider en permanence le « soi » des adultes et des enfants. Reste à préciser ensuite la manière dont les proches familiers s'aident mutuellement. Ils le font, notamment, en étant des « pédagogues » chargés d'une mission importante, celle de révéler à chacun sa personnalité latente.

Pour explorer cette forme particulière de pédagogie familiale, nous suivrons les chemins tracés par George Bernard Shaw dans sa pièce *Pygmalion* (2.). En effet, contrairement à ce que laisse entendre une lecture trop rapide de ce mythe, Eliza n'est pas construite à partir de rien par son professeur. Elle avait des dispositions cachées que ce dernier a su découvrir et mettre en valeur. Un regard confiant sur quelqu'un qui pourra ainsi épanouir sa personnalité : telles sont les conditions qui définissent la fonction de construction de l'identité personnelle.

Nous verrons enfin qu'une telle relation pose problème lorsqu'elle s'exerce dans le cadre conjugal (3.). L'identité personnelle changeant, le besoin d'un autre regard naît. Le conjoint parvient ou non à le fournir, la relation se prolonge ou non selon son niveau de reconversion. Il s'agit de concilier la fidélité à un soi changeant et la fidélité à l'autre (lui-même mouvant). La validation de l'identité par un proche familier doit garantir la révélation et la cohérence – tâche que peut assurer un Pygmalion, et elle doit aussi créer un sentiment de totalité, de plénitude.

1. Le besoin d'un conjoint (ou d'un équivalent)

Contrairement à ce que le terme d'individualisme peut laisser croire, l'individu moderne a besoin pour devenir lui-même du regard de personnes à qui il accorde, lui aussi, de l'importance et du sens. L'ensemble des romans de l'écrivain anglais Anita Brookner illustre, en creux, cette proposition pour les adultes, et décrit certaines des conditions nécessaires pour que le « soi » ait le sentiment d'une existence positive :

– La première de ces conditions est le besoin d'un proche familier, stable et exclusif, dont les modalités les plus ordinaires sont les parents pour les jeunes et le conjoint pour les adultes. L'adulte ne se suffit pas à lui-même et les relations amicales peuvent ne pas être des substituts suffisants au conjoint (ou à son équivalent). Ainsi, dans *Regardez-moi* (Brookner, 1986), le personnage de Frances Hilton ressent sa vie comme vide de sens ; elle voudrait obtenir un regard, et plus précisément un regard amoureux. À défaut, c'est elle qui se regarde souvent :

> Quand j'ai levé les yeux, j'ai rencontré mon reflet ; petite, menue, indéniablement chic [...]. Quelqu'un, direz-vous, sans désirs ni besoins apparents. Bien pourvue. Correctement logée. En excellente santé. Quelqu'un de nullement déclassé. Et sur qui on peut compter pour ne jamais gêner personne, ni en public ni en privé. Pour cette raison même, peut-être, sans intérêt aucun.

L'individu ressemble à Narcisse, il aime s'occuper de lui-même, mais en diffère aussi dans le besoin d'un miroir spécifique : le regard d'autrui. Toutefois, un manque passé peut rendre difficile la compréhension des regards ultérieurs. Dans *Lettres en liberté conditionnelle* (Bonnelle, Caillol, 1990), Alain Caillol a du mal à accepter le regard amoureux de son professeur de littérature, ce dernier ne parvenant pas à effacer celui de sa mère dans lequel il avait lu qu'il n'avait aucun intérêt :

> Dès qu'on le regardait attentivement, il se troublait, anxieux que la condamnation tombe à nouveau sans appel [...]. Ses yeux à elle n'avaient pas réussi, non plus, à effacer cette déchirure originelle. Ce n'était pas faute d'adoration pourtant. Elle connaissait la sensation de ses propres yeux chavirés et brillants.

Et pourtant, malgré « une fascination réciproque qui nouait étroitement leurs regards pendant de longs moments silencieux », Alain éprouvait de nouveau un doute sur lui-même. « Elle aurait voulu que ses yeux lui offrent un miroir tranquille, rassurant et indéfectible. » L'histoire de l'individu contemporain est composée de ces regards significatifs qui s'enchaînent, et dont les derniers, fussent-ils amoureux, ont du mal à réparer le passé. Le soi est fragile.

– La deuxième de ces conditions, négative, est l'impossibilité pour les parents de conserver les habits du proche familier pour les enfants devenus adultes. Certaines des héroïnes d'Anita Brookner vivent malheureuses, tout en s'occupant de leur mère, âgée. Passé un certain âge, les parents ne jouent plus le rôle de consolidateur d'identité – même s'ils ont une fonction de solidarité importante (Attias-Donfut, 1995) –, mais menacent le sentiment d'autonomie, support de l'identité moderne.

– La troisième condition, elle aussi négative, est l'inefficacité de la logique du dévouement à autrui. L'individu a besoin d'attention, il ne peut se contenter du simple dévouement. Dans *Une amie d'Angleterre* (1988), les parents d'une jeune femme divorcée – Heather – demandent à une libraire – Rachel – de la guider dans sa vie adulte. La relation ambiguë des deux femmes se dégrade lorsque Heather décide de se remarier avec un homme de Venise, croyant de nouveau à l'amour. Rachel lui fait la leçon, estimant que l'on doit être capable de vivre seule, de manière indépendante : « J'ai appris à garder ma vie pour moi, à ne pas empoisonner les autres avec mes histoires. J'ai appris à ne pas m'appuyer sur le monde... J'ai appris à être seule et à faire quand même bonne figure. » Heather n'est pas convaincue, soutenant que Rachel a une existence « ratée ». Rachel s'enfuit, bouleversée, comprenant que c'est vrai :

> La réalité dans toute cette affaire, c'était que soudain toutes les merveilles du monde (celles de Venise) ne signifiaient rien pour moi. Sans un visage devant le mien le monde était vide ; sans une voix autre que la mienne il était silencieux. J'ai entrevu un avenir où je mangerais toujours trop tôt, où je serais toujours la

première dans des restaurants vides, après quoi j'irais me coucher trop tôt et je me lèverais trop tôt, impatiente de commencer une nouvelle journée pour qu'elle puisse se terminer vite. Je manquais de patience et d'assurance pour inventer une vie pour moi.

Rachel découvre tardivement que l'autonomie personnelle ne doit pas exclure la création de liens de dépendance affective, source d'énergie pour soi-même, mais aussi que la société contemporaine impose un modèle paradoxal d'individuation selon lequel le soi naît dans une relation à une personne.

1.1. Le célibat ambigu

L'individualisme contemporain est donc limité dans son extension puisque les personnes qui vivent seules n'approuvent que partiellement leur mode de vie. Dans *Le Voleur de vie* (1995) de la romancière islandaise Sigurdardottir, une scène condense le rapport ambigu au célibat. Ada, professeur célibataire de trente-sept ans, vit seule dans un appartement, à l'étage au-dessus de sa sœur, Alma, et de sa fille, Sigga. Alma l'encourage à vivre avec quelqu'un :

> Nous reprenons alors la conversation que nous avons déjà si souvent eue : il va sans dire qu'elle ne connaît pas bien les imbéciles qui me courent après et elle préférerait me voir vivre avec l'un d'eux plutôt que de me savoir seule dans mon appartement. Comme toujours, Alma reconnaît que ce n'étaient peut-être pas les bons [...]. Pourtant, la douceur de cette journée d'automne et la crème d'abricot de la *Sachertorte* qui fond dans ma bouche m'inclinent à penser que cela doit être profondément reposant de partager la vie de quelqu'un. Il y avait quelque chose de doux à s'endor-

mir et à se réveiller auprès de Geiri (un ancien compagnon) au cours de ces deux années passées à Londres et ici même. Seulement, je me rappelle aussi quel soulagement ce fut de rompre, à quel point on est mieux quand on dort seul, dans un lit, et quel plaisir on ressent à posséder sans partage son propre corps. En fait, je n'ai, comme tout le monde d'ailleurs, qu'une seule vie, et c'est certes triste de ne penser qu'à soi, mais je ne peux pas non plus serrer quelqu'un dans mes bras dans l'unique dessein de ne pas rester seule.

Ada se méfie des hommes qui agissent comme des « colonisateurs », elle veut une « vraie » vie à deux, un grand amour. En attendant, elle jouit pleinement de sa liberté : « Il est clair que ma plus grande satisfaction est d'être mon propre maître. Le vrai luxe pour moi c'est de contempler les montagnes depuis le Skjol tout en dirigeant, à l'instar d'un agent de la circulation, d'un revers de main, le ballet de mes amants qui entrent et qui sortent. »

L'oscillation entre le versant positif et le versant négatif de la vie solitaire est également perceptible dans les réponses de femmes, célibataires et diplômées [1], à la question : « Comment vivez-vous votre situation ? »

– *« Quand je rentre le soir, si je suis fatiguée, je mange quand je veux. Je n'ai pas d'horaires alors qu'en fait quand on est marié, il y a le mari, les enfants »* (femme kinésithérapeute, 49 ans).

– *« On n'a de compte à rendre à personne... Mais*

1. Les citations sont tirées d'un corpus de vingt-trois entretiens auprès de femmes célibataires et ne vivant pas en couple, ayant entre trente-cinq et soixante ans, membres de professions médico-sociales ou cadres. Les entretiens ont été effectués en 1990 par Crystelle Astagneau, Fabienne Connan, Céline Lefrançois, Nathalie Marteau, Christine Rault de l'université de Rennes II.

je crois que le célibat ce n'est pas une vie normale pour moi. Un moment peut-être, mais pas toute une vie, non ce n'est pas normal » (femme infirmière, 52 ans).

– « *Je ne suis pas en train de me dire : "Tu es toute seule." J'ai des moments de cafard, mais je ne suis pas à plaindre... Je n'ai peut-être pas les ennuis qu'ont mes collègues mariées* » (femme cadre, 50 ans).

L'absence de contraintes ou de charges familiales apparaît comme un bienfait, valorisé comme élément constitutif du sentiment d'autonomie. Mais cette liberté ne suffit pas à définir le contenu du « soi », et n'autorise pas le travail de révélation, comme l'exprime Blanche Vernon, personnage d'un autre roman d'Anita Brookner, *Mésalliance* (1993). Après vingt ans de mariage, cette femme vit seule. Régulièrement, le soir, elle reçoit un coup de fil d'une amie. Après quoi elle sait que sa soirée est finie, elle peut faire ce qu'elle veut :

> C'est ce qu'on appelle la liberté, de nos jours, songea Blanche en faisant frire sa sole. Liberté d'agir à mon gré, d'aller n'importe où, de faire n'importe quoi. Liberté face aux exigences de la famille, du mari, de l'employeur. Liberté de ne pas voir de monde ; liberté de ne jouer aucun rôle. Et j'imagine que certaines personnes en rêvent, puisque cela passe pour le bien suprême. Je suppose qu'elles le souhaitent, mais uniquement sur un plan théorique.

Non inséré dans une relation d'interdépendance, le soi est peu attractif pour lui-même et pour les autres. Le célibat (ou la vie seule) ne constitue pas un modèle de référence aujourd'hui, même s'il est perçu positivement comme la preuve de la capacité d'un soi autonome. En même temps, et contradictoirement, il est mal perçu dans la mesure où un tel soi apparaît incomplet, trop centré sur lui-même. « Ni dévouement, ni égoïsme » semble être la ligne de conduite requise. Jean-Paul Martineau, personnage de Sempé (1989), va expérimenter la justesse de cette position lors de deux soirées. Il se rend un jour à un dîner-party, accompagné de Karen Fleming. Cette femme parle « beaucoup de son travail qui semble très créatif. Comme on s'inquiète de savoir si elle ne souhaite pas se réaliser en tant que femme, c'est-à-dire avoir un mari, une maison et des enfants, elle répond que ce schéma lui semble le comble de l'aliénation ». Quelque temps plus tard, Karen décide pourtant de se marier. « Elle a pris, dit-elle, conscience à temps qu'elle risquait de tomber dans le piège du schéma femme d'affaires se consacrant uniquement à son travail. » Jean-Paul Martineau, lors d'une autre soirée, est accompagné par Solange, la femme de son ami Bellerin-Bouvard à qui on demande ce qu'elle fait. « Rien, a-t-elle répondu, sinon m'occuper de mon mari, des enfants et de la maison. Comme on s'inquiète de savoir si elle ne désire pas se réaliser elle-même, en faisant quelque chose de plus créatif, elle avoue qu'elle n'a jamais bien su distinguer ce qui est créatif de ce qui ne l'est pas. » Le héros ressent le malaise de l'assemblée et conclut qu'il regrette, sans trop savoir pourquoi, d'être venu avec elle. Là encore, on constate, quelques pages plus loin, que Solange a « enfin réalisé qu'il lui fallait un complément à son rôle d'épouse et de mère de famille. Elle commence en free-lance un job qui dans peu de temps se révélera être très créatif ».

L'idéal social du soi féminin apparaît grâce à ces figures de femmes qui ne doivent être ni célibataires « carriéristes », ni « femmes au foyer ». En échappant à ce qui est perçu comme un double écueil, la femme contemporaine démontre à la fois son autonomie et sa capacité à nouer des relations désintéressées, amoureuses (de Singly, 1990, 1992). Une identité personnelle exige cette double condition pour sa construction : le travail salarié n'est pas une forme de reconnaissance suffisante, il faut aussi faire preuve d'humanité, c'est-à-dire être reconnu pour soi-même et non pour ses richesses sociales ou culturelles. Dans les sociétés occidentales contemporaines, la sphère du travail est valorisée en tant que moyen d'accès à l'autonomie, tout en étant critiquée comme espace de l'intérêt. C'est pourquoi l'individu ne doit pas choisir un registre plutôt qu'un autre, et doit s'exprimer sous les deux espèces, celui de la concurrence sur le marché, cadre de la lutte de tous contre tous, celui de l'affection, cadre de la confiance réciproque.

1.2. De l'utilité de l'échange

Un très proche contribue à construire la personne avec laquelle il vit en lui donnant le « sentiment continu d'exister », le sentiment de stabilité de soi qui fonde l'identité. Ce sentiment (Martinot, 1995) s'enracine notamment dans la « conversation » permanente qui valide la vision du monde des partenaires (Berger, Kellner, 1988).

Dans *Liaisons étrangères* (1987), la romancière américaine Alison Lurie dessine l'intérêt de ce partenaire régulier. Virginia, universitaire « âgée de cinquante-quatre ans, petite, laide et célibataire, bref le genre de personne qu'on ne remarque pas » s'est inventé un chien « qui n'est visible que pour son imagination » ; c'est « son démon familier, son familier démoniaque » qui « symbolise sa tendance à s'apitoyer sur elle-même ». À défaut d'un conjoint, Virginia possède donc un chien, imaginaire. Aux moments les plus difficiles, Fido n'est pourtant pas suffisant. Virginia découvre dans un magazine un article dénonçant l'inutilité de la recherche qui prend pour exemple ses propres travaux – « une étude comparative des chansons à jouer des enfants britanniques et américains ». Elle est très affectée par ce texte. Elle « sait qu'elle ne devrait pas le prendre si mal. Mais elle sait aussi que les gens qui n'ont pas d'identité significative en dehors de leurs carrières, ni époux, ni parents, ni amant, ni enfants, prennent généralement mal ce genre de choses ». Lorsque Virginia était mariée, elle se souvient que « les revers professionnels ne causaient aucun dommage au cœur de sa vie ; ils ne pouvaient troubler le confort (ou plus tard l'inconfort) de ce qui se déroulait dans son foyer. Ils étaient, pour ainsi dire, en dehors de l'avion, assourdis par l'isolation sociale et le ronronnement des moteurs conjugaux ».

On retrouve cette définition de la vie conjugale – avoir quelqu'un à qui parler, quelqu'un qui garantisse une écoute à domicile – dans *Trente ans et des poussières* (McInerney, 1993). Après une aventure extraconjugale, un des personnages – Russell – rentre à la maison pour découvrir que sa femme, informée de cette aventure, est partie. Il est démoralisé... Au cours d'une promenade, il fait une remarque à un enfant qui lance des bâtons à un écureuil. Russell est alors pris à parti par le père de l'enfant avec lequel il se bagarre avant de s'enfuir. Il entre dans un bar, boit deux verres.

> Il savoura sa morne solitude. Il n'avait envie d'aller nulle part, ni de faire quoi que ce fût, sans Corinne. Il avait envie de lui raconter sa mésaventure dont il venait d'être victime. À qui ferait-il le récit des événements de sa vie si elle devait en disparaître ? Qui écouterait ses histoires ? À mesure que le whisky le pénétrait, il se dit que le conjoint est une personne qui écoute l'his-

toire de votre vie et qui, moyennant certaines concessions, choisit de vous croire.

Grâce à cette croyance en son existence octroyée à l'autre, l'univers personnel devient crédible et le soi a davantage l'impression d'exister. Cet effet est particulièrement sensible dans certaines situations extrêmes, comme la vie en prison, où l'identité personnelle est extrêmement fragilisée. Les détenus ont moins la tentation de l'autodestruction lorsqu'ils reçoivent la visite régulière de leur épouse (Ramond, 1992). Témoin le cas d'Hélène (24 ans, divorcée, remariée avec Paul, condamné à perpétuité) : *« Je ne lui apporte rien matériellement. Il ne demande rien du tout. Il veut simplement que je vienne. Il m'explique que le temps où je ne suis pas là, c'est le noir... Il n'attend que le jour où je viens. Il dit que c'est son rayon de soleil, voilà. Je ne lui apporte que mon amour, je ne lui donne que ce qui est autorisé dans les parloirs : la tendresse, les mots... À l'époque où je l'ai connu, il était vraiment au bord du gouffre, il était dans une période très négative. Il se laissait aller. Il n'avait personne pour le soutenir. Il avait ses parents qui ne l'ont jamais lâché, mais ce n'est pas pareil. Et il a bien remonté la pente aujourd'hui. Il est très bien. Il a confiance en moi, et j'ai confiance en lui. On s'est marié. »*

Ces rencontres sont décisives dans la mesure où elles permettent aux femmes de constater que leur correspondant est bien un homme (au sens d'appartenance au genre humain) et qu'il n'a pas, selon l'expression de l'une d'entre elles, « la tête de l'emploi ». Le regard d'amour métamorphose l'homme en lui restituant un sentiment d'appartenance ainsi que ses qualités (« sensibilité », « gentillesse », « tendresse », « générosité ») occultées par un épisode de sa vie. Il ne gomme pas le passé, mais en supprime certains effets.

2. Lecture sociologique du mythe de Pygmalion

Une maïeutique moderne

Attardons-nous au troisième niveau, jamais énoncé jusqu'alors en sociologie, de l'intervention du proche familier. C'est celui de la révélation d'un soi spécifique, original, grâce à cette action d'autrui. Le soi peut ainsi mettre en valeur ses ressources cachées. Suivons, là encore, Anita Brookner, dans *La Vie quelque part* (1990), pour comprendre l'efficacité d'un tel mécanisme. Ruth Weiss, une intellectuelle de quarante ans, célibataire, s'ennuie. Elle est venue à Paris étudier à la Bibliothèque nationale. Au Louvre, elle suit un couple d'Anglais qu'elle envie tant ils paraissent heureux. Elle les entend discuter d'un projet pour le dîner :

> Une grande souffrance l'envahit [...]. Il lui apparut, avec une évidence qu'elle n'avait jamais aussi fortement ressentie, qu'elle menait une vie impossible. Elle était enfermée dans une prison, et elle avait ajouté à cette absence de liberté physique une routine aussi contraignante, aussi dépourvue de spontanéité que si elle lui avait été imposée par un État policier.

L'autonomie qu'autorise la vie solitaire est illusoire puisque à défaut de pouvoir se reposer sur une relation qui apporte la sécurité, la personne élabore un système de défense, fondé sur des habitudes qui évitent le questionnement. Et pourtant elle souhaite se transformer :

> Un intense désir de changement s'empara de Ruth [...]. Elle savait, obscurément, que toutes les capacités dont elle se sentait habitée risquaient fort de n'être jamais utilisées, si aucune modification ne se produisait. L'amour, se disait-elle, suffirait à tout résoudre, mais elle ne voyait pas de qui elle pouvait bien tomber amoureuse. Personne ne lui accordait le moindre regard.

À la sortie du musée, Ruth croise de nouveau le couple dans le bus et la conversation s'engage. La jeune femme lui fait remarquer la beauté de ses cheveux alors que « Ruth avait toujours dénigré sa chevelure, qui lui semblait trop flamboyante pour sa personnalité ». De fil en aiguille, le couple et Ruth finissent par dîner ensemble. Et Hugh décide de prendre Ruth en main : elle ira chez le coiffeur et améliorera sa présentation. Ruth est heureuse de ces attentions. Lorsqu'elle rentre chez elle le soir, elle rencontre le concierge : il lui « adressa un signe de la main, silencieux ; depuis son arrivée, il ne l'avait encore jamais saluée. Elle en éprouva de la joie et de la reconnaissance. Cette nuit-là, elle dormit sans faire le moindre rêve ». Ruth continue à fréquenter le jeune couple, surtout Hugh avec qui elle accepte de faire l'amour. Elle découvre que ce qu'elle a appris dans les livres est trompeur :

> Si le code moral inculqué par une littérature qu'elle commençait à remettre en question était fondé, elle aurait dû éclore et s'épanouir depuis longtemps dans son lourd manteau mal coupé et son isolement laborieux... Or contre toute attente, elle était en pleine forme physique et avait bon moral.

Malgré tout, Ruth juge sa nouvelle vie selon des catégories anciennes, elle estime que c'est « l'égoïsme » qui l'a « transformée en jeune femme prétendument sûre d'elle et séduisante... Les gens semblaient l'aimer davantage depuis qu'elle était ainsi ». L'interprétation de soi par soi-même est insuffisante : ce que Ruth nomme « égoïsme » est sa manière à elle de désigner ce qui l'a révélée à elle-même et qui ne peut s'élaborer que par la médiation d'une autre personne.

Les individus ne peuvent vivre sans ce regard qui leur donne la foi en eux-mêmes et qui les autorise à prendre conscience d'eux-mêmes. Dans *Des gens comme les autres*, Alison Lurie (1989) décrit ce processus. Après avoir achevé un texte, l'écrivain Charlie Baxter attache peu d'importance à l'avis positif d'un vrai critique ; il désire surtout celui d'Anna May. Ses amis se demandent pourquoi cette femme est si nécessaire à Charlie et à d'autres hommes :

> — Gerry : Écoutez, je vais vous le dire. Anna May n'a rien de particulier. C'est le vide complet. Si ce n'est l'attention intense qu'elle est capable de manifester ; cette adhésion absolue qu'elle donne l'impression de vous accorder tout simplement parce qu'elle n'est rien. Un miroir en somme. On voit en elle ce que l'on souhaite voir.
>
> — Janet : Et qu'y avez-vous vu ?
>
> — Gerry : Je n'en sais rien. Une certaine idée de moi-même.

Le soi réclame l'attention d'autres personnes pour pouvoir s'épanouir. Bien qu'ayant ses propres ressources en lui, un individu ne parvient pas à les mettre en valeur sans le soutien d'un intermédiaire qui donne à croire qu'il est attentif aux richesses cachées (dans *La Vie quelque part*, Ruth avait toujours eu de beaux cheveux et connaissait bien la peinture). Le regard de l'autre sur soi, l'échange constituent les formes contemporaines de la maïeutique. Les membres de la famille, les proches doivent mettre en œuvre cet accouchement, sinon des âmes, du moins des personnalités, adultes ou enfantines. La famille contemporaine a un niveau élevé d'exigence, du moins de la part des adultes censés garantir à leur progéniture et à leur partenaire une telle pédagogie « privée », personnalisée.

2.1. Première composante du mythe. Un regard efficace de Pygmalion

Pour bien comprendre cette fonction de la révélation de soi, nous allons reprendre le mythe de Pygmalion. Chacun connaît la version initiale d'Ovide dans les *Métamorphoses*. Pygmalion, célibataire, sculpte dans l'ivoire blanc un corps de femme si réussi qu'il en devient amoureux. Il la caresse, il lui apporte des cadeaux. Le jour de la fête de Vénus, il demande aux dieux de lui donner pour épouse « une femme semblable à la vierge d'ivoire ». Vénus, sensible à cette prière, accepte. De retour chez lui, Pygmalion embrasse la statue qui s'anime, s'éveille, et rougit aux baisers de son amant qui n'oublie pas de remercier la déesse. Dans cette version du mythe, deux traits sont surtout retenus : la statue ressemble à la perfection à la réalité, et la transfigure même puisque Galatée est plus belle que n'importe quelle jeune femme ; la qualité du travail de Pygmalion, capable d'avoir engendré une telle créature.

Ce second élément conduit le plus fréquemment à considérer le mythe de Pygmalion comme un hommage, ambigu, à l'efficacité du pédagogue. Pygmalion a assuré presque tout le travail, la statue et l'espoir de la voir devenir vivante ; Vénus a fait le reste, Galatée n'étant qu'un objet aux mains de son sculpteur et amant.

Lorsque les psychologues Robert Rosenthal et Lenore Jacobson inventent une situation expérimentale qu'ils nommeront Pygmalion, ils se réfèrent à la version d'Ovide. Ils font passer à des enfants de l'école américaine Oak School un test d'intelligence, présenté aux enseignants comme devant détecter le démarrage potentiel de certains élèves. Ils fournissent ensuite aux maîtres des listes d'enfants choisis au hasard, considérés officiellement comme de virtuels « démarreurs ». Ces listes constituent la source de la modification, souhaitée, des représentations professorales. Un post-test est passé huit mois après l'expérience et un autre deux ans plus tard. Les résultats positifs au test d'intelligence augmentent davantage chez les enfants classés *a priori* « démarreurs » que chez les autres. Dans le groupe expérimental, le gain moyen en quotient intellectuel est de 12,2 points alors que dans le groupe contrôle, il n'est que de 8,4 points. L'écart de près de quatre points est statistiquement significatif.

La lecture de l'ouvrage de Robert Rosenthal et Lenore Jacobson (*Pygmalion à l'école*, 1971) produit chez le lecteur l'impression d'un grand arbitraire dans l'action du maître. Ce dernier agit en fonction des informations qu'il a reçues, sans en vérifier la véracité, et cela suffit à avoir des effets. À ce niveau, le mythe de Pygmalion renvoie à une vision constructiviste du monde social. La réalité dépend, en grande part, du regard que chacun porte sur elle. Cette affirmation rejoint la proposition de William Isaac Thomas : « Quand les hommes considèrent certaines situations comme réelles, elles sont réelles dans leurs conséquences », et concerne aussi les prophéties autoréalisatrices. On se souvient de l'exemple classique cité par Merton (1953), d'une prédiction créatrice : le cas de la Last National Bank. Une rumeur répand l'idée que cette banque est en faillite et tous ses clients viennent immédiatement retirer leurs fonds. Ainsi la prédiction se réalise.

2.2. Deuxième composante du mythe. L'acceptation du regard par Galatée

Dans les situations précédemment évoquées, les « soi » de Galatée et des enfants de l'école américaine dépendent surtout du regard de leurs proches : Pygmalion et l'instituteur. Il y a création *ex nihilo* d'une identité, et non révélation d'une identité latente, de la part d'un autrui significatif. La pièce de George Bernard Shaw, *Pygmalion* (1981), est plus riche dans la mesure où, à l'efficacité du regard porté sur un individu, sont associées deux autres dimensions : d'une part, les capacités cachées de l'individu regardé et, d'autre part, l'acceptation par cet individu du regard porté sur lui. Ces trois éléments composent le rôle joué par les proches familiers.

Relisons avec attention la pièce. À la sortie d'un spectacle nocturne dans le centre de Londres, une vendeuse de fleurs tente, difficilement, de vendre ses bouquets. Un premier monsieur, « le gentleman », lui donne trois sous, tandis qu'un second, « le preneur de notes », inscrit sur un carnet tous leurs échanges. La jeune femme, pensant avoir affaire à un policier, se sent menacée et crie pour se défendre, ameutant un petit groupe d'individus. Le preneur de notes révèle aux témoins de la scène le quartier où elle habite et, au gentleman qui s'en étonne, il explique que, spécialiste en phonétique, il rééduque les nouveaux riches : « On commence dans Kentish Town avec quatre-vingts livres par an, et on finit à Park Lane avec cent mille. Et on veut effacer Kentish Town. Mais ils se dévoilent chaque fois qu'ils ouvrent la bouche. »

Retraduit en termes sociologiques, ce preneur de notes a pour objectif, ambitieux, de parvenir à effacer les effets de la prime éducation de classe, et de produire des individus dont l'habitus serait conforme à leur nouveau capital économique. Devant le gentleman, le preneur de notes se vante de pouvoir faire passer, en trois mois, la vendeuse de fleurs « pour une duchesse dans une garden-party d'ambassade », et de lui « trouver une place comme femme de chambre ou demoiselle de magasin ». À la fin du premier acte, le preneur de notes révèle son identité au gentleman : il s'appelle Henry Higgins, l'auteur de *L'Alphabet universel de Higgins* et découvre que le gentleman n'est autre que le colonel Pickering, auteur du *Sanscrit parlé*. Avant de souper, Higgins donne, par remords, une poignée de monnaie à la vendeuse, ce qui constitue pour elle une petite fortune.

Le lendemain, se croyant riche, et ayant réfléchi à l'offre du professeur, elle se présente à son laboratoire pour prendre des leçons de diction. Elle affirme : « Je veux être la demoiselle d'une boutique de fleuriste au lieu de vendre dans la rue. » Cet énoncé est décisif dans la mesure où il démontre que le défi du professeur est bien accepté par elle, qu'elle fait sien le projet. Elle a reconstruit son identité en accueillant une nouvelle représentation d'elle-même ou, plus précisément, en reformulant, grâce à ce nouveau regard, quelque chose qu'elle s'était dit à elle-même. Avant la soirée où elle devra passer pour une duchesse, Eliza avoue que ce qu'elle vit correspond à ses rêves : « J'ai fait cela cinquante fois – des centaines de fois – dans ma petite étable à cochons d'Angel Court, lorsque j'y rêvais éveillée. »

L'équivalent de cet élément – le jugement d'Eliza sur elle-même – est omis par Robert Rosenthal et Lenore Jacobson. Ils font comme si un enfant n'avait pas une conscience de soi et de ses ressources. Leur expérience repose sur le postulat de l'intérêt universel de la réussite scolaire, même parmi les « mauvais élèves » qui ont subi depuis plusieurs années une suite d'échecs scolaires. Tous les élèves devraient être égaux devant l'action du préjugé favorable. Aussi les auteurs sont-ils surpris par leurs résultats montrant que ce sont « plutôt les enfants moyens qui bénéficieraient le plus des attentes quant à leur progrès intellectuel ». Ils l'attribuent à un « effet du hasard », ne pensant pas aux conditions de l'efficacité du regard du maître. Ils oublient que les « bons » élèves ont déjà été reconnus dans le passé par d'autres professeurs, par leurs parents, par eux-mêmes. De même, les « mauvais » élèves peuvent mettre en doute la bienveillance qu'ils lisent sur le visage de leur maître, ou tout au moins se demander si celle-ci n'est pas une erreur, ayant intériorisé leur classement dans la catégorie la plus basse, surtout s'il est ancien. Seuls les enfants « moyens » – ni découragés ni encouragés, ni croyants ni incroyants en eux-mêmes – peuvent répondre à une nouvelle définition de la relation pédagogique, c'est-à-dire à une nouvelle définition d'eux-mêmes.

Reprenons la lecture de la pièce de George Bernard Shaw. Lorsque Liza déclare souhaiter prendre des cours, Higgins hésite, mais Pickering intervient : « Je vous proclamerai le plus grand pédagogue du monde si vous tenez votre parole. Je vous parie tout ce que coûtera votre tentative que vous n'y parviendrez pas. » Sous la pression de Liza et de Pickering qui l'installent dans son rôle de Pygmalion, Higgins accepte : « Je vais faire une duchesse de ce traîne-jupon, de cette petite piaf des rues. » Il ne pense pas à faire le bonheur de Liza – « quand j'en aurai fini avec elle, nous pourrons la rejeter au ruisseau, et alors ce sera de nouveau son problème, son problème à elle » –, il le fait pour lui, pour se faire reconnaître par un de ses pairs, Pickering. Il ne ménage pas la susceptibilité de Liza – « Elle est si délicieusement vulgaire, si horriblement sale » – à tel point que la jeune femme, effrayée, veut fuir. Le professeur lui promet alors de beaux vêtements, des courses en taxi, du chocolat, montrant ainsi tout l'intérêt qu'il porte à cette expérience. Henry investira ses connaissances en Liza pour la transformer, et Eliza, aidée par sa beauté, investira sa bonne volonté dans l'apprentissage du beau langage et des bonnes manières.

La soirée où la nouvelle valeur sociale de Liza doit être reconnue s'achève à la fois bien et mal : bien, parce que Liza n'a pas été considérée comme une « fille de Londres, sortie du ruisseau » ; mal, dans la mesure où le public a cru reconnaître une princesse hongroise et non une duchesse anglaise. Mal également parce que le contrat passé entre Henry et Eliza n'a pas été clairement redéfini. Aussi y a-t-il désormais un malentendu entre eux. Pour le professeur, l'aventure est finie, Liza ne l'intéresse plus comme élève. Pour elle, au contraire, tout commence, cette soirée ne prenant sens que si elle lui ouvre les portes d'un nouvel avenir. Or l'indifférence de Higgins l'irrite : « Mais je suis bonne à quoi ? De quoi m'avez-vous donc rendue coupable ? Où aller ? Et que vais-je faire ? Qu'est-ce que je vais devenir ? » Elle a investi affectivement dans la relation, aimer et se sentir aimée lui étant nécessaire pour que la conversion s'opère. Aussi se réfugie-t-elle dans les bras d'un jeune homme, originaire d'une famille désargentée, qui l'aime :

— Liza : Ne m'appelez pas mademoiselle Doolittle, vous m'entendez ? Liza est bien assez bon pour moi. Freddy, vous ne pensez pas que je ne suis qu'une gamine sans cœur, une bécassine de ruisseau, dites ?
— Freddy : Oh ! non, mais non, chérie ! Comment pouvez-vous imaginer une chose pareille ? Vous êtes la plus ravissante, très chère.

Pour se venger, Liza menace Higgins sur son propre terrain. L'élève peut devenir professeur :

Vous ne pouvez pas m'enlever le savoir que vous m'avez donné. Vous m'avez dit que j'avais plus d'oreille que vous. Et je suis capable d'être aimable et courtoise avec les gens, ce qui est plus que ce que vous pouvez faire... Je vais faire publier dans les journaux que votre fameuse duchesse n'est qu'une petite vendeuse de fleurs que vous avez dressée et qu'elle est en mesure d'apprendre à n'importe qui – en six mois et pour mille guinées – la manière d'être duchesse comme elle.

Un « soi » unitaire

La pièce se termine par le mariage de Liza et Freddy, tous deux tenant tant bien que mal une petite boutique de fleurs payée par le gentleman. Pickering et Higgins verront régulièrement le couple, gardant ainsi le souvenir de l'effet produit par la considération du premier et la pédagogie du second. Eliza est le témoin vivant de leur compétence. Statufié en Pygmalion, Higgins a besoin de ce rappel. Pickering, depuis le début, le cantonne à ce rôle, se réservant celui d'une personne bien élevée. Liza en a conscience, elle l'avoue successivement à Pickering (« Je ne serai jamais qu'une vendeuse de fleurs pour le professeur Higgins, parce qu'il me traite toujours comme une vendeuse de fleurs et me traitera toujours ainsi. Mais je sais que je peux être une lady pour vous, parce que vous me traitez toujours comme une lady et qu'il en sera toujours ainsi ») et au professeur :

— Higgins : Mes manières sont exactement les mêmes que celles du colonel Pickering.

— Liza : Ce n'est pas vrai. Lui traite une vendeuse de fleurs comme si elle était une duchesse.

— Higgins : Et moi je traite une duchesse comme si elle était une vendeuse de fleurs.

À la fin du contrat, les deux identités ne sont pas entièrement redéfinies. Le professeur voit toujours Liza comme une ancienne vendeuse de fleurs et, de ce fait, la contraint à ne considérer Higgins que sous les traits d'un professeur. Galatée produit en retour la statue de Pygmalion. Il est, en fait, plus facile à Galatée qu'à Pygmalion d'occulter ce passé, l'oubli n'ayant pas le même sens dans l'un et l'autre cas. Pour Pygmalion, rencontrer Galatée régulièrement (comme le préconise George Bernard Shaw dans son commentaire sur la pièce), c'est se donner la possibilité de pouvoir se souvenir, de constater, à travers la présence de Liza, le crédit qu'elle lui a accordé en réussissant sa prestation publique. Le professeur Higgins pourra ainsi plus facilement continuer à construire son identité, constituée en partie par la présence de Liza, mais cela n'implique pas le mariage entre eux deux.

Pour Shaw, « Galatée n'aime jamais Pygmalion d'amour total : le lien qu'il établit avec elle est trop olympien pour être accepté avec une totale bonne grâce ». Pendant le temps des leçons, Liza a rendu service à Higgins. Après la soirée qui marque la fin de l'enseignement, leur relation doit se renégocier. Liza le voudrait : « Si vous voulez que je revienne, ce n'est que pour vous faire ramasser vos pantoufles, supporter vos accès de mauvaise humeur et jouer pour vous le terrier qui cherche et rapporte. » Higgins hésite. Dans un premier temps, il affirme : « Si vous revenez, je vous traiterai exactement comme je vous ai toujours traitée. Je ne puis changer ma nature et je n'ai pas l'intention de changer de manières » (définition par Higgins de sa relation ordinaire à autrui). Mais il avoue ensuite : « Je trouve qu'une femme allant chercher les pantoufles d'un homme est un spectacle dégoûtant : est-ce que je vous ai jamais ramassé vos pantoufles ? J'ai bien meilleure opinion de vous depuis que vous me les avez jetées à la figure. À quoi bon faire l'esclave pour moi, et prétendre ensuite que je me soucie de vous : qui se soucie d'une esclave ? » (définition par Higgins de la bonne relation conjugale).

La pièce de Shaw ne propose pas un type idéal de la fonction de révélation de soi par un proche familier. En effet, la relation entre Higgins et Eliza reste strictement pédagogique, l'affectif ne se mêlant pas ou peu à leurs interactions. Cette limite permet d'appréhender une autre condition de fonctionnement d'une relation entre proches familiers : le regard ne doit pas être exclusivement centré sur une seule dimension de l'identité de la personne. Le soi réclame non seulement, comme on l'a vu, le sentiment continu d'exister, mais aussi le sentiment d'être un, malgré la diversité de ses pratiques et des représentations, et malgré ses éventuelles contradictions. En Occident, « on rejette l'idée d'un "moi" constitué de plusieurs "moi" distincts, qui dominent des zones différentes de choix et de responsabilité » (Douglas, 1990). Dans cette conception où il n'y a pas de place « pour un comité de "moi" en lutte au sein de l'individu », une des fonctions du proche familier est de contribuer à faire naître, par un regard « total », le sentiment de l'unité de la personne.

Un des moyens pour produire ce sentiment consiste à traiter l'autre sur un mode égalitaire. Higgins ne sait pas, ou ne veut pas, créer une telle relation. Il propose à Liza : « Je vous adopterai. Je vous adopterai comme ma fille, et vous ferai une rente si vous voulez. » On verra que la relation pédagogique s'est alignée aujourd'hui sur le modèle de la relation conjugale, avec une commune dévaluation des prises de position autoritaire. Revenons à Liza qui n'est pas satisfaite d'Higgins. En dépit de ses dénégations, elle voudrait, semble-t-il, l'épouser : l'union avec le professeur témoignerait d'une part de sa transfiguration sociale, d'autre part de la valeur que son professeur lui accorde au-delà de son rôle d'élève. Mais, dans l'autre sens, pourquoi Higgins voudrait-il épouser Liza ? Ne risquerait-il pas d'apparaître intéressé – avoir fait tout cela pour le mariage – et de perdre le capital symbolique attaché à la générosité et au génie de la création – « Je gaspille les trésors d'un esprit digne de Milton en les étalant devant vous » ? Il préfère conserver auprès de Liza (et donc indirectement pour lui) son image de professeur surdoué, refusant une autre relation avec Liza (« Quel conjoint puis-je être, moi célibataire endurci ? »). Higgins ne peut sans doute pas remplir le rôle d'un véritable proche familier, dans la mesure où lui-même a une identité trop unidimensionnelle, définie quasi exclusivement par sa compétence professionnelle. Pour qu'un individu devienne un proche familier, il lui faut regarder l'autre comme une personne, et donc être lui-même une personne.

Higgins est un Pygmalion incomplet. Il n'a transformé que la compétence linguistique d'Eliza et s'est cantonné à un rôle de professeur, désireux de montrer sa compétence de professeur. Il n'a pas eu pour ambition de changer Eliza plus globalement, sinon il n'aurait pas pu et dû la traiter comme une domestique. Si Eliza n'a pas réussi à créer le change lors de la soirée, ce n'est pas uniquement parce que les nouveaux riches se trahissent par un apprentissage tardif, appliqué, c'est aussi parce qu'elle n'a pas bénéficié d'une reconnaissance de sa personne. Elle n'a pu jouer sur scène que le rôle de bonne élève, bien vue de son professeur. C'était insuffisant pour créer une impression de femme accomplie. La fin de la pièce de Shaw est cohérente, Eliza ne peut pas devenir l'épouse d'un homme qui la regarde si partiellement.

2.3. Troisième composante du mythe. La nature de la transformation personnelle de Galatée

La construction de la fonction de révélation de soi doit être encore complétée par une description plus fine du travail que peut produire le proche familier. Bien que F. Scott Fitzgerald ne fasse pas allusion au mythe, un de ses romans – *Tendre est la nuit* (1988) – nous guidera pour comprendre comment Pygmalion s'engage personnellement dans la relation afin que Galatée puisse mettre en valeur une personnalité en sommeil. À la différence donc de l'histoire d'Ovide, la Galatée de Fitzgerald a une existence antérieure à sa rencontre avec Pygmalion. Si Nicole Warren dispose d'un bon capital, elle n'est pas parvenue à le faire fructifier, un incident avec son père (dont la nature n'est pas précisée) l'ayant troublée. Elle rencontre Dick, psychiatre, dans sa clinique. La relation thérapeutique devient conjugale, Dick passant d'un rôle public à un rôle privé. Bientôt, il n'exerce plus sa profession, vivant des richesses de Nicole. Son travail consiste en quelque sorte à soigner son épouse, en la rassurant à domicile, et à mettre au jour des ressources encore enfouies, inexploitées, Nicole devenant ainsi capable d'assumer la totalité d'elle-même.

Dick s'engage personnellement, à plusieurs reprises, dans une relation de ce type où l'autre est amené à se dévoiler. Il diffère des acteurs ordinaires par le fait qu'il a en surabondance cette compétence et qu'il la gaspille, en quelque sorte, dans des relations banales. Il ne peut s'empêcher de regarder certains individus, surtout des femmes, comme des personnes qui méritent intérêt. Nicole qui le connaît bien sait comment Dick fonctionne :

> Elle voyait qu'il était dans une de ses phases d'excitation où il entraînait tout le monde avec lui, mais qui était inévitablement suivie par une phase de mélancolie [...]. Cette excitation se traduisait par un brio, une virtuosité extraordinaire. Dick avait alors le pouvoir de se faire aimer aveuglément par ceux qui l'approchaient [...]. Il lui arrivait, faisant un retour en arrière, de considérer avec effroi le carnaval d'affection dont il avait le spectacle, comme un général pourrait juger le massacre qu'il aurait ordonné pour satisfaire une soif de sang.

Pygmalion séduit selon un procédé spécifique :

> Les gens s'imaginaient volontiers que Dick agissait à leur égard de façon toute spéciale parce qu'il recon-

naissait le caractère unique de leurs fières destinées ensevelies sous les compromissions de tant d'années. Il savait gagner chacun promptement grâce à une considération et une politesse exquises, intuitives, qu'on ne remarquait que dans leurs effets. Alors sans prudence, afin que rien ne ternît l'éclat des relations naissantes, il ouvrait grande la porte de son amusant univers. Aussi longtemps que ses hôtes l'acceptaient complètement, leur bonheur, leur satisfaction étaient tout son souci.

Pygmalion en prêtant attention et en rendant chacun unique, les fait exister, et par là existe lui aussi.

La transformation de ressources cachées en capital reconnu

Dick redonne confiance : « Être admis pendant un moment dans son univers était une expérience inoubliable. Il donnait aux gens l'impression d'avoir pour eux des attentions particulières, de déceler, sous l'amas des compromissions qui l'avaient étouffé depuis tant d'années, ce que leur vie pouvait avoir d'unique et d'incomparable. » C'est cette aptitude qui agit sur Nicole, ou sur certains élèves « moyens » de Oak School. Les bons élèves ont déjà bénéficié dans le passé d'un regard – celui de leurs parents, ou d'un autre maître – qui les a éveillés. Parmi les élèves moyens, se cachent aussi – c'est notre interprétation et non celle de Robert Rosenthal et de Lenore Jacobson – des jeunes qui ont des ressources potentielles. Ce sont eux qui ont le plus besoin d'un nouveau regard, d'une redéfinition d'eux-mêmes pour actualiser leurs ressources.

Revenons à la transformation décisive qu'opère Pygmalion en croyant aux possibilités de Galatée. Pygmalion intervient plus par dévoilement que par création *ex nihilo*. Il croit en la force insoupçonnée du partenaire.

Dans la première scène d'un roman-photo – « La beauté cachée [1] » –, un styliste lance un défi à un photographe, Jacques : « Tu as vu l'insignifiante petite serveuse, je te donne trois mois pour en faire une star. » Sous un prétexte quelconque, Jacques propose à Christine (la serveuse) de sortir avec lui. Progressivement, il la présente à ses amis. Christine prend confiance en elle, elle décide de suivre un régime : « Lui ne s'est pas arrêté à mon physique, il a pris la peine de chercher à me connaître. Et il m'a tellement dit et répété que je pouvais être jolie... j'ai l'impression de le devenir. » Un jour, elle devient modèle – la métamorphose s'opère sous le regard de Jacques et obtient le succès. Christine, « divinement photogénique », s'investit dans son nouveau travail et la jeune provinciale trouve « un travail intéressant » grâce à Jacques-Pygmalion.

À travers ce roman-photo, on découvre que l'action de Pygmalion est d'autant plus requise que Galatée possède des ressources d'un genre spécifique. Les ressources de Christine sont esthétiques, et non scolaires. Si cette jeune femme était diplômée, elle aurait, sans doute, moins besoin d'un révélateur. Les individus dans la vie quotidienne (et encore plus les sociologues dans leur recherche) appréhendent les ressources possédées par d'autres plus facilement lorsque celles-ci sont validées par des institutions [2]. Inversement, lorsque leurs talents sont peu reconnus officiellement, les individus ont peu de chances de croire en eux, c'est-à-dire de chances de transformer leurs ressources en capital. Plus

1. « La beauté cachée », roman-photo complet, *Nous deux*, n° 2158, 8 novembre 1988.

2. Le capital scolaire étant plus facilement objectivable que le capital esthétique ou le capital social de relations (défini par la valeur sociale des amis).

que la compétence intellectuelle, la beauté exige l'intervention d'intermédiaires, de révélateurs de type Pygmalion dans la mesure où il n'existe pas d'instance telle que l'institution scolaire pour légitimer cette possession – les concours de beauté comme Miss France ne jouant pas un rôle équivalent à ceux des grandes écoles ! C'est le regard d'autrui qui doit à chaque fois revalider la ressource esthétique ou telle qualité en capital, contrairement aux assurances fournies par le titre scolaire (évitant de repasser son baccalauréat).

Cette précision sur l'action de Pygmalion permet de comprendre en partie pourquoi, dans les représentations, la femme est plus souvent que l'homme bénéficiaire d'un tel effet. La définition sociale des capitaux féminins comprend, moins que celle des capitaux masculins, des richesses objectivées. Les reproches adressés à la sociologie de favoriser l'étude des hommes (*Le Sexe du travail*, 1984) tiennent aux limites de ces instruments eux-mêmes, reflets du fonctionnement de la société. La méthode, surtout quantitative, est meilleure pour appréhender les richesses les plus objectivables – comme le capital scolaire – qui sont, de fait, les richesses les plus masculines. Les institutions favorisent les hommes, ou tout au moins la définition masculine de l'identité. Pour se faire reconnaître, et même pour se connaître, les femmes ont davantage besoin d'une médiation personnelle, l'accès aux médiations impersonnelles leur étant davantage fermé. Par contrecoup, elles connaissent, en raison de ressources moins reconnues socialement, une moindre estime de soi (plus les autres vous attribuent du capital, et plus l'estime de soi augmente). La transformation d'une ressource en capital requiert deux étapes : la reconnaissance sociale, par une institution ou par un individu, d'une ressource possédée par un soi, et la retraduction de cette reconnaissance en estime de soi. En effet, sans un certain niveau d'estime de soi, la ressource reste inutile.

La recherche de la cohérence de soi

L'intervention d'un proche confiant est d'autant plus utile pour produire cette estime de soi que celle-ci a subi des contrecoups. Il se peut alors que l'identité se trouve en porte-à-faux ou, par analogie avec une notion de Lenski (1954), décristallisée, les diverses dimensions du soi étant hétérogènes. Ainsi dans *Tendre est la nuit*, Nicole a une identité éclatée, avec une dénivellation entre un haut niveau de richesses sociales et un bas niveau de l'estime de soi. Cette discordance engendre des problèmes de santé.

Cela s'observe dans la réalité. Ainsi, lors d'une enquête sur la dépression, on a été surpris par quelques cas de femmes dépressives en raison de leurs difficultés à assumer une position sociale élevée. La validation institutionnelle de leur compétence, de leurs ressources créait une panique personnelle qui allait jusqu'à la maladie. Le retour à la normale s'effectuait soit par une union avec un conjoint peu doté scolairement (dans le cas d'une femme ingénieur), soit par un retour à la case départ professionnelle (dans le cas d'une femme sans baccalauréat, à qui on avait proposé une promotion). Pour ces deux femmes le conjoint ou le nouveau travail permettent au moins un ancrage à un niveau social correspondant à celui de leur estime de soi. Grâce à ce choix d'un partenaire (qui l'autorise, en quelque sorte, à ne pas se sentir elle-même ingénieur, elle est heureuse d'être « simple ») ou d'un emploi modeste, elles sont parvenues à retrouver une certaine cohérence interne. Ces femmes ajustent leur position matrimoniale ou professionnelle sur leur niveau d'estime personnelle.

Dans les conditions ordinaires, la cohérence se produit fréquemment : à tel niveau de ressources correspond tel niveau d'estime de soi. Lorsque, pour des raisons sociologiques ou psychologiques, un individu doté d'un capital x a une estime de soi inférieure à celle qu'ont les autres individus disposant du même capital, il pourra moins que les autres transformer ces ressources en capital. L'existence d'un très proche, s'il a la compétence ou le souhait de regarder et d'écouter, peut autoriser une stratégie de rattrapage permettant d'accorder niveau de capital et niveau d'estime. Le crédit accordé par Pygmalion compense un manque intérieur et rétablit l'équilibre, la cohérence.

Cette fonction de validation du soi intime a été peu étudiée en sociologie classique, laissant cette partie de l'individu à l'analyse psychologique. Afin de se démarquer de cette discipline, la sociologie s'est interdit d'appréhender les états intérieurs des individus, ou de leur accorder de l'importance. Seuls comptent les déterminants sociaux, extérieurs, qui peuvent être saisis par la procédure de l'objectivation. Ce que les acteurs sociaux pensent ou ressentent est considéré, dans une telle perspective, comme relevant du monde des représentations, des illusions. Ainsi, dans les années 1970 en France, la sociologie de l'éducation s'est centrée exclusivement sur les relations entre la variable « milieu social de l'enfant » et la variable « réussite scolaire ». Elle a considéré les différences internes à chaque classe sociale comme secondaires : peu importe que des enfants de milieux populaires puissent réussir ou que des enfants de milieux supérieurs puissent échouer. Et lorsque, voulant rendre plus complexe le modèle explicatif, Pierre Bourdieu et Jean-Claude Passeron (1970) ont introduit des variables intermédiaires (niveau d'aspiration, ambition parentale, habitus), ces dernières reflétaient fidèlement les conditions objectives, les redoublant en quelque sorte. La notion de mobilisation familiale complète l'analyse classique ; elle traduit les efforts produits par les parents et l'ensemble du groupe familial qui s'inscrivent dans des dépenses supplémentaires d'éducation, dans un type d'organisation du temps libre pour que l'enfant réussisse. Elle approche ainsi une partie du travail éducatif, mais elle sous-estime presque toujours les facteurs mis au jour dans l'analyse du mythe de Pygmalion : à savoir l'existence de ressources cachées chez Galatée, la croyance de Pygmalion en cette propriété, son préjugé favorable, et la capacité d'acceptation de ce préjugé favorable (elle-même fonction de l'histoire individuelle) par Galatée [1]. Comment continuer à exclure l'estime de soi par autrui et par soi-même, sans laquelle les ressources possédées ne sont pas appropriées ?

Un travail de soin « quasi thérapeutique » à domicile

Dans *Tendre est la nuit*, Baby, qui n'a pas les problèmes de sa sœur Nicole, avoue à Dick qu'elle songe que « ce serait vraiment très bien si Nicole tombait amoureuse d'un bon médecin. Dick retient une violente envie de rire. Voilà donc à quoi songeait la famille Warren : offrir un médecin à Nicole ». Cette sœur est consciente que les rôles de médecin et de conjoint ne sont pas aussi différents qu'ils peuvent le paraître en première approche. Si un proche familier a la capacité de donner ou de redonner des forces à une estime de soi défaillante d'un partenaire ou d'un enfant, il accom-

1. Les deux niveaux se recoupent puisque le choix par les parents d'un bon lycée montre à l'enfant qu'il est jugé digne d'y être.

plit une fonction thérapeutique. Des travaux américains sur la dépression mettent en lumière l'utilité (ou au contraire l'effet amplificateur) du conjoint dans le traitement de cette maladie (Repetti, 1989 ; Riley, Eckenrode, 1986). Le soutien conjugal peut être efficace (Kerns, Turk 1984). Ainsi, par exemple, lorsqu'un individu souffre d'une maladie chronique, il lui arrive d'être en dépression. Néanmoins, il peut l'éviter s'il bénéficie de l'aide de son conjoint qui a un effet direct sur l'atteinte à la reconnaissance du soi malade. Un très proche peut avoir une action de même type que celle de Dick, en donnant de manière continue sa confiance. Il modifie ainsi cette estime de soi défaillante, diminuant la force de l'état dépressif.

En France, la culture psychologique associée à la logique de la professionnalisation s'est imposée à tel point qu'une aide personnalisée à quelqu'un ne se conçoit pas sans un intervenant spécialement formé. Pour cette fonction, le rôle des conjoints ou d'autres proches est peu reconnu socialement, au moins au niveau de la sphère publique, sauf dans les cas graves (maladie chronique, chômage).

Une enquête américaine, menée par F. Ivan Nye, dans *Role Structure and Analysis of the Family* (1976), met en évidence l'erreur qui consiste à sous-estimer cette aide relationnelle dans la vie quotidienne. Ce sociologue fonctionnaliste distingue plusieurs rôles que peut assumer un conjoint : le rôle thérapeutique, la socialisation de l'enfant, la prise en charge des soins de l'enfant, le rôle récréationnel, le rôle de prise en charge de la vie quotidienne, le rôle sexuel. Empiriquement, Nye approche cette fonction de soutien relationnel par cinq questions. La première saisit la dimension normative : *« Certaines personnes pensent que cela ne fait pas partie du devoir du conjoint d'aider l'autre dans ses problèmes personnels, d'autres pensent que c'est un devoir. Qu'en pensez-vous ?* » Les deux suivantes veulent appréhender « l'effectuation » du rôle, sa réalisation : « *Combien de fois avez-vous le sentiment d'aider votre conjoint dans ses problèmes personnels ?* », « *À qui parlez-vous de vos problèmes ?* » Et enfin les deux dernières servent d'indicateur au sentiment de compétence de l'acteur en train de jouer son rôle thérapeutique, ou de bénéficier du service : « *Dans quelle mesure vous sentez-vous bien lorsque vous aidez votre conjoint dans ses problèmes personnels ?* », « *Dans quelle mesure vous sentez-vous bien lorsque votre conjoint vous aide ?* » D'après les données, la satisfaction que l'homme déclare trouver dans sa vie conjugale est associée à la fonction thérapeutique, assurée par son épouse. Pour la femme, le constat est identique. Quel que soit le sexe, l'aide relationnelle est la dimension la plus corrélée au sentiment de bonheur conjugal.

Trois missions

Les soins « thérapeutiques », l'aide relationnelle ne constituent qu'une des dimensions du travail du conjoint. La validation de soi par un proche familier inclut plusieurs missions : celle de la cohérence, de la révélation, et de la totalité. Dans la réalité, la dernière mission est plus difficile à remplir que les deux autres. La vie commune transforme en partie l'identité d'un conjoint dans le sens requis par les demandes de son partenaire. Dans *Philosophie de l'amour* (de Botton, 1994), le narrateur a bien conscience que la prise en compte de la totalité de soi par l'autre est un rêve.

> Son regard (sur sa compagne Chloé) picorait (ou appréciait ou comprenait ou assimilait) les éléments

que voici : – l'ironie – la couleur des yeux – l'interstice entre les deux dents de devant – l'intellect – les talents de pâtissière – les rapports avec sa mère... Mais ce n'était pas la totalité de son être... J'aurais pu accorder plus de place à – son souci d'une nourriture saine – ses chevilles – son don pour les mathématiques – ses rapports avec son frère – sa conception de Dieu...

L'amour, même sans limites, a des œillères. Il est toujours myope. C'est pourquoi lorsque les conjoints se séparent, ils ont à la fois l'impression d'être amputés et le sentiment de renaître. Des dimensions cachées de leur personnalité peuvent revenir à la lumière, mais cela implique presque toujours que d'autres vont, sans le regard du proche, connaître l'ombre. Le modèle (social) du développement total de la personnalité a pour effet d'engendrer, par construction, de l'insatisfaction. Il faut, d'une manière ou d'une autre, apprendre à renoncer, ou bien à accepter de changer de partenaire, chacun d'entre eux éclairant telle ou telle partie de l'identité latente, restée dans l'ombre dans les unions précédentes.

3. Transformation identitaire et changement conjugal

L'aide relationnelle assurée par l'homme (et déclarée par son épouse) et celle assurée par la femme (et déclarée par son mari) sont liées (Nye, 1976). Les conjoints s'apportent mutuellement un réconfort psychologique. Cette réciprocité semble opposer la réalité au mythe. De prime abord, Pygmalion, Higgins et Dick semblent donner plus qu'ils ne reçoivent. Or le contre-don qu'ils perçoivent est important. Ces trois hommes ont besoin de ce type de relation pour se réaliser eux-mêmes.

Dans *Tendre est la nuit*, Dick est dépendant du regard de ceux et de celles qu'il éveille par le sien. Par exemple, un jour, ayant rencontré « une misérable famille égarée, composée de deux filles et d'une mère... un irrésistible besoin d'être secourable – ou bien d'être admiré – s'empara de lui. Il se fit gai causeur. Il offrit du vin à ces dames ; il les vit avec plaisir commencer à retrouver leur égocentrisme normal. Il affecta de penser qu'elles étaient ceci ou cela... et, se prenant à son propre jeu, il but immodérément pour faire durer l'illusion. Pendant ce temps, les trois femmes se disaient que cette rencontre était un don du ciel. Il s'éloigna d'elles comme la nuit allait se terminer... Après des adieux bien américains dans la gare à Rome, Dick se rendit à l'hôtel du Quirinal, passablement épuisé par sa dépense de cordialité ». Il s'engage même dans des relations, apparemment inutiles, simplement afin de vérifier régulièrement son caractère extraordinaire aux yeux d'autrui.

Pygmalion : homme ou femme ?

C'est le cercle magique du mythe de Pygmalion : le héros sait d'autant mieux regarder qu'il a lui-même besoin d'être regardé pour vivre. Si les relations conjugales, plus que d'autres relations, sont valorisées, c'est du fait de cette réciprocité qui marque nettement la frontière entre logique de la sphère privée et logique de la sphère publique. Cette réciprocité est le signe d'une relation qui est non de dépendance, mais d'interdépendance, qui est nouée non entre un professionnel et une personne, mais entre deux personnes.

Le fait que Pygmalion soit un homme peut être, de nouveau, soumis à l'analyse. Ce n'est pas un hasard si

Nicole écrit à Dick pour lui demander de continuer à lui plaire : « Vous avez l'air calme pourtant, plus calme que les autres, tout gentil comme un gros chat blanc. J'en suis arrivée finalement à ne m'intéresser qu'aux garçons un peu efféminés. Êtes-vous efféminé ? » Elle a besoin de quelqu'un dont l'identité comprend une forte composante féminine (socialement définie), c'est-à-dire une forte centration sur les êtres et une reconnaissance médiée par ceux-ci. La relation d'aide relationnelle requiert que l'homme et la femme puissent s'engager à titre personnel. Étant donné la force de la définition sociale des genres, qui accorde plus systématiquement à la femme le rôle d'attention et de soins envers l'autre, si Pygmalion était une femme, cette histoire, alors plus banale, masquerait la nécessité de la réciprocité. Une telle distribution des rôles permet de souligner le besoin de cette reconnaissance mutuelle, en révélant la capacité masculine à le faire aussi.

En réalité, le mythe de Pygmalion a changé de sens selon les époques. Jusqu'au début du XXe siècle, il tire son succès de la représentation du rêve masculin de toute-puissance. Reprenant la scène de la Genèse, il présente l'homme non pas né de la femme, mais le contraire, et lui accorde le pouvoir d'engendrer une créature qui corresponde exactement à ses propres attentes. La femme serait ainsi soumise, sans risque de rébellion. Dans la littérature du XIXe siècle, c'est sous la variante d'un mari aux objectifs pédagogiques particuliers que ce rêve se cristallise (Maugue, 1987). Par exemple, dans *Les Demi-Vierges* (Prévost, 1894), Maxime se désole en pensant à Maud : « Oh ! Quand on aime une femme comme j'aime celle-ci, il faudrait l'avoir comme enfant, tout enfant, et l'avoir élevée d'année en année. » Dans sa *Question des femmes* (1881), Ernest Legouvé est encore plus explicite :

« Quand vous épousez une jeune fille, dites-vous que vous n'êtes pas seulement son mari mais son éducateur. Initiez-la par degrés au gouvernement des affaires communes. » Si l'homme formule un tel projet, ce n'est pas par dévouement, c'est par intérêt : « L'ignorance absolue de l'élève, puis l'accaparement de la fonction éducative par un seul individu donnent au pédagogue le contrôle total et durable de sa créature » (Maugue, 1987 ; Goldmann, 1984).

Le mari pédagogue du XXe siècle et le Pygmalion moderne se distinguent par le contenu de leur enseignement. Le premier aide sa femme à devenir épouse et mère, à se conformer à des rôles dont l'objectif est en dernier ressort d'être utile à l'homme. Le second mari encourage son épouse à devenir elle-même. La volonté de toute-puissance du mari qui rêve d'être Dieu et d'avoir un disciple fidèle en son épouse ne se retrouve pas (ou moins explicitement) aujourd'hui.

3.1. Pygmalion inutile ?

Les Pygmalions anciens et modernes ont un point commun, celui d'être trop dépendants de leur créature. Un roman japonais des années 1920 reprend la version traditionnelle du mythe de Pygmalion, en le noircissant. Dans *Un amour insensé* de Junichiré Tanizaki, Jôoji, un ingénieur âgé de vingt-huit ans, est attiré par une jeune serveuse de quinze ans, Naomi. Il lui trouve « une physionomie tout à fait intelligente » et se dit : « Ce serait pitié que de la laisser végéter comme serveuse dans un pareil endroit. » Célibataire, orphelin de père, il n'est ami avec aucune femme et décide de prendre Naomi en charge : « Pour peu que les choses s'annoncent bien, lui donner une éducation poussée ; dès lors faire d'elle ma femme ne présenterait aucune difficulté. » Ce projet traduit, selon son auteur, le désir d'avoir une épouse à sa convenance, « n'ambitionnant pas d'épouser une riche héritière ou une femme supérieurement raffinée ». Le narrateur ne souhaite pas faire un mariage avec une femme disposant d'un capital économique ou culturel trop fort. Sans l'avouer, il a peur d'être dominé. Il préfère donc façonner sa future épouse. Après avoir joué le « rôle de garde d'enfant, de bon, de gentil "petit oncle" en l'emmenant au cinéma, au restaurant », il l'encourage à prendre des leçons de musique et d'anglais, désirant faire de Naomi « une splendide jeune femme » et de « développer le plus possible son goût ». Le narrateur se fait pédagogue – il inscrit les progrès féminins dans son journal intitulé : « Épanouissement de Naomi ». Il est fier de son travail, mais ses satisfactions ne durent pas. En effet, Naomi, une fois mariée, prend son indépendance. Elle choisit des amis plus jeunes que son mari et le trompe.

Ce dernier, subjugué par son œuvre, n'attache plus aucune importance à sa valorisation professionnelle. Son travail salarié n'a plus pour objectif que de rapporter de l'argent pour Naomi. Par son engagement exclusif sur Naomi, Jôoji a tout perdu. À la fin du roman, il avoue : « Quand on n'a plus confiance en soi, c'est sans remède. Au point où j'en suis, je ne suis absolument pas de taille à me mesurer à Naomi. » Lui qui ne voulait pas être dominé, a façonné un être qui le dépasse. Il ne lui reste que la satisfaction d'être à côté de son épouse, et d'en admirer les exploits : parfois, au cours d'une soirée, Naomi, avec sa prononciation, était prise « curieusement pour une Occidentale » : « Il m'arrive souvent de ne pas saisir tout ce qu'elle dit. Parfois, elle fait l'Occidentale et m'appelle George » (version occidentale de Jôoji). Sous les apparences de la serveuse, il a su percevoir une femme capable de jouer à l'Occidentale. Tout le monde a oublié ce rôle, peut-être même Naomi. Lui s'en souvient, c'est le ressort unique de l'estime qu'il a pour lui-même.

À partir du moment où il joue son rôle de Pygmalion, le conjoint semble incapable de se consacrer à autre chose. Il perd goût à la vie professionnelle. Dans son livret lyrique, *Pygmalion* (1776), Jean-Jacques Rousseau prête les propos suivants au sculpteur devant sa statue inanimée :

Lorsqu'atteignant ma dernière saison
Mes esprits, sans vigueur, ne pourront rien produire
En te montrant, du moins je pourrai dire
Voilà ce que j'ai fait ! Voilà Pygmalion.
Oui, sous les coups du sort impitoyable,
Quand je verrai mon génie accablé,
Quand j'aurai tout perdu, reste moi nymphe aimable :
« Oui, tu me resteras, et je suis consolé. »
Et lorsque Galatée s'éveille à la vie,
Pygmalion s'exclame :
« Oui, cher et bel objet que mes feux ont fait naître
Oui, c'est toi, c'est toi seul ; je t'ai donné mon être
Je ne vivrai plus que par toi. »

Dans son atelier, Pygmalion ne peut plus rien sculpter :

Ce n'est que de la pierre. Ô mon premier génie !
Ô mon talent ! Qu'êtes-vous devenus ?
[...] Sous mes doigts créateurs le marbre ne vit plus.
[...] Trésors de la nature, ô modèles charmants
Qu'imitoit ma main enchantée,
Depuis que cette main a créé Galathée
Vous m'êtes tous indifférents.

Pygmalion ne vit que par Galatée qui ne devrait pas manquer de regarder, avec admiration, celui qui l'a conçue. Dick fait de même puisqu'il arrête, lui aussi, sa vie professionnelle. Il s'investit dans la relation conjugale qui éclipse ses intérêts directement professionnels. Nicole s'en aperçoit :

> Dick, quand tu nous as inscrits sur le registre de l'hôtel, pourquoi as-tu mis : Mr et Mrs Diver, au lieu de : Docteur et Mrs Diver ? Une question que je pose, c'est tout, qui vient de me passer par la tête. Tu m'as toujours expliqué que le travail comptait avant tout, et je t'ai cru. Tu m'as toujours dit qu'un homme devait apprendre et travailler, que lorsqu'il s'arrêtait d'apprendre il devenait n'importe qui [...].

Dick inscrit son identité dans celle de Nicole, la bonne santé de cette dernière témoignant de sa force. Son rôle de « mari-soignant » semble suffire à le définir. Il investit dans autrui pour être lui-même.

L'inutilité du très proche

Dick ne comprend pas l'avertissement que lui adresse Nicole. Ce n'est pas parce qu'elle a besoin d'un compagnon « thérapeute » qu'elle désire que celui-ci ne soit que cela. Sans s'en rendre compte, Dick se place lui-même dans une situation impossible. Soit Nicole, continuant à être malade, a toujours besoin de lui et Dick reste utile, prouvant alors son inefficacité, soit Nicole guérit, et Dick a désormais une identité trop unidimensionnelle pour être un partenaire satisfaisant.

À un moment, Nicole pense être devenue autonome et pouvoir se passer des soins de son mari :

> Puisqu'elle n'éprouvait plus le besoin de se fondre en Dick à jamais, de ne faire qu'un avec lui [...] il fallait qu'elle devienne quelqu'un par elle-même,

qu'elle s'enrichisse d'autre chose, qu'elle cesse de n'être qu'une image, prisonnière du cerveau de Dick, condamnée à tourner sans fin autour de lui.

Nicole veut rompre les fils qui la retiennent à son mari, ayant « pris en haine tous les lieux où elle avait dû jouer les planètes autour du soleil de Dick. “Eh quoi ? se dit-elle. Je suis enfin devenue moi-même. Je peux me tenir debout toute seule.” Comme une petite fille ravie, qui veut devenir adulte le plus vite possible, et qui sait plus ou moins que Dick a tout fait pour qu'elle le devienne ». Pour faciliter la rupture, Nicole tombe amoureuse d'un de leurs amis communs, Tommy, qui lui déclare pourtant qu'elle a « un regard d'escroc, froid et dur ». Cette remarque la ravit : « J'ai donc un regard froid, un regard d'escroc ? Excellent ! Mieux vaut un escroc en bonne santé qu'une puritaine au cerveau malade. » Nicole se sent délivrée de son passé de malade. Elle quitte Dick. Lors de leur dernière rencontre, Dick lui rappelle ses ennuis de santé, Nicole, son désinvestissement professionnel, repérable en particulier par le fait qu'il n'a toujours pas écrit les livres programmés :

— Pardonne-moi, continua-t-il, l'air absent. Je réfléchissais précisément à ton cas.

— Pourquoi ne pas le faire figurer dans ton nouvel *Essai de classification* ?

— J'y pensais. « En outre, au-delà des psychoses et des névroses... »

— Je ne suis pas venue pour te blesser.

— Alors pourquoi es-tu venue ? Je ne peux plus rien pour toi. J'essaie de me préserver moi-même.

— Du risque de contagion que je représente ?

— Ma profession me met parfois en contact avec des gens extrêmement suspects.

Elle blêmit sous l'insulte et la colère la fit pleurer.
— Lâche ! Tu es un lâche ! Ta vie n'est qu'un ratage, et tu voudrais que j'en sois responsable !

La dernière page de *Tendre est la nuit* ne laisse aucune illusion au lecteur sur le sort de Dick. Ce Pygmalion a ouvert un cabinet de consultation dans une petite ville de l'État de New York. Lui qui avait redonné la force à Nicole, n'en a plus beaucoup pour lui-même, pour une gestion directe de ses richesses. Nicole apprend qu'« il plaisait beaucoup aux femmes, empilait de grands dossiers sur son bureau, et que le bruit courait qu'il travaillait à un essai sur un grave problème médical, essai qui était presque terminé », bref qu'il était revenu à son point initial.

3.2. *Fidélité à l'autre, fidélité à soi ?*

En suivant Fitzgerald[1], nous pouvons mieux appréhender la production contemporaine de la séparation et du divorce (en expansion). Les travaux sociologiques expliquent l'instabilité conjugale en référence : à la trop forte hétérogamie initiale entre les partenaires (ils se sont trompés dès le départ en s'élisant) ; à l'instauration de la routine et des habitudes qui suit l'enchantement de la première phase (Alberoni, 1981) ; au faible attachement que les individus qui divorcent accordent à la durée (Kellerhals, Languin, Perrin, Wirth, 1985) ; aux effets inhérents aux rapports sociaux de sexe, avec l'éventuelle prise de conscience féminine d'un coût trop élevé du mariage (de Singly, 1987).

1. Sans doute parce qu'il a été lui-même un éblouissant Pygmalion ayant connu une chute comparable. Voir le roman, émouvant, de Budd Schulberg – *Le Désenchanté* (1992) – qui retrace la fin de cet auteur.

Malgré leur intérêt, ces explications sous-estiment certaines des dimensions de la dynamique conjugale. Au regard de sa partenaire, un conjoint peut apparaître insupportable parce qu'il s'est installé dans des habitudes, parce qu'il se conduit comme un « macho », parce qu'il est trop différent socialement de sa partenaire. Il peut aussi devenir encombrant parce qu'il remplit un rôle qui n'est plus adéquat à la demande. Dans la famille contemporaine, le conjoint a pour fonction centrale d'assurer la fonction de validation de l'identité de son coéquipier. Cela implique que lorsque l'identité du partenaire change, le conjoint doit, lui aussi, modifier sa manière de proche familier. Soumis à la pression sociale de l'épanouissement personnel, les couples modernes doivent suivre le rythme des transformations identitaires de chacun. La mobilité conjugale est obligatoire : elle est assurée par une nouvelle définition des fonctions assurées par chacun des partenaires, ou elle engendre la séparation, précédant la formation éventuelle d'autres couples.

Le couple de *Tendre est la nuit* en est une illustration. Étant guérie, Nicole a besoin d'un Dick qui quitte les habits de thérapeute à domicile, et qui soit capable de valider, sous un autre registre, sa nouvelle identité. Elle n'a plus besoin du Dick psychiatre (sauf s'il exerçait réellement sa profession). Elle a le choix entre nouer une relation extraconjugale pour recevoir de la part de son amant un autre soutien, ou bien rompre avec son mari et créer une nouvelle union, ou encore contraindre Dick à se modifier. Selon nous, elle ne retient pas la première solution dans la mesure où un amant, malgré ses qualités éventuelles, la priverait d'un élément important : la reconnaissance publique de son propre changement qui s'inscrit par le renouvellement du partenaire. D'autre part, Dick semble préférer en rester à son répertoire habituel ; n'est-il pas en train d'éprouver le besoin de faire à nouveau ses preuves auprès d'une jeune fille, Rosemary ? Pour qu'il n'y ait pas d'ambiguïté dans cette mobilité matrimoniale, Nicole retient un compagnon dont le profil diffère beaucoup de celui de Dick. Tommy Barban est le contraire d'un homme raffiné, « efféminé », c'est un aventurier, un guerrier. Il affirme « froidement » à Nicole : « Je suis un héros, après tout. J'ai un courage presque inhumain. Quelque chose comme un lion. » Cela ne signifie pas que Nicole oublie l'utilité de Dick. Elle le défend devant sa sœur : « Dick a été pour moi un mari idéal. Jamais, pendant six ans, je n'ai souffert à cause de lui. Pas une minute, pas une seconde. Il a toujours tout fait pour que rien ne me blesse. »

Les partisans du couple durable font comme si, aujourd'hui, les individus étaient insensibles à la fidélité. Position doublement fausse :

Premièrement, la fidélité, prise au sens de l'exclusivité dans la vie de couple de certaines pratiques – notamment des relations sexuelles –, n'a pas du tout diminué. Au contraire, d'après les indications de l'enquête sur la sexualité (Bozon, 1993), le nombre de personnes en union conjugale qui déclarent avoir des relations extraconjugales a baissé pendant ces vingt dernières années, dites de « libération sexuelle ». Cela renvoie, selon nous, à l'une des dimensions de la fonction de validation de soi : donner le sentiment de l'unité. Outre le plaisir, les relations sexuelles jouent un autre rôle : celui de rassurer sur l'existence de deux soi unis et unitaires dans la communion des corps. Comme le souligne Georg Simmel (1991), « c'est l'amour sexuel qui ouvre le plus largement les portes de la personnalité globale ; et même, pour un assez grand nombre, l'amour est la seule forme sous laquelle ils peuvent faire don de leur moi tout entier[1] ». C'est pourquoi la pratique sexuelle, lorsque les individus ont engagé une relation stable, n'est pas une pratique ordinaire qui pourrait être renégociée au même titre que les autres, au nom de l'autonomie (de Singly, 1995a).

L'expérience des communautés après 1968 (Mauger, Fossé, 1977) est instructive : la mise en œuvre des déclarations sur la libre disposition de soi-même a abouti à une impasse, la circulation des corps au sein du groupe engendrant l'éclatement des couples et, au-delà, de la communauté elle-même.

Deuxièmement, il existe un autre type de fidélité qui n'apparaît pas dans le schéma de la fidélité prise au sens de l'engagement à long terme. C'est la fidélité à soi-même. La logique de la psychologisation de l'identité a pour effet de valoriser cette fidélité. Or celle-ci peut demander – on vient de l'appréhender avec la fin du couple Nicole-Dick – une discontinuité conjugale. Fidélité à soi et engagement de longue durée ne sont pas toujours conciliables.

Plusieurs raisons peuvent être avancées au nom de cette fidélité. Dans certains livres nommés « romans de crise » (de Singly, 1987c), des femmes veulent rompre une union qui, estiment-elles, les a détruites progressi-

1. Pour Georg Simmel, l'amitié qui devrait être, plus que l'amour, apte à relier un être global à un autre être global, à faire « s'ouvrir les âmes » est, dans les sociétés contemporaines, de plus en plus difficile à établir « à mesure que s'accroît la différenciation entre les hommes [...] ; la sensibilité moderne tend plutôt à des amitiés différenciées, c'est-à-dire à des amitiés dont le domaine ne concerne à chaque fois qu'un aspect de la personnalité sans s'immiscer dans les autres ». Georg Simmel oublie aussi de mentionner que la reconnaissance, progressive, de la jouissance féminine a changé le sens de la pratique sexuelle qui peut alors devenir un moment de réciprocité. Antony Giddens (1992) insiste sur la signification de cette « codépendance », favorable à la révélation de soi.

vement en les enfermant dans des rôles qui les empêchent d'être elles-mêmes. D'un livre à l'autre, des images reviennent : ces femmes ont peur d'être « gelées », d'être effacées, de devenir transparentes. Elles veulent retrouver leur moi d'avant le mariage. Dans *Tendre est la nuit*, Nicole a, au contraire, besoin de marquer la conquête de sa nouvelle identité, en rompant avec un conjoint qui l'a aidée, à la différence des autres maris, mais qui est devenu gênant. Dans les deux cas, ces femmes justifient la séparation par la destruction de leur identité. Ou, dans l'autre sens, un conjoint a pour mission minimale de respecter le soi de sa partenaire. La version de Nicole est devenue plus fréquente que la première, étant donné que l'enfermement, au moins sous la forme du statut de « femme au foyer », est moins ressenti comme tel avec l'extension du travail salarié des femmes et l'accroissement du sentiment féminin d'autonomie.

Remplir cette mission n'est pas simple, en raison même des fluctuations identitaires. Comment un partenaire doit-il pondérer, chez son conjoint, entre les traits du passé, ceux du présent, et le pari sur l'avenir avec le préjugé favorable ? Songeons aux conséquences du chômage. Perdant provisoirement une dimension de son identité, par un effet de halo, l'individu ne peut, du même coup, obtenir la reconnaissance de ce qu'il est par ailleurs. Le proche familier renouvelle-t-il sa confiance, en considérant néanmoins la nouvelle situation ? Il ne peut pas faire « comme si de rien n'était » ; il ne peut pas non plus valider l'identité amputée, cela équivaudrait à manifester de la résignation. Une des difficultés de cette situation réside dans le fait que l'homme ou la femme, conjoint de la personne au chômage, a une supériorité puisque l'autre est peu en état d'imposer les changements de la relation, tout en en ayant le plus besoin. Provisoirement au moins, le partenaire non chômeur est maître du jeu. Il peut en profiter – cela arrive – pour régler les comptes du passé, et décider de se séparer de son conjoint. Il peut aussi jouer un jeu plus collectif en acceptant le nouveau statut de son conjoint et en offrant l'assurance de la continuité. Lorsque leurs enfants ont des difficultés, scolaires ou plus personnelles, les parents ont aussi à faire preuve d'une attitude traduisant un équilibre subtil entre maintien de la confiance passée et acceptation de la perturbation présente.

3.3. La reconversion de la relation

« J'ai aimé Marc, adoré Pascal, détesté Jean-Charles, épousé Fréderic, largué Frédéric, rencontré Thomas avant de prendre un studio toute seule. On finit toujours par se trouver. » La jeune femme qui s'exprime ainsi, dans une publicité pour « Lee Cooper », estime avoir réussi à s'épanouir grâce à un vêtement adéquat à sa personnalité profonde. Au-delà de la dérision de l'individualisme, ce texte traduit le sens de la mobilité affective. On cherche jusqu'à ce qu'on ait trouvé chaussure à son pied, c'est-à-dire individu à sa personnalité, avec le risque – ici présenté comme une chance – de se retrouver seul. Et comme des enfants dont les pieds changent, les adultes peuvent avoir aussi besoin de quitter leur paire de chaussures.

Faire le point sur son identité grâce à une « liaison »

Dans *Jeu de société* (Lodge, 1990), l'histoire de Robyn Penrose peut être lue dans cette optique. Une jeune femme espère obtenir un poste d'enseignant à l'université. Ses travaux de jeune chercheur sont brillants. La concurrence étant forte, son directeur lui conseille, pour augmenter ses chances, d'accepter un stage dans une entreprise dans le cadre de l'Année de l'industrie. Ressentant un doute de la part de son entourage à l'université, Robyn s'inquiète. Elle traverse une crise personnelle, accentuée par l'infidélité de son ami-amant, Charles. Elle rompt avec lui, et effectue le stage. Et dans cet univers très éloigné de l'université, elle noue une relation hautement improbable avec le directeur de l'entreprise, Vic.

Ce double déplacement – culturel et affectif – dans l'espace change la perspective personnelle de Robyn. Elle peut appréhender sa vie autrement, avec l'aide de Vic. Elle fait le point à un moment où rien n'étant plus évident, elle pense qu'elle sera sans doute contrainte de changer de projet professionnel. Elle prend conscience de l'utilité de cette relation avec un homme, pourtant marié, et qui a, de plus, des goûts et un style de vie qu'elle n'apprécie pas. Elle aime Vic pour le regard qu'il lui porte, à la fois positif – et elle a besoin de cette reconnaissance – et étrange – ce qui facilite cette distanciation avec son existence antérieure :

> Maintenant elle menait cette autre vie un jour par semaine, et avait presque une autre identité... Une stagiaire était comme une sorte de double... C'était comme si Robyn Penrose qui passait un jour par semaine à l'usine était le double de celle qui, les six autres jours de la semaine, s'occupait de littérature féminine... Elle menait une double vie actuellement, et cela la rendait plus intéressante et plus complexe, pensait-elle.

Ne sachant plus bien se situer, Robyn cherche une nouvelle définition d'elle-même. Elle sait que Vic ne représente pas l'avenir pour elle, mais elle est heureuse de voir le monde universitaire avec les yeux de cet homme :

> En traversant, tantôt dans un sens, tantôt dans l'autre, cette frontière qui séparait ces deux zones dont les valeurs, les priorités, le langage, les coutumes étaient si diamétralement opposées, Robyn avait l'impression d'être comme un agent secret ; et comme les agents secrets, il lui arrivait parfois d'avoir des états d'âme et de mettre en doute les valeurs de son propre camp.

La dualité n'est intéressante que le temps de la mise au point de soi, dans la mesure où elle a pour contrepartie l'éclatement identitaire et ne permet donc pas d'assurer une autre revendication, celle d'un soi unitaire. À la fin du roman, David Lodge accorde à son héroïne une forte consécration professionnelle, grâce à plusieurs propositions de poste. Robyn renonce à la reconnaissance de Vic, redevenant plus cohérente – féministe (ce qui était difficile avec le directeur de l'usine) et universitaire.

Les difficultés dans la gestion des relations privées proviennent de la double régulation requise entre les formes de validation demandées et reçues. Si le conjoint ne comprend pas, derrière les modifications identitaires de son partenaire, le besoin soit de stabilité (dans le cas du chômage), soit de changement, il peut contribuer à la rupture. En raison de la fonction centrale de la validation de soi, les unions n'ont pas de raison d'être *a priori* toujours stables, sauf si les conjoints connaissent peu de changement identitaire. La durée n'assure que la dimension de l'unité temporelle de l'identité (« je suis le même individu, je vis toujours avec la même personne »). D'autres besoins entrent en ligne de compte – la recherche de telle ou telle ressource cachée, le souci de la cohérence interne – et peuvent ne pas être compatibles facilement avec le maintien d'une relation privilégiée. Et ce, d'autant plus que les valeurs contemporaines de mobilité ne valorisent pas en soi la permanence, la longue durée.

Le passage de parent à conjoint
(ou d'enfant à conjoint)

Bien des événements engendrent des perturbations dans l'identité et, par ricochet, dans les relations que l'individu entretient avec ses proches familiers. Schématiquement, distinguons-en deux catégories. La première comprend les cas où un individu change ou devrait changer du fait d'un événement extérieur à la sphère privée. La seconde catégorie inclut les cas où les modifications de l'identité dépendent du développement même d'une relation avec un ou des proches familiers. C'est le cas de Nicole qui devient elle-même grâce à sa relation avec Dick, ou encore d'un enfant qui accède à l'âge adulte en rompant un certain type de relation avec ses parents. Les liens avec des proches ont une dynamique propre qui engendre des contraintes spécifiques.

Pour les thérapeutes conjugaux, si les hommes et les femmes se séparent après quelques années de vie commune, c'est qu'ils ne parviennent pas à surmonter la fin d'une première période qui serait « fusionnelle ». À défaut de passer de la fusion, c'est-à-dire de l'illusion d'une seule identité, à la nécessaire fission interne, c'est-à-dire au constat de la réalité de deux individualités, nombre de couples se séparent. Pourquoi la période historique qui valorise le plus l'autonomie individuelle serait-elle celle où les couples seraient les plus désireux de rester dans la fusion ?

Nous proposons une autre vision de la fragilité conjugale, plus compatible avec les exigences de la modernité. Aujourd'hui, l'homme et la femme qui décident de vivre ensemble n'ont pas nécessairement un soi suffisamment « adulte », c'est-à-dire suffisamment détaché de la relation avec les parents. Il y aurait une première période pendant laquelle les deux partenaires opèrent cette rupture, suivie d'une éventuelle seconde période pendant laquelle les mêmes partenaires nouent des liens différents de ceux de la première phase. C'est la lecture de *À la recherche du bonheur* (1993) qui nous a inspiré cette idée. L'auteur, Stanley Cavell, y analyse une série de films américains des années 1930-40 caractérisés, le plus souvent, par un remariage entre un homme et une femme, déjà mariés ensemble puis séparés. L'auteur veut surtout montrer en quoi un film peut être pris au sérieux et donner lieu à une interprétation philosophique. Il est peu sensible à l'environnement social dans lequel est née cette production cinématographique. Comme souvent pour la production de fiction, un schème rencontre le plus de succès pendant les années où le système de valeurs qu'il préconise s'installe dans les esprits. Si cela est vrai, cela signifie que la décennie précédant la Deuxième Guerre mondiale serait celle où – au moins aux États-Unis – la demande de validation de soi au sein du couple serait devenue centrale, où le couple aurait pour fonction d'apporter des satisfactions identitaires.

Mais le plus important n'est pas là : il réside dans le sens attribué à ces histoires qui ressemblent à celle de *Tendre est la nuit* (dont la parution date, elle aussi, des années 1930). Trois points les réunissent en effet : le roman et les films mettent en scène un couple où la question de l'identité féminine occupe la première place ; les problèmes trouvent leur origine dans la relation entre la femme et son père ; enfin, l'homme tente de répondre à cette question, jouant le rôle d'un proche thérapeute ou pédagogue.

Deux différences décisives les opposent toutefois. Premièrement, la conclusion puisque dans les comédies américaines, contrairement au roman, le couple parvient à se reconvertir, après la phase de « soins ». Si Fitzgerald avait suivi cette ligne, Dick et Nicole se seraient remariés. Deuxièmement, la nature des problèmes de la femme. Nicole est codée socialement comme une « malade », elle consulte des psychiatres alors que les héroïnes des comédies du remariage sont plutôt perçues comme des gamines, comme des enfants. Dans le cas du roman, la relation entre la fille et le père, en raison de la mauvaise conduite de ce dernier (une tentative de viol ?), a engendré un déficit dans l'estime de soi de Nicole. Dans les films, le père a été, au contraire, gentil, trop gentil. Il a du mal à accepter de ne plus être le proche familier de référence pour sa fille, surtout lorsqu'il juge le prétendant indigne d'elle (et de lui).

La trame du scénario de ces comédies contient le récit de l'achèvement de l'éducation féminine et d'une dynamique conjugale. Tant qu'une jeune femme ne s'est pas séparée de son père, de sa famille d'origine, elle ne peut nouer une relation satisfaisante avec un homme. Dans un premier temps, cette femme se mariera avec un homme qui l'aidera à rompre avec ses liens initiaux et à devenir elle-même ; à ce moment-là, la femme aura envie de rompre également avec cet homme. Dans un second temps, le couple se reformera, en se remariant, dans la mesure où l'homme accepte lui aussi de changer, et de ne pas se cantonner dans un rôle de pédagogue. Pour les scénaristes de Hollywood, la vie est belle puisqu'elle peut recommencer, sans se répéter.

Chaque film présente des variantes, tout en conservant l'essentiel. Regardons *It Happened one Night, New York-Miami* de Frank Capra (1934). Contre l'avis de son père très riche, une jeune femme se marie avec un beau jeune homme. Elle échappe à la surveillance de son père et des détectives lancés à ses trousses. La presse s'empare de l'affaire. Au cours de sa fuite, Claudette Colbert (qui interprète le rôle de cette femme) rencontre un homme, Clark Gable, qui vient d'être chassé du journal où il travaillait. Une grande partie du film est consacrée au récit de cette fuite à deux, de cette fausse vie de couple. Progressivement, l'un et l'autre se rapprochent affectivement. Un malentendu fait cependant croire à Claudette qu'elle n'est pas aimée de Clark. De dépit, elle rejoint alors son mari dont elle a divorcé. Heureusement – c'est une comédie – le jour où les journaux annoncent « Ellen Andrews se remarie aujourd'hui », Clark, aidé du père de Claudette, revient et s'enfuit avec elle pour former un « vrai couple ».

Ici, l'accent est mis sur ce que l'on peut nommer une phase de transition, sur le voyage en car, à pied, et en voiture du « faux couple ». Ce temps est mis à profit par Clark pour transformer Claudette. Il la traite « comme un enfant, comme son enfant » : il lui confisque son argent et le lui redistribue, comme de l'argent de poche, avec parcimonie ; il l'appelle « Gamine » et il lui fait constamment la leçon sur la manière correcte de faire les choses, comme de monter sur son dos ou de faire de l'auto-stop. Après sa première leçon qui porte sur la bonne méthode pour tremper des beignets dans le café, elle dit même : « Merci, monsieur le Professeur. » Clark Gable est un Pygmalion de seconde génération, il ne modèle pas Claudette Colbert selon ses propres goûts, il cherche avant tout à ce qu'elle devienne, il le dit lui-même : « quelqu'un de vrai, quelqu'un de vivant ».

La reconnaissance de la plénitude individuelle

Le premier mariage (ou son équivalent : ici, la « fausse union » entre Claudette et Clark) ne peut pas être considéré comme vrai, non pour des raisons administratives, mais en référence à une conception du soi adulte. Un « vrai » mariage réunit des individus qui ont les moyens d'assumer une séparation, et donc la capacité de se remarier, c'est-à-dire de se choisir de nouveau. Il faut que Claudette puisse assumer ses propres désirs, c'est à elle de décider si la couverture qui sépare les deux lits dans la chambre commune peut tomber, c'est à elle de jouer de la trompette pour que la muraille de Jéricho s'effondre. C'est Clark Gable qui compare la séparation symbolique à cette protection. Ce faux mariage est utile puisqu'il permet à Claudette de devenir autonome. Lorsque le moi est « adulte », la première union doit s'achever.

Le passage de cette première union à une seconde avec les mêmes partenaires contraint les deux au changement. Dans la pièce d'Ibsen, *Maison de poupée* (1961), Nora le comprend, tout en pensant que son mari est incapable de changer, qu'il ne pourra pas vivre avec quelqu'un qui refuse désormais d'être une femme-enfant, une femme dominée :

— Helmer : Nora, ne pourrais-je pas un jour devenir autre chose qu'un étranger pour toi ?

— Nora : Oh, Torvald, pour cela, il faudrait le plus grand des miracles.

— Helmer : Quel miracle ?

— Nora : Il faudrait changer tous les deux de telle sorte que – Oh, Torvald, je ne crois plus aux miracles.

— Helmer : Mais moi, je veux bien y croire. Parle ! Changer tous les deux, de telle sorte que ?

— Nora : Que notre vie commune devienne un vrai mariage. Adieu.

Au contraire, dans les comédies sur le remariage, l'union subit une transformation. L'intérêt de la thèse sous-jacente est de prôner un élargissement du répertoire des deux partenaires, et non l'abandon du rôle précédent. Une fois remariés, la femme pourra encore être, si elle le veut, « enfant », et l'homme « père ». Dans *The Lady Eve* (*Un cœur pris au piège*) de Preston Sturges, 1941, Ève ne dit-elle pas à Charles : « Je savais que vous seriez à la fois un époux et un père pour moi » ? Mais à d'autres moments, elle pourra souhaiter avoir une autre fonction, et être engagée dans une relation d'un autre type. Être « adulte », ce n'est pas délaisser ses rêves d'enfant, c'est pouvoir cumuler plusieurs rôles et assumer la complexité de sa personnalité.

Dans *Tendre est la nuit*, Nicole reproche à Dick, moins d'être son thérapeute, que de jouer ce rôle exclusif avec elle. George Bernard Shaw renonce à marier le professeur Higgins et Eliza, après la période d'apprentissage où ils ont vécu en quelque sorte « ensemble » (à la manière de Claudette et de Clark), parce que Higgins, célibataire endurci, très lié à sa mère, est incapable d'être quelqu'un d'autre qu'un pédagogue. Le maintien d'une union réclame une transition exigeante pour les deux partenaires. L'homme doit, lui aussi, assumer la totalité de son identité, y compris la dimension sexuelle.

Les comédies du remariage reprennent le schéma propre au mythe de Pygmalion pour augmenter l'attention du spectateur : qu'une femme joue un rôle de mère vis-à-vis d'un homme surprendrait moins. Elles ne proposent pas une conception traditionnelle des rapports de sexe. Dans *His Girl Friday*, *La Dame du vendredi* (1940) d'Howard Hawks, un des films de la série, Cary Grant parvient à convaincre Rosalind Russell de revivre avec lui, après leur divorce, et de ne pas se remarier avec un démarcheur d'assurances. L'argument qu'il utilise avec une grande habileté consiste à l'impliquer de nouveau dans son travail de journalisme – activité à laquelle Rosalind pense renoncer pour suivre son nouveau mari. Cary sait reconnaître la dimension professionnelle de Rosalind. N'est-ce pas lui qui l'a aidée à passer de « bouseuse avec une figure de poupée » à journaliste incontestée ? Si celle-ci est séduite par Ralph Bellamy, c'est qu'il lui promet un « chez eux », ce que n'avait pas su réaliser Cary pendant leur premier mariage. Pour revivre avec Cary, avec qui elle avait su bâtir un « être ensemble » – leur intimité en public le manifeste –, Rosalind doit d'une part rompre avec une idée conventionnelle du bonheur, celui de femme au foyer, et d'autre part exister pleinement comme être autonome en tant que journaliste. Le titre anglais – His Girl Friday – fait allusion, selon Stanley Cavell, au personnage du sauvage dans *Robinson Crusoë*. Il sous-entend que, pendant la première période, Rosalind, en tant qu'élève, est en position de dominée vis-à-vis de son mari pédagogue. Grâce au reportage extraordinaire que Rosalind réalise pendant le film, elle perd ce statut d'élève. Elle peut donc construire un couple sur une base égalitaire avec Cary, même si elle continuera à apprendre encore de lui (et réciproquement).

Les parents et le conjoint peuvent être, en grande partie, définis d'une façon identique. Les uns et les autres ont la fonction de valider l'identité de leurs proches en les aidant à révéler toutes leurs ressources cachées (présupposé du modèle de l'individualité moderne). Deux différences interdisent de confondre parent et conjoint. La première, évidente avec l'interdit de l'inceste, tient au fait que si le conjoint peut jouer le rôle de parent, ce dernier ne peut emprunter le répertoire de conjoint. La seconde différence tient à la rupture, nécessaire avec le parent, mais pas avec le conjoint, étant donné l'objectif de l'autonomie individuelle – preuve socialement établie de l'aboutissement de la construction identitaire. Toutefois, cette différence est assez ténue. En cas de transformation identitaire, la recherche d'une validation de soi peut impliquer une rupture avec le conjoint, perçu comme gêneur pour le nouveau développement personnel.

3.4. Le mariage contemporain comme « remariage »

L'intérêt des comédies américaines des années *1930-1940* est un peu amoindri par le fait que la première union n'est pas présentée comme « un vrai mariage ». Cette expression est ambiguë. La première union étant aussi utile que la seconde, la question ne devrait donc pas être posée en termes de vérité ou d'erreur. À quoi bon songer à un « vrai mariage », à une seconde union si les conditions nécessaires ne sont pas réunies ? Tant que l'homme et la femme éprouvent des difficultés à s'assumer en tant qu'êtres autonomes, réclamant un certain type de rupture avec le parent ou le pédagogue, ils ne peuvent pas réaliser autre chose qu'une première union. Mais celle-ci peut les aider à atteindre cet objectif de l'autonomie et de l'épanouissement, elle n'est donc pas condamnable, bien au contraire, en référence au développement de deux coéquipiers.

Aujourd'hui, les demandes de construction d'une identité personnelle sont telles que le recours à une « première union » s'avère souvent indispensable, sinon l'individu éprouve des difficultés à se réaliser, à être autonome. D'où l'hypothèse suivante : la cohabitation peut être considérée (souvent) comme l'équivalent de la première union. C'est une vie commune entre deux individus dont le processus de désaffiliation, entendu au sens de prise de distance avec les parents en tant que proches familiers, n'est pas achevé. Ensuite, et de manière comparable aux comédies du remariage, les cohabitants sont conduits à renouveler, ou non, leur union. Soit ils continuent à cohabiter ou décident de se marier ensemble ; soit ils se séparent pour, éventuellement, recommencer une autre union. Dans les cas où les cohabitants, après quelques années communes, décident de se marier, ce mariage devient l'équivalent du remariage dans les films d'Hollywood. Dans les années 1920, l'enchaînement était mariage et remariage ; dans les années 1990, il devient souvent cohabitation et mariage. Déjà, à l'époque d'Hollywood, le mariage avait perdu son caractère d'évidence, il n'était légitime qu'en fonction des attentes réciproques des partenaires. La cohabitation ouvre la possibilité de choisir en quelque sorte le type d'union désirée, avec le droit de former un couple dont le caractère n'est pas strictement identique au mariage. La situation ne s'est pas pour autant clarifiée pour les observateurs extérieurs. Tout comme, dans les années 1920, la forme « mariage » cachait des premiers et des seconds mariages (au sens entendu ici), dans les années 1990, la cohabitation comprend des premières unions et des secondes (même si le mariage reste dominant, dans ce cas-là).

L'enfant

Un élément vient corroborer l'hypothèse de la cohabitation comme substitut du premier mariage. Stanley Cavell remarque que « l'absence d'enfants dans ces films est un trait qui ne souffre pas d'exception ». Cette caractéristique permet « au couple principal d'exprimer le vœu de redevenir des enfants, ou peut-être d'être ensemble des enfants. Il s'agit en partie du désir de faire une place au ludique dans la gravité de l'âge adulte, et c'est en partie le désir qu'on s'occupe de vous d'abord, et sans conditions ». Cette remarque permet de préciser encore mieux le sens de la première union. Le premier mariage doit permettre à l'adulte, encore enfant, de ne plus en être un vis-à-vis de ses parents ou de son conjoint représentant une figure parentale. Mais en même temps, ce mariage doit ouvrir la voie à la seconde union où la part enfantine de chacun doit être aussi reconnue par le partenaire. L'entrée dans l'âge adulte ne marque pas la fin de l'enfance, mais d'un certain genre d'enfance, celle qui est associée à un état de dépendance (parent ou substitut). L'enfance peut demeurer, à la condition d'être associée à d'autres dimensions, d'autres conduites. On retrouve ainsi l'idée selon laquelle l'épanouissement de l'individu en tant que personne a plus de chances d'être réalisé dans le cadre d'une union où un autre soi en valide la complexité, du fait qu'il est lui-même un être complexe. Dans ces films, de même que dans les premiers temps de la cohabitation, l'absence provisoire d'enfant dure le temps de la mise en place de cette validation.

Dans le cadre de la famille contemporaine, la naissance d'un enfant à soi (à « nous ») serait envisagée au terme d'un double processus : la sortie de l'enfance de la filiation, et l'entrée dans l'enfance de la conjugalité (c'est-à-dire pouvoir être enfant avec son partenaire). Devenir parent constitue, pour ceux et celles qui prennent l'option d'un développement personnel au sein d'une équipe conjugale, une troisième étape pouvant se confondre avec le passage à la deuxième union. Lorsque à la question : « Pourquoi vous mariez-vous ? », la réponse la plus fréquente est : « Pour l'intérêt de l'enfant » (Léridon, Villeneuve-Gokalp, 1994), cela renvoie probablement à ce long processus de construction individuel et collectif. Ne devons-nous pas entendre sous cette réponse l'énoncé suivant : « Nous pouvons penser à l'enfant, notre enfant au moment même où nous avons choisi de nous "remarier", où nous pouvons désormais penser un peu moins à nous, à ce nouveau "nous" que nous avons eu du mal à bâtir » ?

II

La socialisation conjugale de l'identité professionnelle

Une autre source d'énergie possible

Le héros d'un roman de Herbert George Wells – *L'Amour et M. Lewisham. Histoire d'un très jeune couple* (1911) – ne comprend pas l'utilité de vivre avec quelqu'un pour réaliser ses projets. Il entend vivre conformément à un modèle, trop simple, selon lequel tout individu dispose à l'origine d'une certaine quantité d'énergie qu'il investit dans telle ou telle activité. Âgé de dix-huit ans, pauvre mais ambitieux, monsieur Lewisham veut réussir. Aussi pense-t-il « peu à l'amour, mais beaucoup à de hautes destinées ». Pour atteindre cet objectif (son « Schéma »), il se fixe un emploi du temps l'obligeant à se lever à cinq heures du matin : « Pas un moment accordé à Satan et à ses loisirs tentateurs ». Malheureusement pour lui, il croise une jeune fille dont il tombe amoureux. Il en rêve, et « le Schéma et l'Emploi du temps pendaient dans les ténèbres, comme de simples fantômes d'eux-mêmes ». Monsieur Lewisham s'inquiète : « Le schéma de sa carrière insistait sur le fait que rencontrer à nouveau cette jeune fille amènerait des reproches, des tracas, des retards dans la préparation des examens, enfin la destruction de toute discipline... C'était insensé d'être amoureux. » Il redoute une déperdition d'énergie. Cette crainte n'est pas obligatoirement fondée. Monsieur Lewisham pourrait nouer une relation intime avec une jeune femme qui lui donnerait confiance et l'encouragerait à atteindre ses objectifs. Il pourrait recevoir un supplément d'énergie, ou même découvrir en lui de nouvelles ressources. La validation par un très proche de l'identité, réelle ou souhaitée, n'est pas un élément négligeable de la construction de soi.

Monsieur Lewisham l'ignore. Il ne sait pas non plus que les effets de l'union conjugale sur l'identité dépendent des partenaires. La sociologie classique nous a également habitués à une relative indifférence à de telles variations. Elle considère le choix du conjoint sous un autre angle, celui de la reproduction sociale (Girard, 1960 ; Bourdieu, 1972). Elle mesure les proximités, sociales et culturelles, entre un homme et une femme, afin de savoir comment leur union reflète une équivalence entre les capitaux détenus par l'un et l'autre et témoigne de la préservation de leurs intérêts respectifs. Elle pense que tout, ou presque, est joué dès l'entrée dans la vie de couple.

Ce point de vue est contestable, car il sous-estime les conséquences propres de l'union, et les effets réciproques des partenaires, accordant le primat à leur socialisation primaire. Au contraire, pour Peter Berger et Hans Kellner (1988), le mariage constitue une phase décisive de la socialisation individuelle, produisant une transformation importante des identités des conjoints, notamment par la conversation et les échanges qu'ils ont entre eux.

Mais peu de travaux empiriques ont suivi [1]. Pour pré-

1. Curieusement le travail de Jean-Claude Kaufmann (1992b), proche d'une telle perspective, peut laisser l'impression d'une grande continuité identitaire puisque, après une première phase

senter une recherche sur la « socialisation conjugale », c'est-à-dire sur des processus de transformation de l'individu au sein des relations conjugales, nous suivrons la perspective ouverte dans le précédent chapitre, avec l'idéal-type de Pygmalion comme modèle de référence. C'est pourquoi nous nous sommes centrés sur l'étude des changements éventuels que l'homme produit (contribue à produire) chez la femme, et plus précisément sur la dimension professionnelle de son identité. Des entretiens menés séparément auprès des conjoints permettent de disposer de quatre regards : le regard de l'homme sur sa partenaire, le regard de la femme sur son conjoint, mais aussi le jugement de chacun d'eux sur le regard de l'autre à son égard. Ces jeux de miroirs reflètent la double transaction que la femme met à l'œuvre dans ses relations à son partenaire et à elle-même, et la reconstruction identitaire qui en résulte.

Les données mettent le mythe de Pygmalion à l'épreuve. Le social est toujours plus complexe que les matériaux littéraires et les hypothèses sociologiques. Les couples ne fonctionnent pas tous selon le modèle des relations entre le professeur et Liza, ou entre Dick et Nicole. Nous avons donc élaboré deux autres modèles.

Le premier tient le rôle du compagnon du professeur dans la pièce de Shaw, le colonel Pickering. C'est un Gentleman qui, à la différence de Higgins, se réalise moins par la médiation de ses créatures ; il cherche au contraire à tirer parti, dans la mesure du possible, des richesses de sa partenaire.

Le second – nommé le Mari – aide à la transformation identitaire de son épouse, mais en intervenant sur

exploratoire, le couple, en prenant ses habitudes, redécouvre celles que l'homme et la femme avaient en quelque sorte accumulées pendant leur enfance.

un autre registre, celui de la dimension sexuelle de l'identité. Il prête assez peu attention au travail de son épouse, il n'est pas un révélateur des ressources féminines (1.). Chacune de ces trois façons de jouer le rôle de conjoint sera illustrée par le récit, à deux voix, d'un couple. L'homme et la femme fourniront une vision des investissements féminins dans le travail et une version de leurs influences (2.). Cependant il ne s'agit pas de proposer une typologie telle qu'un homme (ou une femme, celle-ci pouvant tout autant intervenir) serait toujours un « Pygmalion », un « Gentleman », ou un « Mari » vis-à-vis de sa partenaire. Il s'agit surtout de définir les principales modalités du travail de socialisation conjugale qui peuvent s'exercer à tel ou tel moment, ou pour telle ou telle dimension de l'identité du conjoint. Souvent les hommes et les femmes oscillent entre des modes d'intervention qui, soit consolident plutôt la dimension « statutaire » de l'identité, soit recherchent et valident plutôt la dimension la plus intime, la plus personnelle de l'identité. La dualité de l'individualisme se réfracte aussi à ce niveau (3.).

1. Le conjoint, un éventuel *coach* de sa partenaire

1.1. Un engagement variable de la femme dans son travail professionnel

Comme il est impossible de saisir la totalité de la reconstruction identitaire sous l'influence du conjoint, nous nous sommes donc limités aux effets des interactions conjugales sur la dimension professionnelle de l'identité féminine. Pour deux raisons. D'abord, parce qu'on peut suivre au plus près l'existence éventuelle d'une intervention comparable à celle de Pygmalion – Liza accepte le regard du professeur pour que ses projets professionnels puissent se réaliser. Ensuite, parce que si aujourd'hui l'activité salariée de la femme prend un caractère d'évidence, un fort degré d'engagement professionnel pose souvent problème, notamment du fait de ses charges familiales.

Situées dans des rapports sociaux de sexe qui leur assignent la plus grande partie du travail domestique, les femmes ont, malgré tout, une marge de manœuvre pour gérer la totalité de leurs investissements. Certaines se définissent davantage par leur travail salarié et, de ce fait, investissent également plus. N'auraient-elles pas des conjoints plus portés à valider leur identité professionnelle ? Et ne seraient-elles pas, elles-mêmes, intéressées par une telle attention ? Le regard positif de l'homme doit être doublé du regard positif de la femme sur ce regard masculin pour que l'engagement féminin dans son travail soit important. L'effet miroir ne fonctionne que si la femme éprouve le besoin de se regarder dans l'image que lui présente son conjoint, et que si elle croit en cette image.

Tel est notre postulat de base, fondé sur l'existence de l'effet des interactions avec le conjoint sur l'identité personnelle[1]. Nous pensons à l'exemple extrême de

1. « La mise en commun de tous les contenus existentiels, dans la mesure où ils déterminent immédiatement et par leur action la valeur et la densité de la personne » – définissant le mariage moderne selon Georg Simmel (1992) –, est une exigence qui différencie la relation avec des très proches des relations avec le reste des autruis significatifs. La relation avec un très proche (le conjoint, fréquemment) se distingue donc par l'amplitude des domaines concernés de l'identité par le regard d'autrui, et par les effets de cette amplitude sur les moyens de validation de soi (schématiquement, l'amour inconditionnel de la part d'un parent, et l'amour « total » ou global de la part d'un conjoint ou d'un équivalent).

Marie Seurat qui, dans *Les Corbeaux d'Alep* (1988), reconnaît ce qu'elle doit à Michel, son conjoint :

> Avant Michel, je n'étais qu'une loque errante. Je ne fichais rien. J'ai trouvé en lui un pays, un père, un mari, un amant, un mari bien que je déteste ce mot. Avec lui, je me suis épanouie professionnellement.

Graphiste, elle ne veut plus dessiner depuis la mort de Michel : « Si je me remettais à ça, j'aurais l'impression de le trahir moi aussi. »

1.2. Les limites de l'accord de principe

Au cours de longs entretiens (menés avec Gilda Charrier), nous avons parlé séparément avec l'un et l'autre conjoint de l'histoire de leurs vies conjugale et professionnelle. Plus précisément, nous avons voulu savoir, d'une part, la manière dont le mari, ou le compagnon, perçoit son épouse ou sa compagne au travail, la valeur qu'il accorde à cette activité et, d'autre part, la manière dont la femme perçoit et reçoit le regard de son conjoint. De plus, en référence à l'identité de Pygmalion, nous avons aussi cherché à saisir le regard de l'homme porté sur sa propre identité [1].

La relation entre regard de l'homme et investissement professionnel de la femme n'est pas aisée à approcher. Il existe au moins deux difficultés. La première vient du fait que la productivité ou le temps passé au travail ne peuvent pas servir d'indicateur aux investis-

1. Outre une série d'entretiens exploratoires, seize couples ont été étudiés. Ils avaient tous deux points communs : la femme devait occuper un travail à temps plein, d'employée ou de cadre ; elle devait vivre en couple et avoir au moins un enfant. Cf. annexe 4 pour les thèmes des entretiens.

sements professionnels. Qu'une femme se considère comme « dynamique » dans son travail salarié, et qu'elle déclare être considérée comme telle par ses collègues ou ses supérieurs, ne suffit pas à la classer dans le groupe des femmes à fort investissement. Ce degré élevé s'exprime autrement, supposant que la femme s'investisse aussi en tant que personne. Elle peut alors se donner des objectifs qui la dépassent, et prendre le risque d'être perçue comme moins productive qu'une autre femme compétente, mais qui n'a rien à prouver, ni à se prouver. Ainsi, très engagée dans son travail, une femme a critiqué la formulation initiale des questions qui cherchaient à mesurer l'investissement : « Travailler vite ? Cela ne paraît pas très applicable au travail que je fais. » Pour elle, le fait d'aller vite était un critère ambigu, il pouvait signifier se débarrasser du travail, ce qui la gênait étant donné son rapport au travail. Ainsi les réponses à la question du temps passé au travail ne peuvent pas être directement interprétées comme indicateur de l'engagement.

La seconde difficulté est un problème d'interprétation. Les encouragements qu'un homme donne à sa compagne pour investir dans l'activité professionnelle ne suffisent pas à le définir comme un Pygmalion. Cet homme peut encourager son épouse (ou sa compagne) à de tels investissements pour éviter d'avoir à répondre à de trop fortes attentes affectives ou relationnelles. Il n'est alors pas certain que cela soit efficace. La femme peut ne pas être dupe et comprendre que son compagnon cherche surtout à se débarrasser d'elle par le travail. C'est le cas de Lucile dans *La Chamade* (Sagan, 1965). Au début de leur passion, Antoine est heureux que Lucile apprécie l'inactivité, elle est ainsi disponible en permanence pour lui. Cependant, « la paresse de Lucile, sa capacité énorme à ne rien faire, ne rien prévoir, sa faculté de bonheur – à vivre des jours aussi vides, aussi inactifs, aussi semblables – lui semblait par moments extravagante, presque monstrueuse ». À la fin de l'été et au début du désenchantement, Antoine ne supporte plus qu'elle reste « calfeutrée » à l'attendre le soir ; aussi lui trouve-t-il un travail.

> Il pensait tout bas que ces cent mille francs, ajoutés à son salaire à lui, permettraient à Lucile une vie beaucoup plus facile matériellement... Elle prendrait des taxis, elle verrait des gens, elle s'occuperait un peu de politique, du monde en général, des autres enfin. Sans doute, il regretterait de ne pas trouver en rentrant chez lui, comme un animal enfoui dans sa tanière, cette femme qui ne vivait que de lectures et d'amour mais il s'en sentirait vaguement rassuré.

Lorsque Antoine lui annonce cet arrangement, Lucile est consternée. « Elle n'avait pas plus d'ambition que de ténacité, pas plus envie d'avoir un métier que de se tuer. » Son travail aux archives ne lui plaisant pas, elle imagine un stratagème : elle s'arrête de travailler, sans avertir Antoine, et revend ses bijoux, le produit de la vente simulant les revenus de son travail. Antoine n'a pas réussi dans son entreprise de soutien professionnel. Déçu, il regarde Lucile avec « une sorte de tristesse confuse, de méfiance ». Peu après, ils se séparent. En réalité, Antoine est indifférent à la dimension professionnelle de Lucile, il ne songeait qu'à limiter son temps libre (moins de dépenses, et moins de demande vis-à-vis de lui).

Dans une enquête par questionnaire, Antoine aurait sans doute répondu qu'il était favorable à l'activité professionnelle féminine. Les entretiens exploratoires ont montré l'ambiguïté de certaines réponses masculines, et la nécessité de modifier le questionnement. Pour un homme, accorder verbalement valeur à l'activité professionnelle de sa partenaire – avec des expressions comme : « Elle a un côté assez sérieux », « Elle peut faire carrière dans la banque, cela ne me dérangera pas du tout » – n'implique pas qu'il donne l'appui nécessaire pour investir. S'il n'est pas accompagné d'un certain engagement personnel, l'accord de principe de l'homme ne suffit pas à produire un effet positif. Les réponses positives aux questions sur l'activité salariée de la femme, mère de famille, et même sur l'activité de sa propre épouse, ne sont pas des indicateurs univoques du concept d'attitude positive. Un effet Pygmalion n'existe que si des indicateurs d'un soutien actif et des motifs de ce soutien sont décelés. Non seulement le mari doit accepter l'activité de son épouse, mais il doit « croire » aussi en elle[1].

1.3. Les trois types de conjoints

On s'en doute, tous les hommes ne sont pas des apprentis « Pygmalion ». Aussi avons-nous repéré deux autres manières d'être conjoint que nous nommons « Gentleman » et « Mari ».

Le « Pygmalion »

Un homme de type « Pygmalion » éprouve des difficultés à construire sa propre identité. Le mariage (ou une relation avec un proche) constitue pour lui un des moyens d'obtenir une identité aux contours moins

1. Pour Chantal Nicole-Drancourt (1989), les femmes qui réussissent sont battantes sans que leur conjoint y soit pour quelque chose. Mais l'indicateur retenu pour mesurer cet effet éventuel est celui de la participation du mari au travail domestique, et non celui du soutien à la construction identitaire. Or Pygmalion ne se distingue guère des autres hommes sous ce critère de la coopération ménagère.

incertains : cet homme s'engage dans la construction identitaire de sa partenaire, ce qui lui donne, au moins provisoirement, une identité personnelle. Il le fait en encourageant son épouse à investir professionnellement. Repensons au Dick de *Tendre est la nuit* qui réalise son identité – professionnelle, sociale et personnelle – en se dépensant pour les autres et principalement pour Nicole, sa femme, une de ses anciennes malades. Mais comme il l'avoue lui-même : « Il avait beaucoup emprunté à ceux qu'il avait rencontrés, tant aux hommes qu'aux femmes. » Sous ce regard, son épouse se sent autre, ou plus exactement devenir elle-même. Pygmalion devient le mari d'une nouvelle femme. Il est ainsi reconnu comme quelqu'un qui sait aimer, qui aime l'autre pour lui-même. C'est un mari « moderne », un homme qui correspond le mieux aux normes contemporaines du travail de révélation de soi opéré par un proche. Mais, dans le cadre d'une union monogamique, Pygmalion est menacé. Il ne peut pas recommencer son effet, sa partenaire étant devenue elle-même et ayant besoin, sans doute, d'un autre proche, ou du même proche, mais différent. Une relation conjugale avec un des partenaires « Pygmalion » est contrainte à la reconversion.

Un Pygmalion élit plutôt une femme convaincue de sa propre faille identitaire et dont le travail professionnel est conçu comme un espace de réalisation personnelle. Elle s'engage pour se faire reconnaître, et se faire reconnaître par sa production (et non par les échanges au sein d'un réseau de sociabilité professionnelle). Cela ne signifie pas qu'elle a une réputation de grande efficacité, de forte productivité du travail. Cela implique qu'elle investit de manière personnelle, qu'elle se « donne ». Elle veut s'imposer par ses qualités propres, signe de ses richesses intérieures. Elle est sensible aux suggestions des autruis significatifs, et notamment de son Pygmalion, dans la mesure où elle estime que cela sert son projet de construction personnelle. Ainsi, Eliza accepte de passer pour une duchesse (suggestion du Professeur) dans l'espoir d'acquérir la compétence pour ouvrir une boutique de fleurs.

Le « Gentleman »

Le deuxième type de conjoint, nommé « Gentleman » en référence au colonel Pickering désigné ainsi dans la pièce de Shaw, peut lui aussi soutenir (ou au moins ne pas critiquer) son épouse dans son travail professionnel. Mais il le fait dans d'autres conditions et pour d'autres raisons. Dans les périodes où il a besoin lui-même d'encouragements, où il semble être victime de ses contradictions, il n'hésite pas à adresser des compliments à son épouse. Lorsqu'il réussit, son attention faiblit. Il n'a plus à quémander cette sorte de crédit (de reconnaissance) à sa femme, et l'engagement de celle-ci dans l'activité professionnelle lui devient alors moins nécessaire. Sans être avare de compliments sur le travail de son épouse, il cherche essentiellement à ne pas se laisser distancer par elle, surtout parce qu'il ne dispose pas (comme Pygmalion) de moyens de s'imposer autrement, ayant peu de charisme. C'est pourquoi, théoriquement favorable à l'activité salariée des femmes, le Gentleman rappelle à la sienne les contraintes objectives et les obligations familiales. Il est préoccupé avant tout par l'accumulation de capital pour lui-même.

La question du mariage et du choix du conjoint n'apparaît pas centrale chez le Gentleman. Il sait s'adapter aux circonstances ou suit les pressions de l'entourage. Il épouse fréquemment une femme qui semble plus résignée à son destin de « femme de » (c'est-à-dire dont la dimension professionnelle est peu centrale au sein de son édifice identitaire). Elle peut s'investir dans son activité professionnelle, mais sans grande conviction personnelle, ou abandonner, selon ce que le conjoint ou le patron attendent d'elle. Son implication n'est pas fondamentale. Dès l'école, elle a renoncé au meilleur, tout en voulant éviter le pire. Même si elle tend à être dépendante du regard d'autrui, elle peut, à un moment donné de sa vie, ne plus se conformer à ce que son conjoint demande. Elle réagit alors comme Galatée, prenant une certaine autonomie lorsque ses ressources personnelles sont devenues un capital (grâce à l'aide, provisoire, du Gentleman).

Le « Mari »

D'autres hommes que les Pygmalions considèrent le mariage comme une composante normale de leur identité, mais pour des raisons différentes. Leur métier ne les nomme pas personnellement, il les place comme occupant provisoire et anonyme d'une position professionnelle. Ce sont (réellement ou symboliquement) des bureaucrates. Justifiant leur activité professionnelle, le mariage et la famille servent à leur donner une existence personnelle. Ils ont besoin d'une épouse qui appartient, en priorité, à son mari et à ses enfants : c'est la maîtresse de maison. Les femmes de « Maris » peuvent avoir une activité professionnelle, comme source complémentaire de revenus, mais ne doivent pas user de ce travail comme procédé de définition personnelle, au moins officiellement au sein de la famille.

Le Mari regarde sa femme un peu à la manière de Helmer dans *Maison de poupée* (Ibsen, 1961). Au moment où Nora déclare à son mari, Helmer, qu'elle veut songer avant tout à « s'élever elle-même » et qu'elle doit le faire seule, ce dernier dévoile sa conception du mariage et de l'identité féminine :

> Helmer : Tu n'as pas le droit de t'en aller. Je te le défends.
>
> Nora : Tu ne peux rien me défendre désormais... De toi je ne veux rien tenir, ni maintenant, ni jamais...
>
> Helmer : Abandonner ton foyer, ton mari, tes enfants ! Tu ne songes pas à ce qu'on en dira ?... Ah c'est révoltant ! Ainsi tu trahirais les devoirs les plus sacrés !
>
> Nora : Que considères-tu comme mes devoirs les plus sacrés ?
>
> Helmer : Ai-je besoin de te le dire ? Ce sont tes devoirs envers ton mari et tes enfants.

Le Mari n'a parfois pour lui-même aucun projet professionnel, en dehors de l'évidence de ce travail salarié. Il conserve dans sa mémoire le souvenir de la première rencontre. C'est la première pierre d'un édifice qui marque nettement sa place. Au cours de l'entretien, il intervient en se faisant valoir lui, et non son épouse. Si la dégradation de la reconnaissance sociale des capitaux masculins n'avait pas rendu souvent nécessaire le recours au travail féminin, la femme du Mari serait restée au foyer afin d'assurer l'éducation des enfants et de garantir le repos de son conjoint.

L'ambiance d'une telle famille est décrite dans une scène de *Manhattan Transfer* (John Dos Passos, 1928) :

> Ne fais pas cela, Ellen ma chérie [...]. Maman te dit de ne pas faire ça [...]. Chérie, il ne faut pas faire ça, papa n'a pas fini de lire le journal. Ellen, il faut toujours écouter quand maman te parle, et il ne faut rien abîmer, ma chérie. Il a fallu beaucoup d'argent pour faire ce journal, et beaucoup de personnes y ont tra-

vaillé, et papa est allé l'acheter, et il n'a pas fini de le lire. Ellen comprend maintenant, n'est-ce pas ? Ce qu'il nous faut en ce monde, c'est de la con-struction, et non de la de-struction.

Dans les couples avec un conjoint « Mari », les identités de chacun sont nettement différenciées dans la mesure où la place stable est un des éléments de définition de soi. Cependant la femme du Mari peut actualiser ses richesses sur le marché du travail, en revendiquant sa compétence – être capable de faire un travail « vite fait, bien fait ». Elle fera peu d'efforts pour devenir quelqu'un dans sa profession. D'ailleurs, son Mari ne l'encouragera pas à s'engager. Éventuellement, il fera quelques compliments à son épouse sur ce qu'il croit savoir de son travail professionnel, sans que cela suffise à déclencher un fort investissement professionnel de la femme.

N'ayant pas le même type de construction de leur identité, les hommes interviennent différemment dans leur vie conjugale. Le Pygmalion a un soi par délégation. Il a besoin de l'identité féminine pour lui, surtout s'il croit avoir contribué à la modeler. Le Mari s'est construit et il construit son épouse selon le principe de l'assignation : à chacun une place attribuée, non interchangeable, qui garantit une identité statutaire. Il a le regard le moins personnel, ce qui ne signifie pas qu'il est inefficace. L'action se situe à un autre niveau. L'amabilité du Gentleman lui permet d'édifier un soi par assimilation, il prend ce dont il a besoin dans son entourage. En conséquence, son regard sur son épouse est à éclipses.

2. Le travail relationnel d'un conjoint « Pygmalion »

Le personnage de Pygmalion surprend par son efficacité : il produit une femme, grâce à une compétence spécifique qui relève en quelque sorte de la magie. À la fin de la pièce de George Bernard Shaw, Liza le reproche à Higgins : « Oh, vous êtes un démon. Pour lui faire mal, vous êtes capable de tordre le cœur d'une fille aussi facilement que d'autres lui tordraient les bras. Madame Pearce m'avait prévenue. Chaque fois qu'elle a voulu vous quitter, vous l'avez enjôlée à la dernière minute. » Avec les mots, le professeur Higgins (ou Dick), séduit. George Bernard Shaw également, comme le souligne Mrs Campbell qui joua Eliza :

> Fermez à fond les paupières contre ce menteur, ce comédien d'Irlandais cajoleur... Il ne se soucie vraiment de rien d'autre que de ce qu'il appelle sa mission et son travail. Il est trompeur comme seul un Irlandais peut l'être. Il vous adore d'un œil et de l'autre il envisage et calcule de quelle utilité vous pouvez lui être. Il s'est efforcé par tous les moyens de vous plaire, de vous séduire, de vous persuader de l'emporter au ciel.

Une femme qui avait reçu George Bernard Shaw chez elle confirme cette impression :

> Vous l'invitez en vous imaginant que sa brillante conversation va enchanter les convives et avant que vous n'ayez eu le temps de vous retourner, il a choisi l'école où il faut envoyer votre fils, il a rédigé votre testament, établi votre régime, assumé tous les privilèges de votre notaire, de votre médecin, de votre confesseur, de votre femme de charge, de votre couturière, de votre coiffeur, de votre architecte, et quand

il en aura fini avec tout le monde, il prêche la désobéissance à vos enfants ; après quoi quand il ne trouve plus rien à démolir, il s'en va (Harris, 1938).

Ces hommes ont un certain charisme, au moins pour ceux et celles qui le reconnaissent. Comme le note Max Weber (1971) :

Il est tout à fait indifférent de savoir comment la qualité en question devrait être jugée correctement sur le plan « objectif » [...], ce qui importe seulement c'est de savoir comment la considèrent effectivement ceux qui sont dominés charismatiquement, les adeptes.

Les Pygmalions ont besoin d'adeptes puisqu'ils en tirent leur force, contrairement aux autres dominants traditionnels ou bureaucratiques, qui s'appuient soit sur la « croyance quotidienne en la sainteté de traditions valables de tout temps », soit sur « la croyance en la légalité des règlements arrêtés et du droit de donner des directives ». Les Pygmalions sont dépendants de leur public.

Une dépendance identitaire caractérise donc Pygmalion qui recherche cette reconnaissance personnelle parce qu'il lui manque à la fois d'autres formes de statut (le professeur Higgins n'est pas universitaire, par exemple) et des repères, son père étant absent ou déficient. L'auteur de Pygmalion n'avait-il pas un père alcoolique ? George Bernard Shaw rapporte :

Un soir, alors que j'étais à peu près haut comme ses bottes, mon père me fit faire une promenade au cours de laquelle je fus effleuré d'un soupçon atroce, incroyable. En rentrant à la maison, je me précipitais vers ma mère et, terrifié, lui murmurais : « Maman, je crois que papa est ivre. » Elle se détourna, agacée, méprisante, et répondit : « N'est-il pas toujours ainsi ? » Il fallait en faire une tragédie de famille ou une blague (cité par Perruchot, 1955).

Il note également que sa mère, qui avait réalisé une mésalliance, « supportait ses enfants, leur père et son ivrognerie, la pauvreté et tout le reste, abandonnant les marmots aux servantes (et quelles servantes !) et à la Providence ». Il estime avoir été privé d'une prime socialisation ordinaire :

> Si mon père et ma mère étaient sortis pour dîner en ville ou pour se rendre à une soirée, leurs enfants en auraient été surpris plus que de voir la maison prendre feu [...]. Je fus privé de l'initiation à la civilité puérile et honnête qui vous met à l'aise dans le monde. En conséquence, durant toute ma vie, j'ai davantage fait figure de passager sur cette planète que d'indigène (Harris, 1938).

De cette étrangeté, de ce sentiment de n'être jamais à sa place, découlent les efforts d'un Pygmalion pour mettre les gens sous son charme et obtenir de l'estime.

Monsieur peint, Sylvie travaille

De nos enquêtes, nous avons retenu quelques récits illustrant les différentes manières d'être conjoint et de participer à la construction identitaire de son partenaire. La première histoire est celle de Marc et de Sylvie. Après un court passage à l'université, Marc décide de suivre de nouvelles études à l'école des Beaux-Arts de Nantes. Plus ou moins consciemment, il renoue avec son père qu'il a perdu à l'âge de six ans. Ce dernier, maraîcher (l'exploitation a été reprise par la mère), faisait de la musique et de la peinture : « *Mon père c'est quelqu'un que je n'ai pas connu, il est mort très jeune... Mais c'est quelqu'un que je regrette. Il y a quelques années que j'en ai pris conscience. C'était un personnage dans le milieu agricole. C'est quelqu'un, on me l'a redit après, tous les gens me l'ont affirmé, de tout à fait fabuleux, d'extraordinaire. Dans son milieu il passait pour complètement fou : c'est-à-dire qu'il faisait beaucoup de peinture, qu'il jouait de la musique – il jouait du piano (c'est son piano que j'ai), du saxophone, de la scie musicale –. Je regrette de n'avoir pas pu vivre un petit bout de chemin avec un homme comme lui. C'est une pensée qui m'habite vraiment beaucoup.* » Cependant, Marc vit mal ses études artistiques, à cause du public qu'il trouve trop jeune et de l'école, trop archaïque à son goût.

À la recherche de lui-même, il quitte la maison familiale pour habiter avec d'autres étudiants. Un soir, il arrive dans un groupe dont les membres ont décidé de vivre en communauté. Marc leur communique son pessimisme. Parmi eux, il y a Sylvie : fille de petits commerçants, elle pourvoit seule à son entretien. Elle est impressionnée par Marc. Pour elle, c'est la première rencontre : « *C'était dans cette maison qu'on venait de louer à dix copains et copines. Quand j'ai rencontré Marc, c'était un 1er septembre, c'était le premier week-end qu'on passait tous ensemble et qu'on avait décidé délibérément de se retrouver pour essayer de voir comment vivre cette année. Alors, il est arrivé en pleine discussion. Il avait vécu une expérience de communauté quelques années auparavant. Donc, il avait des choses à dire sur les rapports entre les gens au quotidien. Je me souviens, j'avais trouvé cela très bien pensé et bien dit. Il avait une aura. On lui avait fait de la place pour qu'il s'asseye.* » Marc, lui, ne se souvient plus : « *Comment j'ai rencontré ma femme ? Je l'ai rencontrée par l'intermédiaire d'amis, je ne sais plus. Du temps de la fac, au moment où on était en fac. La première fois que je l'ai vue ? Je crois que j'ai pensé que c'était une petite rigolote.* »

Déçu par cette école provinciale des Beaux-Arts qu'il ne trouve pas assez bien pour lui, Marc part à Paris suivre des cours dans une institution. Il est de nouveau mal à l'aise mais pour d'autres raisons. La vie parisienne l'agresse. En tant que provincial, il se sent dominé, on ne lui fait pas de place. Aussi, malgré la désapprobation de sa mère, accepte-t-il la présence de Sylvie qui le rejoint épisodiquement, et oublie-t-il d'assister à ses cours, reléguant au second plan ses études. Du fait de la valeur sociale supérieure de Sylvie et de ce qu'il ressent dans son école, il est poussé à se redéfinir. Il découvre alors qu'il est le fils d'un homme qui travaillait la terre avant de peindre. Aussi rompt-il de nouveau avec le monde scolaire, pour se rapprocher de l'univers paternel, à un niveau plus modeste. Il devient ouvrier agricole, délaissant aussi l'union avec Sylvie.

Après deux ou trois ans de dérive, il se fixe un an et demi chez le père agriculteur d'un ami sculpteur. Ce dernier lui propose de reprendre dans quelques années l'exploitation du père. Ainsi tous deux pourraient former une équipe qui à la fois travaillerait la terre et créerait pendant le temps libre. Le projet passionne Marc qui se prépare à cette échéance. Il entreprend des études et obtient un B.T.A. qui donne droit à des prêts bonifiés et à des aides pour jeunes agriculteurs. Il épouse aussi Sylvie avec laquelle il a renoué. Leur mariage témoigne de leur volonté d'intégration dans une société qu'ils jugent traditionnelle. Marc associe nettement mariage et projet professionnel en commun pour lequel elle a donné son accord. C'est le premier moment dans l'entretien où Marc fait vraiment entrer Sylvie en scène. Celle-ci obtient sa licence, mais n'achève pas son cycle supérieur de formation comptable. Elle est devenue avant tout la compagne de quelqu'un de différent. Elle perçoit Marc comme quelqu'un de *« très sensible, d'une sensiblité presque féminine. Avec plein de richesses que je n'ai pas, avec un sens de la relation, un sens de l'art qui m'impressionne »*. Elle ne pense pas pouvoir devenir quelqu'un par le travail, par une réussite professionnelle – ses parents ne soutiennent pas une telle ambition. Marc étant régulièrement chômeur, c'est elle qui fait vivre le couple en tant que surveillante de collège. Cela dure cinq ans. Grâce à ses nouveaux diplômes, Marc obtient un poste d'enseignant dans un centre de formation agricole, sans abandonner pour autant son projet d'installation. Ils font un enfant, Julien.

Une manière de faire l'union

Surveillante pendant neuf années, Sylvie doit abandonner son poste. Elle ne sait pas quoi faire, estimant n'avoir aucune compétence. Aussi, lorsqu'un soir, une amie lui signale l'existence d'un poste correspondant à sa qualification scolaire, Sylvie pense qu'il ne lui convient pas. Mais Marc, attentif, lui rappelle la proposition, valorisant ainsi sa compagne : elle doit postuler, elle peut prétendre le faire. L'effet Pygmalion est ainsi amorcé. Pygmalion fait rêver. Ce projet peut se réaliser, car la personne qui reçoit cet encouragement dispose des capitaux nécessaires, laissés en friche. Marc aide Sylvie à actualiser ses ressources. Le fait que Sylvie ne parvienne pas à transformer par elle-même son diplôme en ressources professionnelles provient d'un manque de cohérence dans la structure de son capital personnel. Sylvie ne dispose pas d'un capital social d'un niveau équivalent à celui de ses acquis scolaires. Cette décristallisation crée une sorte de timidité sociale et psychologique qui peut être vaincue par une force extérieure.

Le mariage est un « instrument nomique important » parce qu'il provoque des situations interpersonnelles stables, fréquentes et denses, telles que les conjoints se redéfinissent en tant que personnes (Berger, Kellner, 1988). L'effet Pygmalion – comme celui qu'on observe dans le couple de Marc et de Sylvie – peut être considéré comme une des formes spécifiques de la construction de la réalité par le mariage. Le regard de Marc révèle Sylvie comme une femme pouvant avoir une identité professionnelle, ce dont elle doutait. Le mariage (ou un équivalent) peut constituer une richesse spécifique pour l'un des conjoints par alchimie, lorsque les ressources ne deviennent pas capital. Le fait que le rendement professionnel du capital scolaire de l'un des conjoints varie selon le montant des richesses culturelles de l'autre (de Singly, 1987) provient, sans doute, d'un processus comparable à celui du mythe de Pygmalion. L'assurance dont font preuve, sur le marché du travail, les femmes qui ont fait un beau mariage dériverait de l'estime que leur mari leur aurait donnée en les choisissant contre toute attente sociale. Le regard amoureux a des effets qui ne se limitent pas à la sphère affective.

Sylvie (Galatée) n'a pas oublié cet effet Pygmalion : *« Marc a eu beaucoup d'influence sur moi pour me pousser au derrière, pour postuler à l'emploi que j'occupe actuellement. Lorsque dans cette fameuse soirée, mon amie m'a dit : "Ils recherchent du monde pour un nouveau poste" et m'a regardée en me désignant "Toi", je lui ai répondu "Ça ne va pas, non"... Mais heureusement, Marc a entendu. J'ai laissé tomber. Deux ou trois jours après, Marc m'a dit "Écris"* ». Sylvie se présente et, à sa « grande surprise », passe avec succès l'entretien d'embauche. Ce rappel ne la gêne pas ; maintenant qu'elle a pris de l'assurance, elle aime montrer le contraste entre la claivoyance de Marc (et de son amie) et sa propre ignorance vis-à-vis d'elle-même. Marc se souvient aussi de son intervention :

« *Elle doutait... Elle avait un certain nombre de capacités intellectuelles, et cela me paraissait évident que ce profil de poste lui convenait tout à fait. Sauf qu'elle avait une telle non-confiance qu'elle n'osait pas. Je lui ai dit "Écoute, ce n'est pas vrai, il faut que tu le fasses, il faut que tu te lances". Donc elle l'a fait* ».

Sylvie s'engage à la conquête de son poste de responsable administratif pour le compte d'une association de services aux particuliers. Elle prend confiance en elle-même, rompant avec une image centrée sur son rôle de mère : « *À une époque, je me sentais tout à fait capable de rester à la maison à élever mes enfants, à faire des confitures. C'était l'époque où je n'arrivais pas à prendre une décision par rapport à une intégration professionnelle. Je ne renie pas du tout cela parce j'ai un côté "bonne maman" ; ce n'est pas en termes péjoratifs, mais je sais que maintenant cela ne me satisferait pas du tout, pas suffisamment* ». L'année suivante lui laisse les meilleurs souvenirs. Elle maîtrise mieux son travail. Marc et Julien (leur fils) l'attendent souvent à la sortie du bureau. Elle prend cela comme un heureux rendez-vous qui actualise la nouvelle idée qu'elle a d'elle-même et de sa reconnaissance mixte, sociale et familiale.

Marc ne devient pas Pygmalion à n'importe quelle période de son existence. Il vit dans l'attente de la réalisation de son projet d'installation, soutenu par son ami sculpteur. Cet espoir le rend généreux ; il convie sa partenaire à prendre le rêve pour une réalité. Pygmalion croit en la métamorphose de l'autre, parce qu'il espère la sienne. Galatée l'écoute attentivement, non seulement parce qu'elle voit sa mort sociale prochaine – avec la fin du « pionnicat » – mais parce qu'elle ne peut pas croire un homme qui, avec des richesses moindres, se dessine un avenir radieux et plausible. Marc donne du crédit à Sylvie sur le sien (encore hypothétique). Mais ce n'est pas une excellente affaire pour lui, car le remboursement sera fait avec un capital d'une autre nature que celui dont il a besoin. En effet, Marc prête de la confiance en soi et Sylvie lui rendra un « capital conjugal » : être uni à une femme active et donc être un homme moderne. Elle ne lui fournira pas une coopération professionnelle.

Le contrecoup

Le délai du projet d'installation professionnelle de Marc vient à expiration. Bien qu'ayant approuvé antérieurement cette initiative, Sylvie ne se sent plus le courage d'y participer ; elle tient trop à son activité qui la valorise. Elle n'est plus celle qui « suit » Marc, elle vit simplement « avec ». Comme Liza, elle ne ramasse plus les pantoufles. Devant ce refus, Marc abandonne son projet, comme il en a abandonné d'autres – « pour x raisons », dit-il. Il ne se sent pas encore capable de s'imposer. Il réunit toutes les conditions objectives de la réalisation, sans maîtriser la dernière phase : celle de l'exécution. Il renonce donc et le projet d'installation agricole se transforme en projet d'installation domestique. Sylvie et Marc achètent une maison, dont le paiement exige deux salaires, et garantit à la première la stabilité de son travail (rendu encore plus nécessaire).

Marc rêve de nouveau, comme Dick dans *Tendre est la nuit*. Lorsque Abe lui fait remarquer : « Quelque chose me dit que j'aurai mon petit succès à Broadway bien avant que vous n'ayez terminé votre "Essai scientifique" », Dick lui répond : « Je l'espère. Il est d'ailleurs possible que je renonce à ce que vous appelez mon "Essai scientifique". Il venait d'annoncer quelque chose de très grave pour lui »... Mais Dick eut un nouveau petit rire et ajouta « que j'y renonce pour autre chose ». Marc reprend la peinture, revoit des amis des Beaux-Arts, et aimerait exposer. Il vit de cet espoir. Peut-être ne sera-t-il pas peintre, mais il est devenu – là encore comme Dick – conteur devant son épouse, devant ses amis qui reviennent, et aussi devant ses élèves.

Pour disposer de plus de temps, Marc aimerait partager les tâches domestiques de manière plus équitable, car il en assume plus de la moitié, selon l'avis de Sylvie elle-même. Une renégociation impliquant éventuellement une diminution de l'investissement professionnel de Sylvie est envisagée. Marc souligne que le travail de son épouse devient lassant et fatigant ; il lui propose d'entreprendre une nouvelle formation et de se réinvestir en tant que mère. Un second enfant est envisagé. Sylvie hésite, sensible à cette dimension de son identité qu'elle estime avoir un peu trop négligée. Pour le moment, Marc vit un peu comme une femme au foyer. Ses attentes anciennes survivent clandestinement. Il est dans l'ombre de son épouse qui a mieux réussi. Il vit par la médiation d'autrui, il est dépendant.

Alors que Sylvie avait un capital, sans disposer de la compétence sociale pour l'utiliser, Marc, au contraire, s'est approprié une définition de lui-même – « Je serai peintre » – sans mettre en œuvre dans le même temps le capital correspondant – peindre. Il pense qu'il est héritier mais il n'a pas (encore) hérité : ses échecs successifs de Paris et de Nantes en témoignent. En attendant, il accepte l'identité de « conjoint enviable », c'est-à-dire bien marié. C'est dans la maison familiale qu'il installe son atelier, cherchant à devenir lui-même au sein d'un espace où il est avant tout père et mari. Sylvie ne l'encourage pas complètement. À la question concernant l'entente conjugale, elle aborde ce thème : *« On n'a pas de points de divergence très importants... Ce qui est vrai par rapport à la peinture. Il aimerait sûrement y passer encore plus de temps qu'il ne le fait, mais je sais (et il sait aussi) que je n'accepterais pas que tout ce qui concerne la maison me retombe dessus parce que Monsieur peint »*. La réussite de Marc en tant que peintre n'obsède pas Sylvie : *« La peinture pour lui, c'est un hobby qui lui prend de plus en plus de temps... Moi, je respecte tout à fait cela. Je ne passe pas des heures devant ce qu'il peint, dans l'atelier avec lui. Il me dit "Qu'est-ce que tu en penses ?" et c'est vrai que je n'ai pas trop d'opinion. Mais en même temps, s'il a envie d'acheter du matériel. C'est d'accord, pas de problèmes »*. Marc a perdu de son charisme. La relation conjugale l'a érodé, suivant le principe de « la routinisation » (Weber, 1971).

Marc est désenchanté. Il ne demande pourtant le remboursement ni du prêt de Pygmalion, ni de son temps offert, peut-être parce qu'il est sûr de la réponse négative. Selon Sylvie, il lui dit : *« "Tu donnes beaucoup au boulot, et il ne reste plus rien quand tu rentres. Ce n'est pas drôle". Mais en même temps, si je suis fatiguée, il me fait couler un bain et me dit "Je fais à manger, tu te reposes, tu ne fais rien" »*. Il souhaite un désengagement professionnel de Sylvie sous la forme d'un mi-temps afin qu'elle soit plus *calme, plus reposée*. Il n'ose pas avouer qu'il considère qu'elle s'implique trop : *« Trop ? Non c'est son problème. Je ne me sens pas le droit de dire que c'est trop. Ce n'est pas trop dans la mesure où on a un fonctionnement tel que moi, j'arrive à avoir du temps* ».

Sylvie, non plus, n'est pas entièrement satisfaite de l'arrangement. À la fois, elle ne veut pas d'un 4/5e de temps pour passer le mercredi avec Julien (comme le fait Marc), et elle jalouse un peu le rapport entre le père et le fils : « *C'est plutôt Marc qui s'en occupe. Il fait souvent de la peinture avec lui. Ils font du vélo ensemble. Par contre, je prends des grands bains avec lui... Au niveau de Julien, c'est un partage tout à fait équitable, avec un temps de présence plus long pour Marc. Cet été, pendant les vacances, Julien a dit à une amie : "C'est Marc qui fait les confitures à la maison. Il passe l'aspirateur, il repasse, il fait les courses, il fait la vaisselle"– "Et qu'est-ce que fait Sylvie pendant ce temps ?" – "Sylvie, elle travaille au bureau". Le soir, j'ai dit à Julien : "Tu exagères, je fais bien la cuisine, je repasse le linge, je fais bien la lessive, je fais bien le ménage" – "Oui, mais moins que Marc, quand même"* ».

Ce constat ne provoque pas le souhait d'une perte d'identité professionnelle. Sylvie ne veut pas d'un temps partiel qui pourrait la priver d'informations importantes, et donc la déposséder d'un certain pouvoir. Au bureau, elle est « très expansive, très sollicitée », car elle estime disposer de « cette faculté de synthétiser les choses » : « *On peut compter sur moi. Mon gros défaut est lié directement à ma personnalité, je suis trop vive. Les filles me disent "Ralentis un peu la cadence". C'est le défaut de mes qualités. Je suis sûre que, bien souvent, je pourrais faire exactement le même nombre de choses en un peu plus de temps, et plus calmement* ». Elle supervise la comptabilité, le secrétariat, s'affirmant « interchangeable », contrairement aux autres membres de son entreprise : *« Si la comptable n'est pas là, je fais son travail. Si je suis en vacances, je pars à des périodes où il n'y a rien de particulier, d'urgent à faire, ou sinon, je laisse des consignes, et les filles peuvent éventuellement me joindre. Au niveau argent, on laisse en suspens le temps de mon absence, et je revois cela à mon retour. »*

Bref, Sylvie est engagée dans sa vie professionnelle, sans mesure mais sans obsession. Elle a le sentiment que « cela tourne trop rond maintenant », craignant la lassitude et le piétinement. Aussi envisage-t-elle une nouvelle formation mais sans savoir laquelle. Un autre point reste flou : le second enfant qu'ils ont du mal à avoir. *« Maintenant que j'ai trouvé mon compte, enfin ma place au niveau professionnel, pourquoi pas deux ? Mais je n'ai pas envie de lâcher le travail. »* Marc ne joue plus les Pygmalions, il préfère le registre du colonel Pickering qui perçoit toutes les femmes comme des duchesses sans pour autant les aider à le devenir. En l'occurrence, Sylvie n'en a plus besoin, à sa manière, elle l'est devenue.

Un autre conjoint « Pygmalion »

Pygmalion n'est pas toujours aussi efficace. Parfois, son aide doit être renouvelée, le transfert de confiance ne s'opérant que provisoirement, comme on le remarque dans un entretien avec un autre couple. André est né dans une famille d'agriculteurs, mais il avoue, hors enregistrement, se vouloir surtout l'héritier du maire du village, avocat de profession, qui parlait avec beaucoup d'aisance et de brio. Pour cette raison, peut-être, il poursuit des études supérieures, rêvant de devenir avocat. Pendant la période de ses études, il rentre chez ses parents en automobile, raccompagnant une amie qui habite le même village, ainsi que sa sœur cadette, Josette. Cette dernière, seconde fille d'une famille d'artisans dans laquelle tous les espoirs ont été mis sur l'aînée, n'a pas une grande confiance en elle. Mais l'échec de la sœur aînée et son redoublement en seconde entraînent, par substitution, la nécessité d'une réussite de sa part. Son père veut qu'elle devienne pharmacienne. Elle s'inscrit à la faculté de pharmacie, et partage un petit appartement avec sa sœur à Rennes. Lorsque l'aînée part en Allemagne pour ses études, Josette se retrouve seule : « *Je me suis attachée à ce garçon, et on a vécu ensemble, et on ne s'est pas quitté après.* » André était présent ; Josette, jolie, privée de sa sœur aînée, l'accueille. André résume ainsi la formation de leur couple : « *On se connaissait depuis un certain temps, on se connaissait sans se fréquenter, puis un jour on s'est connu en se fréquentant, mais je ne sais plus trop dans quelles circonstances* ».

Ses études de droit terminées, et le mariage programmé, André devient maître auxiliaire dans un lycée technique, Josette interne en pharmacie. Tous les deux ont le projet de s'installer plus tard à Lorient dans la maison qu'ils font construire. Josette tiendrait une officine dans cette ville. Mais André prend conscience du futur décalage entre eux deux, et décide de reprendre des études. Il passe avec succès le concours de directeur d'hôpital. Cette nouvelle orientation a des effets conjugaux importants, soulignés par André : « *Soumis aux aléas des mutations, il n'était pas possible de choisir comme ça,* a priori, *une ville où on allait vivre.* » Josette doit renoncer à son rêve d'installation : « *André a été nommé à X. Il fallait que je choisisse... Je travaillais déjà dans un laboratoire, j'ai décidé de rester là où j'étais.* » Pendant cette période, ils ont deux enfants.

À la faveur du congé maternité d'une collègue,

Josette commence une activité de recherche dans le laboratoire d'un Centre hospitalier régional. André encourage Josette à entreprendre des études complémentaires pour devenir chercheur titulaire. Pendant cinq ans, alors qu'ils habitent en province et qu'ils ont des enfants très jeunes, elle reprend des cours à Paris et devient praticien hospitalier, dans un domaine très spécialisé. Lorsqu'on lui demande si son mari était d'accord, Josette le reconnaît sans difficultés : *« Oui, c'est toujours lui qui m'a poussée. Contrairement à beaucoup de couples où le conjoint n'aime pas tellement voir l'autre passer des examens, c'est toujours lui qui m'a encouragée, pourtant j'avais deux bébés. Il y a eu des moments très durs, c'était épuisant. Parfois, j'aurais bien abandonné, mais il a toujours été là. Et même encore maintenant, j'ai une thèse en cours, je me dis de temps en temps... C'était mon mari qui s'occupait des enfants, c'est vraiment lui qui me poussait. Il s'occupait des repas, de faire en sorte que les enfants ne soient pas malheureux. – Mais il ne vous a jamais reproché que cela prenait trop de temps ? – Ah non, toujours le contraire. C'est lui qui me relance toujours. Oui, oui. Je pense que si j'avais eu quelqu'un qui m'avait freinée, je n'aurais sûrement pas fait ce que j'ai fait. »*

Son Pygmalion est fier d'elle : *« Josette a de très grandes qualités d'observation, elle est capable de mener à bien des projets, elle est capable d'assumer pas mal d'heures de travail. Je crois qu'elle a un esprit de chercheur. Elle doit être la seule en France à travailler sur son thème. »* Il reconnaît avoir eu de l'influence : *« Il aurait été possible qu'elle achète une officine et qu'elle gagne beaucoup d'argent. Ce n'était pas tout à fait mon objectif de vie. Je l'ai limitée à un moment donné pour la création d'officine, et la soute-*

nant peu, je ne faisais pas grand-chose pour que ça réussisse... Si elle a aujourd'hui cette fonction de chercheur, je pense que c'est lié à moi. Je ne souhaitais pas qu'elle se contente de vendre des médicaments, cela m'apparaissait un peu "limité" comme horizon. »

Pourtant, aujourd'hui, Josette est à demi satisfaite de sa situation professionnelle. Elle sent qu'elle ne parviendra pas à « sortir du lot » en devenant professeur : « *Comme par hasard, ce sont des hommes qui y parviennent. Pour se distinguer il faut être beaucoup plus disponible. Je prends le cas de quelqu'un qui reste au laboratoire jusqu'à sept heures le soir, qui n'a pas d'enfant, qui fait beaucoup de recherches. De toutes façons, les chefs sont des hommes, et les larbins ou ceux qui font vraiment le travail de routine, ce sont pour beaucoup des femmes.* » Elle regrette le monde de la pharmacie où elle aurait été patronne, estimant que ses longs investissements ne lui rapportent pas suffisamment. Le doute vient aussi du fait que ses parents n'ont pas bien accepté les changements : « *Mes parents, surtout ma mère, auraient bien voulu que je m'installe. Lorsque j'ai recommencé mes études, ce n'était pas la fête comme j'aurais voulu que ce soit. Je ramenais des bonnes notes, et pour eux, ce n'était pas le bon choix. Ils étaient contents, mais pas comme lorsque j'avais eu la première année de pharmacie. Là, c'était la fête, on participait à ma joie.* »

Josette a du mal à accepter cette indifférence relative autour d'elle. Elle veut réussir pour être reconnue, mais aussi pour être aimée. Elle regrette surtout un manque de reconnaissance pour son travail en tant que femme, dans sa famille d'origine. Elle n'arrive pas à oublier l'histoire de sa sœur. Après avoir rappelé les succès scolaires de cette aînée – « *En sixième, elle avait toujours 20 en maths, elle marchait mieux que moi* », elle raconte : « *Ma sœur était amoureuse folle d'un garçon, et ça se passait mal entre mes parents et elle. Mes parents voyaient d'un mauvais œil cet amour-là, et ils l'ont forcée à rompre. Elle a rompu, mais elle n'en a fait qu'à sa tête en classe.* » Selon Josette, cela a eu pour effet que sa sœur ne « *se retrouve que prof d'allemand, c'est dommage* » – activité qu'elle a arrêtée. Josette a remplacée sa sœur, mais elle se reproche cette usurpation. Elle n'a pas le sentiment d'être elle-même, d'être aimée pour elle-même par ses parents. Elle doute, et le regard de son mari ne la rassure que sur ses compétences. À la question : « Que dirait votre mari de vos qualités et défauts », elle répond : « *Il voit ça d'une façon utopique, je crois qu'il idéalise... Il trouve très bien mon travail, il est passionné par tout ce qui est recherche. Quand je lui dis que j'ai trouvé quelque chose, il est passionné, il partage ma joie, il est fier.* » Josette considère André comme un professeur ; elle a peu de passion pour son mari. On se souvient de l'absence de choc de la rencontre, et on n'a pas l'impression que cela ait beaucoup changé. Ils s'entendent bien mais sans passion (peut-être Josette se méfie-t-elle de ce sentiment qui a eu des effets négatifs sur sa sœur). À la question : « Si votre femme était un peu plus disponible, vous arrangeriez-vous pour l'être aussi davantage ? », André répond : « *Peut-être pas, non. Si elle était plus disponible, je le serais peut-être moins. On a les uns et les autres beaucoup d'activités, on essaie de s'arranger pour que chacun puisse avoir ses activités.* »

André n'a pas réussi à chasser le fantôme de la sœur de Josette. Il a aidé sa femme à se réaliser sans parvenir à lui donner le sentiment d'être elle-même. André et Josette sont à rapprocher du couple Higgins et Liza, tandis que Luc et Annie ressemblent davantage à Dick et Nicole. La différence provient de l'intensité du regard amoureux. Il modifie la socialisation en créant les conditions pour que la personne regardée ait le sentiment, non seulement d'être compétente, mais aussi d'être unique. La fonction de Pygmalion est double : utilitariste en ce qu'elle permet aux compétences cachées de se découvrir, et existentielle en ce qu'elle engendre aussi le sentiment d'une identité personnelle chez celui ou celle qui est regardé. C'est par l'amour de Pygmalion que Galatée devient unique. C'est la raison pour laquelle le professeur Higgins est un Pygmalion incomplet, il est trop professeur et pas assez amoureux. Il est attentif au capital plus qu'à la personnalité de son « élève ». Dans le chapitre suivant, on verra comment les parents doivent trouver un équilibre entre l'aide à la révélation de la personnalité de leur enfant et le soutien à la réussite scolaire.

Atteindre ces deux objectifs n'est pas facile non plus dans le cadre des relations conjugales. Chez André et Josette, en raison notamment de l'histoire de cette dernière, l'affection a une place trop restreinte. Or c'est l'amour qui constitue le support privilégié de l'émergence de l'identité personnelle. En effet, il sait voir l'invisible, et donc le soi intime caché encore plus profond que les ressources. Si l'amour et l'individualisme forment des éléments centraux des sociétés contemporaines c'est parce que la revendication d'une identité personnelle réclame une relation authentique. Dans l'imaginaire romanesque, pour montrer cette fonction de l'amour, les auteurs le font souvent apparaître dans des moments où l'individu est dépouillé de ses richesses. Rappelons-nous, par exemple, la nouvelle de Forster, *Un instant d'éternité* (1988). À sa retraite, Miss Raby part revoir les lieux où un homme l'a aimée. Un homme, un « porteur », pas même un guide diplômé. Au vieil ami qui l'accompagne, elle déclare :

> — La seule chose à offrir qui ait de la valeur c'est soi-même. Avez-vous jamais fait don de vous-même ?
> — À maintes reprises.
> — Ce que je veux dire, c'est... Vous êtes-vous jamais, de propos délibéré, ridiculisé devant vos inférieurs ?
> — De propos délibéré, jamais.
> Il voyait enfin où elle voulait en venir : ainsi elle trouvait plaisir à croire qu'une telle abnégation constituait le seul fondement possible pour des relations authentiques.

Au cours de ce pèlerinage, Miss Raby est surtout à la recherche d'elle-même. Le regard de cet homme lui a donné autrefois le sentiment d'exister, au-delà de toutes les conventions dont font partie les capitaux. Elle a la nostalgie d'une telle sensation.

L'amour est une condition nécessaire, mais non suffisante, pour la construction de l'identité. Seul, il peut, en effet, représenter un danger, son désintérêt, son inconditionnalité, sa gratuité pouvant faire croire que le développement des ressources cachées de l'être aimé ne compte pas. Le modèle d'une identité en cercles concentriques – avec le noyau central du soi intime, dépouillé – n'implique pas l'indifférence vis-à-vis des autres zones. L'individu doit être aussi apprécié dans sa totalité (alors que la reconnaissance du soi intime crée principalement le sentiment d'être unique). C'est la complexité du travail du conjoint (ou de son équivalent) qui doit garantir aussi la validation des qualités et des ressources, l'éventuelle révélation de dons cachés chez son partenaire. Cette attention à « la totalité » est requise puisqu'elle permet alors de renforcer la troisième dimension constitutive de l'identité, « l'unité ».

Ce besoin d'unité ne doit pas écraser la diversité identitaire. On s'en rend compte car l'effet Pygmalion est plus important si l'homme chante à la femme des louanges différentes pour son travail professionnel et pour ce qu'elle est à la maison. Pygmalion doit montrer qu'il est attentif à l'ensemble des composantes identitaires de sa partenaire. Si les qualités professionnelles vantées par le mari reproduisent les qualités domestiques, la femme s'engage peu dans son activité salariée, étant déjà reconnue pour les mêmes raisons dans la sphère privée. Et inversement, une femme dont le conjoint estime qu'elle met en œuvre des qualités spécifiques dans son travail professionnel, s'y engagera plus.

3. Le travail relationnel d'un conjoint « Gentleman »

Le Gentleman et Pygmalion interviennent sur Galatée, mais avec des objectifs différents. Pygmalion contribue à produire Galatée pour prouver qu'il existe lui-même, alors que le Gentleman veut assimiler les qualités ou les capitaux de la femme dont il a accompagné le placement. Il veut les faire siens. Il essaie de se construire en intériorisant les connaissances des autres. Il est ambitieux, mais révise ses projets lorsque ceux-ci rencontrent des résistances. Au lieu de forcer, il s'adapte. Il veut devenir quelqu'un, même si, en fin de compte, il ne laisse qu'un souvenir daté, à la différence de Pygmalion qui peut devenir, éventuellement une grande figure à sa mort.

Que l'on songe au héros-écrivain du *Stade de Wimbledon* (Del Giudice, 1985), Robert Balzen, qui a impressionné beaucoup de personnes sans pourtant rien publier de son vivant. La survivance de ce Pygmalion est assurée par les traces qu'il a laissées dans les mémoires et que le roman restitue. Le premier témoignage est celui d'une femme : « C'est Robert Balzen qui m'a fait comprendre que je n'avais pas seulement des jambes, mais que j'étais également intelligente [...]. C'était un marionnettiste, quelqu'un qui ne peut réaliser les choses qu'à travers les autres, parce que c'était quelqu'un d'inhibé. » Seconde déposition : « Il a persuadé la fille de passer son doctorat et il est allé jusqu'à lui écrire sa thèse. Vous voyez, il lui a écrit sa thèse, mais il n'a jamais écrit la sienne, à lui. Il vivait la vie des autres. » Troisième déposition : « Il y a un moment dans la vie où l'on doit prendre une décision fondamentale. À ce moment-là, les choses changent ou doivent changer, et l'on ne peut plus avancer par ajustements progressifs, automatiques. Voilà : beaucoup de gens, arrivés à ce point, ont fait sa connaissance. Et il les a aidés à changer ou à prendre une décision. Je crois que c'était là sa passion, et son chef-d'œuvre. Rien d'autre. » Le Gentleman a un besoin différent de ses proches. Il ne vit pas par procuration. Il veut exister par lui-même, en se servant d'emprunts qu'il peut réaliser tout en aidant les autres aussi.

Couple avec un Gentleman-suiveur

Bernard est le petit-fils d'un agriculteur exploitant et fils d'un professeur dans un lycée d'enseignement professionnel. Comme lui, son frère et ses deux sœurs ont fait des études supérieures. Après le baccalauréat et une préparation, Bernard est entré à l'école d'Agronomie. À la sortie, il a trouvé du travail dans un institut spécialisé d'études et de développement dans le domaine agroalimentaire. Il fréquente en même temps un groupe d'amis auquel appartiennent sa sœur étudiante et Anne. La rencontre ne l'a pas beaucoup marqué : *« Trois ans après, cela n'est pas évident de s'en souvenir. La première fois ? Je n'arrive pas à me rappeler de la première fois. »* Il souligne cependant que *« petit à petit, dans ce groupe un petit peu scolaire, Anne détonnait un peu. On a pris goût à discuter ensemble d'autre chose que des histoires de l'université ».* Dans la verbalisation de ce souvenir, Bernard marque déjà la distance qu'il veut prendre vis-à-vis de l'université, synonyme pour lui d'un univers borné et protégé. Bernard n'aime pas « dépenser de l'énergie pour rien » et n'a pas voulu prendre le risque de passer de nombreuses années dans une filière sans avenir assuré. Mais d'autre part, il déclare qu'il était « plutôt porté par nature sur les disciplines plus théoriques » que celles enseignées à l'Agro. Aujourd'hui, il est attentif « aux aspects théoriques » des travaux d'Anne, ingénieur dans un organisme de recherches : *« Ce n'est pas elle qui me contraint de m'y intéresser, c'est moi qui m'y intéresse, tandis que mon activité ne l'attire pas tellement. Il m'arrive souvent de parler en public de son sujet d'activité. »*

Une femme décidée

Par l'intérêt qu'il manifeste, Bernard soutient Anne dans son travail. Cela ne le rend pas Pygmalion pour autant. Il suit ou accompagne, plus qu'il ne précède Anne. Il n'est pas son professeur, l'épisode (qu'il ne cite d'ailleurs pas) de l'entrée dans la vie professionnelle de son épouse le démontre. Bernard et Anne commencent à vivre ensemble en mai et se séparent en octobre pour deux ans. Anne décide de partir écrire sa thèse de troisième cycle dans une autre ville : *« J'ai dû prendre la décision seule. Je voulais faire une thèse, mais rémunérée. Il s'est trouvé qu'il y avait une bourse qui s'est libérée à Tours. Je l'ai appris à une heure et je devais donner ma réponse à trois heures de l'après-midi. J'ai quand même essayé de téléphoner à Bernard, mais je sentais que c'était à moi de prendre la décision ; pourtant, j'estimais que c'était aussi à nous deux de la prendre un peu. Il s'est avéré qu'il était en réunion, je ne pouvais pas le toucher. Il a fallu que je décide seule. Je me suis dit que c'était un coup de poker, une épreuve à passer : si on s'en sortait, si je puis dire, "vainqueurs" ; cela voulait dire qu'il y avait effectivement quelque chose entre nous. »*

Elle a conscience – *« Peut-être que j'essayais de repousser un peu le moment où j'allais vivre une vie de couple »* – qu'il lui faut fixer avant tout l'image d'elle-même qu'elle veut donner, celle de chercheuse. Anne préfère s'assurer la dimension professionnelle pour que l'entrée dans le mariage et la maternité ne puisse plus l'occulter. S'il est vrai que le mariage construit socialement la réalité, il agit en fonction du rapport de forces initial. On le voit avec la sœur de Bernard qui a poursuivi les mêmes études qu'Anne et qui, avant de se marier, n'avait pas d'activité professionnelle. Après le mariage, elle n'en a pas non plus. Dans les entretiens, les deux partenaires reviennent sur le cas de cette sœur. Bernard regrette qu'elle n'ait pas mis « le pied à l'étrier » : *« Quand elle ne veut pas que je l'embête, elle me dit qu'elle n'a pas trouvé. À la vérité, je pense que c'est parce qu'elle n'a pas cherché, et je suis presque tenté de le lui reprocher. L'exemple de ma mère me laisse penser qu'elle le regrettera. »*

C'est son père qui a interdit à sa mère d'avoir une activité à l'extérieur. Bernard ne veut pas lui ressembler, ne souhaitant pas apparaître comme un mari « très traditionnel ». Aussi accepte-t-il l'engagement professionnel d'Anne et le partage des responsabilités domestiques : *« Par principe, j'admets très bien qu'on partage tout, je ne vois pas une seule raison qui puisse justifier le fait qu'un homme refuse de faire quoi que ce soit. Maintenant, individuellement, on peut aimer ou ne pas aimer certaines choses. On partage quand même, on ne peut pas dire qu'on partage équitablement, c'est sans doute parce que je suis un peu plus paresseux. »* La légitimité des différences par l'identité sexuelle est indicible, même si elles réapparaissent inévitablement. Anne n'aime pas non plus les travaux domestiques, « mais il faut bien que cela soit fait ». Alors elle « se dévoue », tout en maintenant la pression pour que Bernard accepte de participer davantage : *« Un jour j'en ai eu marre. Ce n'était pas lui qui m'obligeait, ça jamais, il ne m'a jamais obligée à passer l'aspirateur, mais je me sentais obligée de le faire. J'en ai eu marre ; au lieu de le faire, j'allais me promener, et finalement cela a été une façon de s'obliger à partager le travail. »*

Anne a pris ses précautions pour que son mariage et son mari ne modifient pas trop son identité. Dès le départ, elle a explicitement posé l'évidence de son travail professionnel, prenant le risque d'une rupture et marquant ainsi les limites de son engagement conjugal. Elle évoque aussi la décision de l'enfant sur le même registre : *« Dans la mesure où j'ai trouvé un poste, je ne voulais pas d'enfant avant d'avoir un an de boîte, parce que j'estimais que pour mon équilibre, il me fallait un an pour m'intégrer dans la structure professionnelle. »* Son moi maternel (expansion de son moi conjugal) ne peut apparaître que lorsque Anne se sent rassurée par la solidité du fondement professionnel de son soi.

L'importance de cette dimension professionnelle est repérable dans d'autres parties du récit. Après sa thèse, si on lui avait offert un poste dans une autre ville que celle où Bernard était, il était convenu entre eux, dit-elle, que « Bernard lâchait son poste pour se rapprocher de moi ». Aujourd'hui encore, l'évocation d'une éventuelle mobilité professionnelle marque bien l'inégalité de positions. Pour Anne, *« pas question d'envisager un arrêt : si vraiment, Bernard trouvait un travail qui l'intéresse, et si moi, au même endroit, je trouvais un boulot qui m'intéresse aussi, je partirais. Mais c'est vrai que je ne veux pas partir non plus pour ne pas trouver de boulot. Ça, pas question ».*

L'ambiguïté d'un Gentleman

Anne est parvenue à faire admettre cette position, au point que, lorsque Bernard envisage une éventuelle mobilité, il exclut l'idée d'un arrêt du travail de son épouse : *« Je n'imagine pas du tout une telle situation. Pourquoi ? Je vous dirais franchement, elle me casserait les pieds. Quel avantage je tirerais du fait qu'elle reste à la maison ? Que je puisse sauter dans mes pantoufles ? Je trouve que c'est un avantage bien mince en contrepartie de tous les inconvénients... Je pense qu'Anne vivrait très mal de ne pas travailler ; en conséquence, si elle vivait très mal, moi je vivrais très mal aussi.* » C'est un écho de son épouse affirmant que son activité professionnelle fournit « une certaine tranquillité » à son conjoint : « *C'est évident parce que si je ne travaillais pas, j'attendrais Bernard avec impatience, j'aurais besoin qu'il revienne vite ; ce qui fait que je lui imposerais des contraintes morales. Il se sentirait obligé de rentrer plus tôt.* » Comme tous les Gentlemen face à un tel obstacle, une telle détermination, Bernard ne l'esquive pas. Il « fait avec » : « *Je pense qu'on n'irait pas n'importe où, ni l'un ni l'autre. Ceci dit, si Anne tenait à changer de poste, je crois que j'en profiterais pour essayer de chercher ailleurs parce qu'à la limite, ce serait peut-être le petit coup de pouce qui manque.* » Bernard cherche peut-être à montrer sa force : quel que soit le lieu où le travail de son épouse le mènera, il saura bien s'imposer professionnellement. Il agit sous contrainte. Ainsi, pour ses études, ce fut un « cursus très cadré » : « *Je me pose la question* a posteriori *de savoir pourquoi je me suis engagé dans une carrière agricole. Il se trouve que j'ai fait une prépa qui conduisait justement à l'Agro ; ça s'est canalisé d'une façon précise et pourtant je n'avais pas de critères précis de choix.* »

À deux reprises au cours de l'entretien, Bernard tente de reprendre le dessus sur Anne en émettant un jugement sur elle ; il cite le dicton : « C'est l'hôpital qui se moque de la charité. » Il voudrait être du côté des gros qui regardent avec condescendance les petits. Aussi se permet-il de redéfinir l'activité de son épouse : « *Je pense qu'elle aurait nettement préféré être chargée de recherche au CNRS qu'ingénieur dans l'organisme dans lequel elle est.* » À la question : « Est-ce que vous connaissez bien le travail de votre femme ? », il répond : *« Oui, je crois même... je connais sûrement mieux ce qu'elle aimerait faire que ce qu'elle fait réellement.* » Il argumente également en critiquant cet organisme, « une structure très lourde et relativement fermée où on attend que cela se passe ». Lui a eu la possibilité d'y entrer plusieurs fois, et il a refusé. Anne doit bien connaître ce discours puisque Bernard évoque souvent avec leurs amis communs « les modalités de fonctionnement » de cet organisme. Il accorde une certaine reconnaissance à son épouse ; il la voit encore plus haut dans la hiérarchie de la recherche, mais c'est pour mieux lui rappeler les présentes limites de son activité.

Il dévalue quelque peu son soutien, peut-être aussi parce qu'il sait que celui-ci a peu de poids : *« Anne, c'est quelqu'un d'assez solide. Alors, ce que je peux lui accorder est assez superficiel. Non, ce n'est pas cela ; ce que je veux dire, c'est que je peux la soutenir lors de petits accidents à court terme, mais au fond, elle est très solide.* » Anne retient surtout le versant positif du discours de son mari, le reste, elle ne l'entend pas. Elle n'éprouve pas d'insatisfaction devant son travail, et ne souhaite pas en changer. Elle a un métier avec des responsabilités et une certaine autonomie, qui lui permet d'obtenir, grâce aux publications, une reconnaissance. « On se réalise vraiment dans un travail de recherche », affirme-t-elle.

Bernard qui croyait Anne plongée dans un univers sans finalité observe que c'est plutôt lui dont la définition sociale est floue. Or, il déteste être « sous-estimé ». Sans vouloir « jeter de la poudre aux yeux », il attache de l'importance à ce que les autres pensent de lui. Sans doute est-ce pour cette raison qu'il intériorise les critères de jugement d'Anne. Bernard se met imaginairement à sa place, vantant les critères de la recherche et surtout du travail épanouissant : *« Je n'ai pas envie de gagner même trois fois plus pour faire un travail qui ne me plaise pas. »* Il ressemble ainsi à Anne : *« Elle est encore beaucoup moins sensible que moi aux aspects matériels, elle est moins dépensière que moi qui suis vraiment le client royal pour les publicitaires. »* Anne insiste aussi sur cette différence, puisqu'elle estime que Bernard serait plus heureux dans une banque : *« Il y a un aspect financier. Dans les instituts techniques, les salaires sont bons mais ce ne sont pas des super-salaires. Par contre dans la banque, c'est reconnu, à un niveau ingénieur, les salaires sont beaucoup plus élevés. Et je crois que Bernard recherche cette aisance financière. »* Bernard est indécis, entre le pôle intellectuel – occupé par Anne pour qui réussite personnelle et réussite intellectuelle se confondent – et le pôle économique. Il rêve d'un ailleurs plus gratifiant que son institut qui fait de la recherche appliquée à partir du « savoir des grands penseurs ». Il estime faire un « travail de chargé d'études » qu'implicitement il sous-évalue par rapport au poste de « chargé de recherches » de son épouse.

Cette inégalité, au moins dans le statut intellectuel, lui pèse d'autant plus qu'Anne y est également sensible. Anne ne souhaite pas que le partenaire rappelle sa propre origine par une position moins élevée. La trajectoire d'Anne, fille d'un facteur et d'une nourrice, est nettement ascendante ; son frère et sa sœur, contrairement à ceux de Bernard, n'ont pas poursuivi des études supérieures. Pour Anne, la valeur sociale se définit par les effets du capital culturel, à savoir les échanges qui produisent « une stimulation intellectuelle ». Cette dimension sous-tend la description de son travail ; elle insiste sur *« les réunions de type national, c'est-à-dire la rencontre avec d'autres équipes qui travaillent sur des sujets proches pour établir éventuellement des collaborations à propos des rencontres de type international et du travail d'encadrement avec des étudiantes en thèse ».*

Un partenaire

Dans leurs relations conjugales, le capital culturel occupe une place centrale pour Anne. À la question : « Qu'est-ce que vous avez pensé de Bernard la première fois ? », elle répond : *« J'ai été impressionnée par ses connaissances. J'avais l'impression, j'ai d'ailleurs toujours l'impression, qu'il connaissait un tas de choses, qu'il pouvait discuter de tout, donner un avis sur tout. J'étais dans un groupe où les gens étaient sympathiques mais n'avaient pas envie de discuter. Moi je voulais parler de tout, c'était un besoin. Il est arrivé. Dès qu'on lançait un brin de discussion, Bernard marchait au quart de tour et poussait très loin la discussion. »* Il y a eu un malentendu initial. Bernard voulait briller – peut-être rêvait-il d'être Pygmalion ? – et Anne désirait un « partenaire », c'est-à-dire « une personne avec qui on tient conversation » (selon *Le Robert*). Elle insiste encore aujourd'hui sur cet aspect : *« Quand j'ai un problème, même dans le protocole de l'expérience, je lui en parle facilement, et éventuellement je lui demande ce qu'il en pense. Ça peut être intéressant d'avoir les avis de quelqu'un de tout à fait extérieur... Tous les deux nous aimons discuter. »*

Anne ne veut pas des directives d'un maître, elle recherche un conseiller. Le type idéal du Gentleman – le colonel Pickering – joue ce rôle. Après la reconnaissance publique d'Eliza et la scène de « ménage » entre elle et Higgins, la situation est bloquée :

Ce fut le colonel qui, en fin de compte, trouva la solution du problème, lequel lui avait coûté beaucoup de perplexité et de réflexion. Un jour il demanda à Eliza, sur un ton fort prudent, si elle avait renoncé à l'idée, qu'elle avait avancée, de tenir une boutique de fleuriste. Elle lui répondit qu'elle y avait bien pensé, mais qu'elle s'était sorti cette idée de la tête, car le colonel avait dit, ce jour-là, chez madame Higgins, que ça ne marcherait jamais. Le colonel reconnut qu'au moment où il avait dit cela, il n'était pas complètement remis de l'éblouissante impression qu'il avait eue le jour précédent. Le soir même, ils abordèrent le sujet avec Higgins. Le seul commentaire qu'il voulut bien faire faillit amener une sérieuse querelle avec Eliza.

Un Gentleman est plus habile qu'un Pygmalion dans la gestion des relations. Bernard a compris comment réagissait Anne (« Quand j'ai quelqu'un qui, en face de moi, élève la voix, je pleure », avoue-t-elle). Il s'adapte, Anne le reconnaît : *« Me connaissant, sachant cette réaction, Bernard n'élève pas la voix, il peut très bien dire les choses sans élever la voix. Nous ne nous sommes jamais disputés. »* Le Gentleman donne de lui-même pour réduire les obstacles. D'où son succès, au moins dans les domaines de l'attention, de la générosité, de la gentillesse. Anne définit ainsi Bernard : *« C'est un être humain. C'est l'homme que j'aime. C'est quelqu'un qui est gentil. Finalement le fait de dire "quelqu'un qui est gentil" cela peut être déformé par le fait que c'est quelqu'un que j'aime. C'est quelqu'un qui est socialement apprécié, cela veut dire que si je le trouve gentil, ce n'est pas seulement parce que je l'aime, c'est aussi parce qu'il a des qualités, une gentillesse qui sont reconnues par d'autres*[1] ».

1. Bernard place également dans le portrait de sa femme la gentillesse, mais en soulignant bien que, par modestie, il ne l'a pas mis

Là encore, Anne réagit comme Liza, partagée entre deux images du bon conjoint : celui qui lui en impose intellectuellement et celui qui la respecte ; entre Higgins et Pickering. Tout se passe comme si Anne avait initialement perçu Bernard sous les traits du premier, puis progressivement sous les traits du second, avouant avoir été frappée par la dimension intellectuelle lors de la première rencontre et retenant la gentillesse comme trait principal quelques années après. En fin de compte, Bernard n'a pas construit directement l'identité de son épouse – l'épisode du départ au moment de la thèse le dévoile, Anne a même craint son regard – mais il a reconnu et reconnaît, après coup, ce qu'elle décide.

Contrairement à un Pygmalion, Bernard ne fournit pas un crédit de confiance, il donne une prime après coup. Cette forme de soutien qui lui laisse beaucoup d'autonomie satisfait Anne qui ressemble à Liza avouant à Pickering :

> Savez-vous qui a commencé ma véritable éducation ? [...] C'est lorsque vous m'avez appelée mademoiselle Doolittle le jour où je suis venue pour la première fois à Wimpole Street. C'est alors que j'ai commencé à avoir le respect de moi-même [...] Et il y a eu cent petites choses [...] qui montraient que vous pensiez à moi et que vous ressentiez ma présence comme celle de quelqu'un qui est un peu mieux qu'une laveuse de vaisselle.

dans le sien : « Qui est ma femme ? Je suis tenté de dire quelque chose que j'aurais pu dire aussi pour moi, c'est quelqu'un de très gentil. Quand on dit "gentil", souvent c'est péjoratif, mais "gentil" ici c'est dans le bon sens. J'aurais pu dire cela de moi aussi, parce que je pense que c'est à peu près vrai, évidemment on hésite à le dire de soi. »

Higgins est beaucoup plus gênant en tant que professeur, moins soucieux de la politesse et de la civilité. Seul compte son objectif : son travail de révélation de talents cachés. Anne est sensible aux formes de la vie en société, et à ceux qui les respectent. Bernard le souligne, en forçant le trait à propos de l'éducation de leur enfant : « *Anne est beaucoup plus pointilleuse que moi, beaucoup plus le genre à lui dire de mettre son pull jaune, ce sera le jaune, ce ne sera pas le rouge... Moi, j'attache plus d'importance à bien suivre l'éducation de l'enfant qu'à savoir s'il doit mettre ses chaussures rouges ou son pull blanc.* » Anne n'est pas indifférente aux apparences, aux couleurs, à l'ambiance – elle se souvient encore de la froideur du premier jour dans l'institut de recherche où personne ne l'a accueillie.

Anne est engagée dans son travail professionnel. D'après elle, tous le reconnaissent : ses collègues, son supérieur, et aussi son mari : « *Je crois qu'il doit considérer que j'en fais trop. C'est un peu vrai, je veux tellement faire les choses bien, je cherche tellement à peaufiner quelque chose.* » Elle réalise ses rêves, avoir une « vie intellectuelle », une vie professionnelle : « *Mon activité représente la réalisation de ma personne, ce que j'ai dans la tête. C'est fondamental. J'en ai besoin pour me sentir vivre.* » Son mari Gentleman l'accompagne, l'approuve, et valide ainsi dans la sphère familiale ce qu'elle est à l'extérieur. Il fait naître ainsi un fort sentiment d'unité de soi.

4. Le travail relationnel d'un conjoint « Mari »

Dans *Tendre est la nuit*, derrière une jeune femme qui le séduit, Rosemary, Dick découvre la mère de celle-ci, Mrs Speers. En lui faisant ses adieux, Dick se rend compte de tout le charme que possède cette femme. Il comprend qu'elle était plus pour lui que la simple mère de Rosemary.

> Il aurait pu fabriquer une Rosemary, il n'aurait jamais pu inventer sa mère. Si la cape, les éperons et les brillants avec lesquels Rosemary s'était éloignée étaient des attributs dont lui-même l'avait pourvue, il était agréable, par contraste, de contempler la grâce de sa mère, avec la certitude qu'il n'en était pas l'auteur. Elle avait l'air d'attendre [...], d'attendre par exemple qu'un homme eût mené à bonne fin quelque chose de plus d'importance qu'elle n'en avait elle-même, une bataille ou une opération, au cours de laquelle il ne doit être ni dérangé ni hâté. Quand l'homme aurait terminé, il la trouverait, attendant sans énervement, ni impatience, sur sa chaise haute, tournant les pages d'un journal.

Dick envie les hommes conquérants, ceux qui ne façonnent pas les femmes mais les « prennent », ceux que nous nommons « Maris ».

Pygmalion est également sensible à la force de la domination traditionnelle qui veut que certains hommes sont de « vrais » hommes et que certaines femmes sont de « vraies » femmes. Lorsqu'il comprend qu'il est « hors jeu » avec Nicole, Dick n'est pas étonné qu'elle choisisse un vieil ami, Tommy Barban, l'image même de l'homme sûr de lui. La scène où, de retour d'un long voyage, Tommy revoit Nicole en témoigne :

Tommy était tellement brûlé par le soleil que son visage avait perdu le charme du bronzage [...]. Cette étrange décoloration exotique, tous les soleils dont il venait [...], son langage que tant de dialectes avaient rendu comme hésitant, ses réactions harmonisées aux dangers les plus terrifiants – tout fascinait Nicole et tout la rassurait. À la seconde où elle le reconnut, elle s'appuya sur lui, en pensée, mit la tête sur sa poitrine et se laissa emporter loin, si loin [...]. Mais elle reprit pied dans son propre univers et dit en souriant : "Tout à fait la tête des aventuriers qu'on voit au cinéma. Pourquoi si longtemps sans donner de nouvelles ?" – "Il nous faut du temps, à nous les héros. On ne peut pas se contenter de petits exercices d'héroïsme. Il faut qu'on fasse de grandes compositions... Je suis un héros, après tout", affirma froidement Tommy, sans vraiment plaisanter. "J'ai un courage presque inhumain. Quelque chose comme un lion, ou comme un homme ivre."

La dépendance du Mari

Dans *Candida* (1897), George Bernard Shaw met en scène un pasteur socialiste, le Révérend James Mavor Morell, qui n'a aucun doute sur sa compétence :

Chaque jour il mange et dort encore d'assez bon cœur pour se dédommager victorieusement des pertes quotidiennes dues à ses fatigues. En somme, un grand enfant, non moins inconscient dans la vanité qu'il a de sa force que dans la satisfaction qu'il a de lui-même.

Morell est marié à Candida. Lorsque la pièce commence, son épouse est tombée sous le charme d'un jeune homme, Eugène Marchbanks, recueilli par son mari :

Étrange et timide, d'aspect délicat, efféminé [...]. Tout à fait irrésolu, il souffre de ne savoir où se mettre ni quoi faire. L'intensité même avec laquelle il perçoit une situation tout à fait banale vient d'une excessive force nerveuse.

Morell ne s'aperçoit pas de ce rapport de séduction. Aussi invite-t-il Marchbanks à rester déjeuner pour qu'il soit témoin du « bonheur qui rayonne d'un mariage heureux ». Le jeune homme est persuadé du contraire :

> Heureux, votre mariage ! Vous croyez cela ?... Vous imaginez cela ?... Ne me regardez pas avec cet air si satisfait de vous-même. Vous vous croyez plus fort que moi [...]. J'aime votre femme.

Les deux hommes se disputent, Morell menace Marchbanks qui prend peur et le montre :

> Il me répugne d'être traité brutalement (*avec des larmes dans la voix*) parce que je ne puis que pleurer de rage lorsqu'on use de violence envers moi, parce que je ne puis descendre, comme vous, une lourde malle de dessus un fiacre, parce que je ne puis me battre avec vous pour votre femme comme le ferait un portefaix.

Le mari est heureux de constater qu'Eugène n'est pas un « vrai » homme. Ils se disputent également parce que Candida a une attitude de servante (elle remplit les lampes). Cela choque Eugène : « Quel est votre idéal ? Celui de tous ces hommes horribles, qui vivent en ces hideux rangs de maisons, c'est-à-dire des sermons et des brosses à récurer ! Vous prêchant, et votre femme récurant. » Finalement les deux hommes demandent à Candida d'arbitrer. Elle accepte de choisir :

> Allons mes seigneurs et maîtres, qu'offrez-vous à mon choix, je vous prie ? Je suis aux enchères, à ce

qu'il paraît ! Allons, James ! qu'offres-tu ? Le mari ne peut répondre, l'orateur fait place à l'animal blessé. Il se reprend et avoue, avec une humilité pleine de dignité : « Je n'ai rien à offrir que, pour ta défense, ma force, pour ta sûreté, ma droiture de caractère, pour te faire vivre, mon intelligence et mon activité, pour assurer ta dignité, mon autorité et ma position... Voilà tout ce qu'il convient qu'un homme offre à une femme. »

Morell dessine le portrait du Mari qui assure la sécurité matérielle et symbolique à son épouse. Il estime qu'un homme doit être solide, mais manifeste pourtant « une crainte angoissante » en entendant les arguments de Marchbanks qui offre à Candida : « Ma faiblesse ! Ma désolation ! Le vide de mon cœur. »

Candida tranche très habilement : « Je me donne au plus faible des deux. » Son mari pense avoir perdu. Or, c'est lui que Candida retient. Elle justifie ainsi son choix a Marchbanks, en présence de son mari :

— Candida : Demandez à la mère de James (Morell) et à ses trois sœurs ce qu'il leur en a coûté pour épargner à James la peine d'être autrement que fort, intelligent et heureux. Demandez-moi ce que cela me coûte d'être tout à la fois la mère de James, ses trois sœurs, sa femme et la mère de ses enfants :

[...]. Je lui ai bâti un château de bien-être, d'indulgence et d'amour, et je suis la sentinelle qui sans cesse empêche les vulgaires petits soucis d'y pénétrer. Je fais de lui le maître de céans, quoiqu'il ne le sache pas [...]. Et pour me tenter de rester, il m'a offert pour ma défense, sa force ; pour ma subsistance, son intelligence et son activité ; pour ma dignité, sa position. (*S'attendrissant*) Ah ! j'embrouille toutes tes belles phrases et je les déforme, n'est-ce pas mon aimé ?

— Morell : Tout cela est vrai, mot pour mot [...]

Ce que je suis ! C'est toi qui m'as fait, avec le travail de tes mains et l'amour de ton cœur.

Ce dénouement prouve le besoin réciproque des époux. Cette reconnaissance mutuelle des liens de dépendance entre conjoints s'exprime dans le respect des différences de sexe. La fonction de proche familier incarnée par un Mari diffère fortement de celle d'un Pygmalion. Le Mari participe à la production de sa partenaire en la protégeant, tout comme son épouse le construit. Ainsi celle-ci peut devenir ce qu'elle doit être : une femme, définie par son identité de genre. Le Mari n'est pas à la recherche de ressources ou de talents cachés, il aide la femme à être femme par le simple fait qu'il est, lui, un homme. Refuser de considérer de telles relations sous le prétexte qu'elles sont « traditionnelles », qu'elles expriment la domination masculine, est une erreur. Car les rapports entre les femmes et les hommes ne se réduisent pas aux rapports sociaux de sexe. Ils ont aussi d'autres enjeux. La construction sociale de l'identité personnelle inclut toujours, ou presque toujours, une dimension sexuée. Le refus de bon nombre d'individus de se définir d'abord par leur genre, de justifier leurs pratiques au nom de cet argument ne traduit pas un rejet général d'un soi sexué. La femme a aussi besoin d'être reconnue comme « femme », et l'homme comme « homme ». L'importance des relations sexuelles (au sens restreint du terme) dans l'équilibre conjugal dérive, sans doute, de cette quête, d'autant plus que la logique des sexes est refusée pour d'autres pratiques. Avec le dévoilement des corps, la coloration sexuée de l'identité reprend sens, rassurant ou non chacun.

Dans certains couples, l'accent est mis davantage sur les ressources individuelles, cachées ou visibles, ressources qui n'ont pas de sexe, alors que dans d'autres couples, il est mis davantage sur l'importance de la dimension sexuée. Le Mari appartient à cette seconde catégorie alors que le Pygmalion entre dans la première. On comprend que les interventions des Maris divergent de celles des Pygmalions pour ce qui concerne l'activité professionnelle de leur partenaire. Pour un Mari, la dimension professionnelle n'est pas centrale dans l'identité féminine et, en conséquence, elle n'est pas utile pour mettre en valeur les richesses personnelles. D'où une faible participation de l'homme à la définition du « soi professionnel » de la femme. Cet homme ne sera pas nécessairement un opposant au travail salarié féminin, il laissera faire, avec une certaine indifférence. Cela produit l'un des paradoxes de ces couples qui pourraient être considérés comme « traditionnels » : la femme dispose d'une autonomie assez grande, parfois plus grande que celle enregistrée dans les couples plus « modernistes ». À la maison, la femme d'un Mari sera maîtresse de maison, son conjoint prenant peu d'initiatives et participant peu. Au bureau, elle ne sentira ni son contrôle, ni son soutien.

Couple avec une femme autonome

Après un certificat d'études primaires, Michel a suivi des cours « postscolaires agricoles » pour que ses parents agriculteurs conservent les allocations familiales. Il se fait remarquer par l'enseignant, « un ancien instituteur, un brave monsieur », qui l'encourage à se présenter à un concours pour entrer dans un centre de formation de conseiller agricole. Il est reçu, mais rate l'examen de sortie. L'école l'autorise à redoubler. Il devient technicien à la Direction départementale de l'agriculture. On lui confie un poste au contrôle de croissance des animaux. Une réorganisation dans les services le conduit à entrer à la Chambre d'agriculture où il continue le même travail pendant plus de quinze années. Depuis deux ans, ayant « passé la main à des jeunes », il est chargé de « l'appui technique » auprès des futurs agriculteurs. Après un passage dans l'enseignement long, Christiane obtient un CAP de sténodactylo à dix-huit ans et est immédiatement embauchée comme secrétaire dans une administration. Ensuite, elle entre dans un autre établissement qu'elle ne quitte plus. À la naissance du premier enfant, elle réduit son temps de travail d'un cinquième. À la naissance du troisième, elle baisse à 70 %, et reprend à 80 % lorsque le dernier entre à l'école primaire.

Une femme fonctionnaire

Les souvenirs de Michel concernant la vie professionnelle de Christiane sont plus flous : *« Elle a arrêté, quand donc ? La deuxième fille est née en décembre 1973, Christiane a pris une disponibilité, je crois. Je ne me rappelle plus, d'un an, ou à mi-temps, parce qu'elle a eu des ennuis de santé. Je ne sais même pas si c'était après la naissance du deuxième ou après l'hépatite qu'elle a pris un mi-temps. Je ne sais même pas si elle n'a pas arrêté complètement. Voyez, il y a des choses qu'on oublie. Elle s'en souvient très bien d'ailleurs. »* Ces imprécisions – Christiane n'a jamais ni arrêté, ni pris un mi-temps – reflètent le manque d'attention témoigné par son mari vis-à-vis de l'activité professionnelle de son épouse. Ce qu'il sait mieux en revanche, c'est le fait qu'elle rentre tôt le soir à la maison. La question : Pensez-vous qu'elle fait juste son travail, qu'elle en fait trop, ou pas assez ? » ne l'embarrasse pas. Il estime qu'elle s'investit comme il faut :

« Elle ne fait pas deux heures de rab tous les soirs. Non, elle n'est quand même pas secrétaire de direction dans le privé. C'est différent. De temps en temps, les professeurs dont elle s'occupe arrivent cinq minutes avant l'heure de fermeture du bureau, il faut bien les écouter cinq minutes. C'est très rare qu'elle soit tenue de rester, de faire des heures supplémentaires. » Pour Michel, aucun doute, son épouse est une « vraie » fonctionnaire.

Christiane partage ce point de vue. À la question des horaires, elle répond qu'ils ne sont pas trop contraignants : *« Moi, j'ai toujours été dans la fonction publique. À l'époque, huit heures – midi et deux heures – six heures. À partir de là, on est libre. Moi, du moment que j'ai passé la porte... »*. Même si elle pense qu'elle ne gagne pas beaucoup – « ce sont des salaires de la fonction publique, cela pourrait être mieux » – elle s'en satisfait : *« Pour moi, être fonctionnaire a un avantage. Je peux avoir un temps partiel. Pour une mère de famille, c'est l'idéal. Dans le privé, c'est une chose que vous ne pouvez pas faire, et les enfants en pâtissent. Comme on peut aménager nos horaires, c'est quand même appréciable pour les enfants. Je pense que mon salaire est un salaire d'appoint, il faut le prendre comme cela. Tous les gens qui sont fonctionnaires et qui ne sont pas cadres ne sont pas très bien payés. »* Christiane établit à sa manière un bilan comparatif des deux sphères (de Singly, Thélot, 1989). La balance penche de son côté. Ses enfants sont mieux entourés, et le travail lui donne l'occasion de nouer des relations, de voir du monde : *« Moi, je suis bien chez moi quinze jours, trois semaines. Je me trouve bien. J'ai beaucoup de choses à faire, j'ai toujours du retard, mais quand je suis à jour, c'est terminé. Je tourne neurasthénique entre le chiffon et... C'est important de sortir de chez soi, d'avoir des contacts.* » Christiane ressemble, dit-elle, à sa mère qui « *a débuté comme femme de ménage et a réussi à être hôtesse d'accueil. Elle est comme moi, elle aime beaucoup la compagnie* ».

Cependant, Christiane n'est pas entièrement satisfaite de son statut de fonctionnaire. Son mari est trop rassuré par une telle situation, il ne prête plus attention à elle. Elle le regrette : « *Les hommes ne se rendent pas compte. Je raconte pourtant assez facilement. J'en parle à des amies qui sont dans la même situation. Nos maris ont l'impression qu'on travaille dans la fonction publique, donc qu'on ne peut pas avoir beaucoup de travail. Avec mes collègues qui sont mariées, lorsqu'on retrouve les maris, c'est toujours la même réaction : "Oh, oh, vous n'êtes pas débordées quand même", quand on leur raconte notre boulot, notre fatigue.* » Une femme fonctionnaire n'a pas à se plaindre, son conjoint n'écoute pas. Les représentations de la fonction publique sont détournées par les hommes pour exiger une coupure nette entre la vie privée et la vie professionnelle. La conciliation plus aisée entre ces deux dimensions de l'existence que peut éventuellement apporter le statut de fonctionnaire a un prix pour les femmes : celui de l'indifférence masculine. Pour les Maris, la netteté de la séparation ne remet pas en question leurs certitudes concernant les identités sexuelles. Le travail des femmes fonctionnaires ne compromet pas, à leurs yeux, le fait que les investissements prioritaires dans la vie professionnelle doivent être réservés aux hommes. Michel raisonne ainsi.

Un homme fonctionnaire

Malheureusement pour eux, l'image de fonctionnaire concerne également les hommes. Ils l'appliquent, sans problème, à leurs épouses, mais refusent de se la voir attribuer. C'est une injustice, car l'homme n'est pas, selon eux, un « vrai » fonctionnaire, comme en témoigne Michel : *« Mon activité me prend beaucoup de temps et on a quand même certaines responsabilités. Quand on voit les gens de l'extérieur, ils disent "Ah, vous êtes tranquilles, vous êtes fonctionnaires." Ils ne se rendent pas compte. Aller à l'autre bout du département, cela fait deux heures de voiture dans la journée. Quand on sort de chez les agriculteurs, on n'est pas arrivé chez soi. »*

Le fort engagement professionnel de Michel n'est pas apprécié, sauf par sa femme qui constate qu'il part à huit heures le matin et rentre le soir à sept heures et demie ou huit heures. C'est donc d'abord auprès de sa femme qu'il peut se faire reconnaître. Son absence – aussi bien de l'éducation des enfants que des tâches ménagères – le définit dans sa famille comme un homme dont la fonction principale est le travail professionnel : *« À la maison, il ne fait pas grand-chose. Je fais toutes les courses... Il débarrasse la table, c'est sûr. »* Christiane oublie d'indiquer le seul travail domestique que revendique son mari : *« Le matin, je suis de corvée de petit déjeuner. Tous les matins, c'est mon travail depuis toujours. »*

Apparemment, Christiane est à sa place, désignée par l'étiquette « mère ». La question : « Qui est votre femme ? » reçoit la réponse : *« Certainement une bonne mère. »* Est-ce pour autant le meilleur des mondes possibles ? Apparemment pas, puisque Michel semble un peu désenchanté. On l'a déjà noté à propos de la manière dont il se croit perçu à l'extérieur. Au départ, il a pensé pouvoir « décrocher » socialement, contrairement à ses frères et sœurs, en entreprenant des études de conseiller agricole, mais il a pris du retard à la sortie : *« Quand je suis arrivé, dix-huit mois après, c'était différent. Ils m'avaient sans doute un peu oublié dans la bagarre. »* Michel investit beaucoup dans ses études et son travail sans que cela lui assure un bon niveau de reconnaissance. Il croyait que son passé – un père agriculteur et des débuts à la ferme – lui serait utile, et il constate, en soupirant, que d'autres collègues qui ne sont pas issus du milieu agricole font aussi bien, et même mieux, leur travail. Il ne parvient pas toujours à se faire écouter : *« Malheureusement, cela tombe souvent dans des oreilles qui n'entendent pas beaucoup. »* Il vit mal ce manque de validation sociale, sa propre image chez ses collègues de travail ne le satisfait pas : *« Mes qualités ? On dit parfois que je suis trop gentil, sous-entendu pas assez ferme sur certaines positions dans la discussion de travail. Peut-être que je cède un peu trop vite du terrain... Parfois, il ne faudrait pas lâcher, mais dans certains cas, il faut absolument lâcher pour arriver à un consensus. »* Cela conduit Michel à une définition modeste de lui-même : *« Quelqu'un de normal. Certaines personnes, compte tenu de mon emploi, de mon salaire me mettraient peut-être dans les cadres moyens, les petits cadres. Moi, je me vois comme un technicien agricole, sans plus. »*

Michel ne réussit pas non plus à se faire entendre chez lui. Il n'a pas désiré ses trois enfants : « Je pensais avoir une famille, mais trois ! Non, non. » C'est son épouse qui, malgré les difficultés des grossesses, s'est dit : « Arrivée à trente ans, je voudrais bien un petit troisième. Mon mari n'était pas tellement pour, il trouvait que deux c'était bien. » Michel donne des conseils et observe qu'ils sont peu suivis. Le monde lui échappe ; le seul moment pendant l'entretien où il en revendique la maîtrise est celui du transfert du poste de contrôle de la croissance qu'il occupe de la D.D.A. à un organisme dépendant de la Chambre d'agriculture : *« J'ai eu un choix à faire : ou je ne veux pas suivre le contrôle de croissance et je reste à la D.D.A., ou je me fais embaucher par le contrôle de croissance. Il y avait un choix à faire. J'ai choisi. J'ai pris le risque de me faire embaucher par la croissance. »* Son choix consiste à continuer son travail antérieur tout en désirant rejoindre l'administration et ses camarades de promotion qui n'avaient pas échoué scolairement. Avec retard il reprend le chemin qu'il n'aurait pas dû quitter.

Le malaise qu'il note à propos de ses déplacements professionnels cristallise peut-être ses difficultés à trouver la bonne distance sociale entre son milieu d'origine et sa position professionnelle – trop près culturellement, trop loin statutairement des agriculteurs. Il est souvent – pour ces derniers, aussi bien que pour Christiane (qui ne se souvient plus où son mari était lorsqu'ils se sont mariés) – nulle part, dans sa voiture. Il est peu présent en tant que père – *« C'est vrai le soir, je ne rentre pas très tôt. Ceci dit, je ne pense pas qu'on puisse me considérer comme quelqu'un qui a démissionné totalement »* –, en tant que conseiller – au regard des agriculteurs –, et en tant qu'homme de conviction, il est « trop gentil ».

Du bon usage de la voix

Fille d'ouvrier, Christiane s'est davantage imposée. Elle se veut autonome : *« J'ai arrêté après la seconde, j'en avais ras le bol. Je voulais être indépendante à dix-huit ans. Mes parents ne m'ont rien dit. Ils m'ont laissée faire. Ou je continuais, ou j'arrêtais. Ils ne sont pas intervenus. J'avais envie d'avoir une autre vie.* » Il n'est pas certain que le libéralisme de ses parents l'ait entièrement satisfaite. N'était-il pas le signe d'une certaine indifférence ? Cette année-là, elle rencontre, par l'intermédiaire d'une amie commune, son futur mari : « *Je l'ai trouvé sympa, sans doute. Sans doute, c'est tout, sans plus.* » Elle a l'impression que Michel l'écoute.

Un an et demi plus tard, ils se marient. Christiane tente de redéfinir à son avantage les conditions que lui impose l'union (elle trouve son mariage précoce : « Je me suis mariée à vingt ans, même pas. À partir du moment où on est marié, qu'on a des enfants aussitôt, ce n'est pas évident... »). Elle y parvient en démontrant qu'elle possède une qualité principale, celle de l'organisation : « *Je m'organise. Moi, ça ne me dérange pas. Le soir, j'arrive à la maison à six heures. Jusqu'à sept heures, je me consacre aux enfants, aux devoirs. À sept heures, je fais la cuisine, et à sept heures et demie, on est à table. Je ne fais mes courses qu'une fois par semaine, c'est programmé... Au bureau, je gère mon temps comme je veux. C'est à moi de m'arranger pour que le travail soit fait. Je crois que je suis quelqu'un d'assez organisé. Je suis méthodique.* » C'est le premier mot qui lui vient à l'esprit pour se définir.

Christiane cherche à rendre visible le fait qu'elle est toujours quelqu'un d'autre : au bureau pas uniquement une secrétaire et chez elle pas uniquement une épouse et mère. Elle impose ainsi aux autres la présence des différentes dimensions de son identité. La revendication du mercredi rappelle, dans son administration, qu'elle n'est pas exclusivement une machine à écrire : « Au début, on a été en grève pendant un an : le décret ne voulait pas sortir. Tous les mercredi, les femmes qui le voulaient s'arrêtaient. J'ai toujours pris le mercredi. » En famille, elle souligne par son absence du jeudi soir qu'elle connaît un autre répertoire que celui de la bonne mère : *« Je vais à la gymnastique. Alors quoi qu'il se passe, à huit heures et demie, je pars. Que tout soit n'importe comment, le mari est là, les enfants, je pars. C'est ma soirée avec une copine. Je reviens à dix heures. »* Une fois par semaine, elle affirme que si on peut compter habituellement sur elle, on doit aussi compter avec elle. Son caractère – soupe au lait – permet aussi à Christiane de ne pas se faire oublier, de ne pas devenir « transparente » : *« Au bureau, je suis comme à la maison. Quand cela ne va pas, je crie. C'est-à-dire que je dis ce que je pense. Que ce soit bien ou non. Il faut l'accepter. »*

« Moi, j'ai toujours voulu travailler » déclare-t-elle. Elle semble dire qu'elle décide de sa vie. À la question : « Votre mari avait-il les mêmes idées que vous sur le travail après la naissance ? », elle répond : *« Oui, je pense que si j'avais voulu arrêter, il m'aurait laissée faire. Je ne pense pas que cela aurait posé de problèmes entre nous. Mais j'ai voulu continuer, et cela n'a pas posé problème. »* À un autre moment, elle signale que son mari ne lui dit pas qu'elle en fait trop : *« Remarquez, si je veux en faire moins, il ne me dira rien non plus. Je fais ce que je veux, en fait. »* Christiane a découvert le secret de la liberté. Elle ajuste autant que possible son rêve à la réalité. Elle s'affirme dans des limites « raisonnables », c'est-à-dire celles que peut supporter son mari. Le choix se situe alors entre l'arrêt (évoqué par Michel) et un investissement professionnel moyen. Elle a dû faire son deuil d'un désir de promotion – elle a essayé de suivre des cours par correspondance pour « monter un peu dans la hiérarchie » – mais elle a tout abandonné : *« J'ai tenu quinze*

jours. C'est dur. Il faudrait vraiment être stimulé. » Christiane s'est promue autrement, en femme moderne, capable de maîtriser deux univers.

La régulation des investissements professionnels de cette femme se déroule en deux temps. Le mari fixe les frontières à ne pas dépasser, celles au-delà desquelles les soucis du travail professionnel peuvent devenir prioritaires. Sa partenaire peut alors circuler à sa guise, en modulant le nombre d'enfants et leur espacement, en se dégageant de certains travaux domestiques (ainsi elle confie une partie du ménage à une femme salariée). L'indifférence relative de l'homme, associée à la logique du concours dans la fonction publique, permet également de contenir d'éventuels investissements féminins. Michel regarde sa femme comme une « *parfaite secrétaire, qui n'oublie rien, qui pense pour son patron, qui note tout, qui ne fait pas trop de gaffes, à qui on peut faire confiance, ce qui n'est pas le cas de toutes les secrétaires* ». Il porte un tel jugement davantage par effet de halo à partir du domestique (« une bonne mère, une femme de foyer, une bonne mère en même temps qu'une parfaite secrétaire ») que par la ferme conviction d'une supériorité professionnelle de son épouse (« une parfaite secrétaire, je me fais peut-être des illusions, je ne sais pas »).

Un autre Mari, Patrick (technicien), est encore plus inattentif à la dimension professionnelle de son épouse. Il ne s'est jamais inquiété, avoue-t-il, de savoir si elle désirait une meilleure situation : « *C'est une question qu'on n'a pas abordée. Pour moi ce n'est pas du tout une question importante. Elle n'aurait pas eu d'emploi, elle aurait eu une autre situation, cela m'était totalement indifférent.* » Et lorsque l'enquêteur évoque la possibilité d'une promotion pour sa femme, Patrick imagine la situation suivante : « *Elle est au secrétariat.*

On lui dit : il y a un regroupement, la photocopie et le secrétariat. Il faut une personne qui s'occupe, qui supervise. On lui propose. » Ce mari est modeste dans l'expression des souhaits pour sa partenaire, désirant surtout que l'homme et la femme restent à leur place.

5. Un conjoint « composite »

Au moins cinq niveaux de l'identité peuvent être atteints par le processus de socialisation conjugale. Le conjoint peut aider à la révélation du soi intime, le plus profond, avec les qualités et les ressources cachées. Il peut contribuer à donner une impression d'unité de soi et de permanence de soi, remplissant en quelque sorte la fonction de colle pour assembler les dimensions de l'identité de son partenaire, et constituant par sa présence la preuve de l'existence d'un soi durable. Enfin, il peut être utile pour que l'autre puisse avoir un sentiment de plénitude (relative). En revanche, le conjoint peut menacer l'identité de son coéquipier par ses interventions trop fortes, en le privant alors d'un sentiment décisif, celui de l'autonomie de soi.

Chacune des figures évoquées – le Pygmalion, le Gentleman, le Mari, ou ses équivalents féminins, la Pygmalionne, la Gentlewoman et l'Épouse – effectue un travail relationnel spécifique. C'est ainsi que l'unité du soi peut s'élaborer soit à partir du travail de cohérence que produit un Pygmalion (permettant que les ressources deviennent capital), soit à partir du travail de synthèse que produit un Mari en regardant son épouse comme une femme, une vraie « femme ».

Ces formes de socialisation peuvent avoir des effets pervers. Le Pygmalion menace l'autonomie du partenaire si son action se prolonge. Il constitue le rappel d'une aide trop importante pour être assumée en permanence. Le Mari peut menacer le sentiment de plénitude et le sentiment d'unicité. Le fait d'assurer l'autre sur son identité sexuée, aussi important soit-il, peut être vécu, à certains moments, comme une réduction de soi. Une des femmes qui vit avec un Mari la refuse : *« Il y a une femme qui est comme cela, l'autre autrement. Chacun son caractère. Une femme peut très bien avoir les mêmes qualités qu'un homme. Une femme, cela ne représente pas la douceur, la femme épouse, la femme mère, la femme maquillée. Si une femme a envie d'être maçon ou mécanicienne, je ne la critiquerais pas. »* Et elle affirme que *« chacun a quelque chose de bien en lui-même et doit l'apporter à l'humanité, le mettre en valeur »*. À ce niveau, le Gentleman interprétant surtout un rôle d'accompagnateur, il met moins en danger les sentiments d'autonomie et d'unicité.

Si les types-idéaux sont nécessaires (comme les représentations des romanciers et des cinéastes) pour mettre de l'ordre et du sens, ils ne doivent pas être confondus avec la réalité, toujours plus complexe et mouvante. Pour la plupart, hommes et femmes n'appartiennent pas définitivement à une seule catégorie. À certaines périodes, ils peuvent être Pygmalion(ne), à d'autres Gentleman (Gentlewoman) ou encore Mari (Épouse). Leurs transformations renvoient à leur propre histoire, à celle de leur couple, à celle de leur conjoint. On a vu au premier chapitre comment la durée d'un couple dépendait de la capacité de reconversion de la relation, et donc de la mobilité des fonctions jouées par l'un et l'autre partenaires. Le type de socialisation conjugale peut varier. Ainsi, dans le cas du « remariage », les conjoints doivent modifier leurs manières d'être. Le drame de Dick est de ne pas avoir su le faire avec Nicole, ayant un répertoire assez limité.

Deux types de passages d'une forme d'intervention à une autre peuvent être envisagés :

– Du Pygmalion au Gentleman d'abord. Une première raison tient à l'équilibre des échanges au sein des relations conjugales. Rester un Pygmalion n'est recommandé ni pour l'autonomie du partenaire, ni pour celui qui risque d'être trop dépendant. C'est le danger de l'identité par procuration, l'identité médiée que connaissent les femmes au foyer qui se consacrent à leurs enfants.

Le Gentleman (ou son équivalent féminin) propose un autre type d'échange avec une attention plus grande à ce qu'apporte le proche familier et aussi le souhait que ce soit lui (elle) qui fournisse une aide comparable. Avec un Pygmalion, le don et le contre-don ne sont pas identiques. Dick aide Nicole, ce qui lui donne en retour une reconnaissance, une compétence, sans que son épouse le soutienne dans ses projets personnels (l'écriture du livre en l'occurrence). Dick ne devient pas lui-même, il est peu transformé. Il tend à se répéter. Le Gentleman reçoit de sa partenaire un soutien qui ne se résume pas à de la reconnaissance. Il puise dans les richesses, dans les ressources de sa partenaire, il s'enrichit.

Le passage d'une figure à une autre peut être facilité par l'intervention d'autres proches qui prennent le relais du conjoint. Un des couples étudiés correspond à cette situation. Sophie, après avoir été formatrice dans un institut de formation d'adultes, et avoir connu une longue période de chômage, est encouragée à reprendre une activité par son mari qui déclare : *« C'est à la fois normal, et c'est un peu la garantie de ma propre liberté et de la sienne. Quand elle ne bossait pas, elle était plus dépendante de moi, mais de la même façon, moi j'étais plus dépendant d'elle.* » Son mari a d'autres soucis, voulant se construire comme « fils de », étant orphelin (« J'ai un travail qui est uniquement construit sur le fait de continuer ce qu'a fait mon père ») ; aussi souhaite-t-il avoir à ses côtés une femme « forte » qui puisse éventuellement lui fournir un crédit. La valorisation de l'activité professionnelle de la femme reflète assez souvent une tentative de consolidation de la position masculine. Sophie passe alors des concours administratifs et devient contrôleur du travail. Au départ, elle investit peu : « *Cela a été très dur. On m'avait nommée comme adjointe, mais le secrétaire de la commission était un vieil alcoolique, un horrible fonctionnaire. Ce qui fait que pendant plusieurs années, j'ai travaillé à temps partiel.* »

Sophie change de rapport au travail à l'arrivée d'un nouveau directeur départemental qui a donné « un grand coup de balai » et lui a « laissé carte blanche » pour réorganiser le service. Elle estime qu'entre ce directeur et elle, il y a « 100 % de confiance », aussi ne mesure-t-elle plus son temps de travail et son engagement : « *Pour mes collègues, je suis un bulldozer. Ils reconnaissent mon autorité, mon efficacité. J'ai un problème d'énergie. Ils savent quand je monte ou quand je descends un escalier – "Pourquoi monter les marches deux par deux, alors qu'on peut le faire une par une ?" Ils ont le sentiment que j'ai un apport d'énergie dans le service qui n'est pas négligeable.* » Sophie investit dans son service la confiance qu'elle a reçue d'abord de son mari puis de son chef. Aujourd'hui, elle est devenue une Galatée assez indépendante de son Pygmalion, devenu Gentleman : « *Je trouve que je récupère en compensation de l'énergie que je donne au moins autant. Je reçois une espèce de gratification, de reconnaissance du travail fait qui permet de se réinstaller, de se resituer dans toute sa vie.* » La socialisation conjugale n'est qu'une des composantes de la socialisation secondaire, même si elle joue un rôle central du fait notamment de la continuité relative de l'équipe conjugale et de l'affection.

– Le second type concerne le passage du Pygmalion au Mari. La demande (réciproque) des conjoints pour la construction de leur identité n'est, le plus souvent, pas unidimensionnelle. Pygmalion est habile dans le repérage des ressources cachées, ou visibles sans être pour autant maîtrisables par son propriétaire. Mari et Épouse ont compétence pour valider l'autre dans la dimension sexuée de son identité. Ils veulent que chacun ait une place, ait la place qui lui revient, bref que chacun soit homme ou femme selon son destin. L'identité « sexuée » contribue, comme l'identité « personnelle » (mais différemment), à trouver une certaine cohérence identitaire.

Une union n'est pas toujours spécialisée dans une forme unique de soutien. Les hommes et les femmes ont besoin des deux validations de soi. Dans un ménage, les partenaires peuvent ne pas s'ennuyer puisqu'ils ont à leur disposition plusieurs répertoires ! Il leur faut trouver une mise en scène qui les satisfasse, c'est-à-dire qui fasse naître la sensation d'être à la fois transformés par leur partenaire et respectés, en reconnaissant la spécificité de leur jeu personnel.

Deuxième partie

LE TRAVAIL DE CONSTRUCTION DE L'IDENTITÉ ENFANTINE PAR LES PARENTS

1

À la découverte de l'enfant. Les nouvelles normes de l'éducation

Le mythe de Pygmalion, reconstruit à partir de la version de George Bernard Shaw, peut servir de modèle à une bonne relation, non seulement entre la femme et l'homme, mais aussi entre le parent et l'enfant. Deux postulats, en effet le sous-tendent : l'existence d'une personnalité latente, et l'incapacité de la découvrir sans l'aide d'un très proche. La littérature éducative des psychologues repose, elle aussi, sur de tels principes. Sur la quatrième de couverture de l'ouvrage *Pour être des parents acceptables* (Bettelheim, 1988), n'est-il pas écrit : « Les parents ne doivent pas s'acharner à créer l'enfant qu'ils voudraient avoir, mais au contraire à le faire devenir ce qu'il est en puissance, à épanouir ses potentialités. » Le père et la mère ont un objectif assigné : aider leur enfant à développer ce qu'il a en lui, et non pas ajouter un vernis éducatif. Nommer la famille contemporaine « famille affective » n'est pas suffisant ; cela masque un second élément tout aussi décisif : le groupe familial comme structure susceptible d'aider par ses relations chacun à se construire. L'homme et la femme doivent être des « révélateurs » dans leurs relations conjugales, ils doivent l'être aussi dans leurs relations éducatives.

La psychologie contribue fortement à élaborer des croyances et des normes sociales fixant les nouvelles « bonnes manières » de se conduire en tant que parent et enfant. Ce modèle de référence sera dessiné d'après les indications fournies dans les écrits de psychologues et les récits de mères. Les uns et les autres désignent le nouvel objectif du travail des parents : l'identité cachée de l'enfant ne peut être révélée que par une attention constante et par un environnement stable (1.). Cette norme de la révélation coexiste avec celle de la réussite scolaire. Les parents sont contraints à une gymnastique pédagogique telle que les deux mouvements puissent être exécutés. Cela les amène à inventer des stratégies différenciées pour la petite enfance et l'adolescence, afin qu'à chaque âge, le respect de la nature de l'enfant ne se fasse pas au détriment de l'accumulation du capital scolaire. Ou encore à privilégier l'une ou l'autre option. Ils misent sur l'excellence scolaire, ou sur l'épanouissement personnel en choisissant tel ou tel établissement scolaire (2.). Cet impératif de l'attention personnelle doit également se conjuguer avec un autre principe, celui de l'égalité de traitement entre les enfants. Si les parents sont incités à distribuer égalitairement leur affection, ils le sont aussi à accorder une attention différenciée à chacun. Les parents sont confrontés au débat des rapports entre l'égalité et la différence (3.).

1. Un impératif catégorique : l'enfant doit devenir lui-même, et en avoir les moyens

La disparition (relative) de la morale extérieure et de la discipline n'a pas simplifié le travail pédagogique, car les nouveaux principes de l'éducation relationnelle sont difficiles à mettre en œuvre. Par quelle intervention découvrir les richesses personnelles de l'enfant, tout en respectant son autonomie ? Les parents ne savent pas toujours comment faire. Cette mère (licence, professeur d'anglais) l'avoue[1] : *« L'éducation d'un enfant consiste à être à son écoute, à être tolérante. Mais je n'arrive pas à imposer des règles, j'ai du mal à forcer les enfants à obtenir une autonomie. Je suis trop maternelle. Par exemple je trouve toujours plus facile d'aider ma fille à boutonner son manteau, à lacer ses chaussures plutôt que de l'obliger à le faire toute seule parce que c'est plus difficile d'obliger un enfant qui pleure. »* Cette femme a beau connaître et approuver les principes de l'éducation relationnelle, dans la vie quotidienne cela ne lui indique pas les principes de différenciation entre les manifestations de son enfant qu'il lui faut encourager, et celles qu'il lui faudrait, sinon réprimer, du moins ne pas entendre. Lorsque sa fille pleure pour qu'on l'aide, cette mère hésite entre ne pas céder (ce qui serait sans doute conforme à l'idéal) et accepter de l'aider, étant donné la demande enfantine (et la demande maternelle : prendre soin).

1. La plupart des extraits d'entretiens de ce chapitre proviennent d'un corpus comprenant plus d'une centaine d'entretiens recueillis par les étudiants de Deug II de l'université Paris V en 1992. Les entretiens étaient passés auprès de mères ayant une fille ou un garçon en sixième ou en cinquième dans n'importe quel type d'établissement scolaire. Cf. annexe 2 pour le thème des entretiens.

Elle ne sait pas comment reconnaître les « vrais » et les « faux » besoins de l'enfant ; or cette compétence est au centre de l'éducation contemporaine.

C'est ce qui amène cette femme à conclure l'entretien par cet aveu : *« Je crois que je ne suis pas une bonne éducatrice, je ne sais pas vraiment comment éduquer un enfant. »* Cela ne signifie ni qu'elle ignore ce qu'est une « bonne éducation », ni qu'elle ne s'investit pas dans son travail pédagogique. Cela signifie qu'elle a toujours peur de mal entendre, ou de mal écouter, de mal interpréter la « nature » de ses enfants dont elle doit favoriser l'épanouissement. Cet aveu, elle le prononce sans doute aussi parce que sa fille « a du mal à être heureuse », ce qui est pour un parent moderne une souffrance. Elle pense que sa fille a certainement un domaine où elle pourra exprimer sa nature cachée, et qu'il lui faut être là, attentive, pour l'aider. Elle a quelques indices qui lui laissent espérer que cette découverte est proche : *« Je crois qu'elle est heureuse quand elle joue du piano, qu'elle a trouvé quelque chose qui lui convient, qui lui permet de s'exprimer, et cela me fait plaisir pour elle. C'est dans ces moments qu'elle a l'air le mieux. Je ne sais pas encore ce que cela va donner mais je pense qu'elle a quelque chose en elle de très fort qui n'est pas encore exprimé et développé. Il y a quelque chose d'original chez elle. Son professeur de piano dit que c'est une artiste. Ce ne sera peut-être pas dans la musique qu'elle s'exprimera. Mais cette force originale est pour l'instant source d'angoisse pour elle, la bloque. Mais c'est quelque chose qui, j'espère, va pouvoir s'exprimer. »* On découvre la seconde angoisse générée par ce modèle éducatif : et si son enfant n'exprimait rien, si en aucun domaine il ne parvenait à montrer qu'il a un soi « positif » ? La mère doit savoir écouter, même les messages secrets, discrets ; encore faut-il que ces derniers existent et qu'ils ne soient pas couverts par des « bruits » inutiles (les faux besoins, la séduction des pairs qui peut conduire l'enfant à suivre des chemins dangereux...).

Publiées sous le titre *Lorsque l'enfant paraît* (1977-1979), les émissions de radio de Françoise Dolto permettent d'entendre les énoncés dans lesquels prend forme la norme de référence (présentée sinon comme anti-norme, comme hors norme) : l'enfant a le droit d'être lui-même, il doit parvenir à son plein équilibre et à l'épanouissement de sa personnalité. Premier exemple : un jour, une mère demande quelles acquisitions son enfant doit effectuer. Elle se situe explicitement dans le registre de l'accumulation de certaines compétences, de l'anxiété face à la concurrence des autres enfants. La réponse de Françoise Dolto peut être décomposée en deux temps. Tout d'abord, elle fait remarquer à cette mère tout ce que celle-ci ne voit pas en prêtant attention au développement de son enfant : le plaisir de ce dernier et celui de ses parents. Ensuite, elle estime qu'il est « impossible de décrire des normes de ce qu'un enfant acquiert, et d'en juger par ce qu'il fait ou ne fait pas à tel ou tel âge ». Elle affirme :

> Le développement d'un enfant se fait comme il se doit au mieux de ce qu'il peut selon la nature qui est la sienne au départ de la vie, quand il se sent aimé par des parents qui s'aiment et qu'il y a de la gaieté dans l'air [...]. Un enfant heureux, bien dans sa peau, c'est celui qui se développe comme il a, lui, à se développer, avec ses particularités qui seront respectées (Dolto, 1979).

1.1. La parabole des talents cachés

Les parents doivent découvrir les talents cachés de leur enfant. Ils sont inquiets face à cette exigence qu'ils approuvent cependant. Ils se distinguent des serviteurs qui reçoivent explicitement du maître un nombre défini de talents, selon la parabole des Évangiles. En effet, ni l'enfant, ni les parents ne savent quelles ressources enfantines a reçues leur fille ou leur fils. Et ils ignorent les processus de la révélation, peu aidés en cela par les conseils généraux des psychologues, selon lesquels l'enfant doit être élevé dans une ambiance telle qu'il ne soit pas étouffé sous les contraintes et qu'il puisse développer, au mieux, ses capacités. Ainsi, à propos d'un enfant qui aurait de l'oreille, Françoise Dolto conseille à la mère : « Pourquoi ne pas commencer dès maintenant un enseignement musical, bien sûr avec un professeur qui s'intéresse à la spécificité de chaque enfant, et non pas quelqu'un qui va lui faire faire des gammes et des exercices qui le lasseront ? » (Dolto, 1977). Le parent doit donc créer un environnement tel que la personnalité de l'enfant soit le mieux possible respectée, comme le précise le traité sur *L'Éducation dans la confiance* :

> Nous ne devons pas chercher à influencer, à instruire l'enfant [...]. Nous devons l'observer afin de le connaître et nous devons lui fournir le milieu approprié où il pourra trouver l'épanouissement qui convient à l'étape atteinte ; ce milieu qui est le plus conforme à la nature de l'enfant, je l'appelle milieu *naturel* (Corman, 1963).

Cette dénomination – qui, au regard du sociologue, semble étrange – signifie le refus, de la part des promoteurs de l'éducation relationnelle, d'édicter une conduite et la recherche de la vérité enfantine, cachée. Elle n'exclut pas l'intervention des parents qui peuvent avoir pressenti les talents de l'enfant. Ils sont soumis à un choix difficile : soit attendre l'expression explicite de l'enfant, soit prendre les devants, quitte à paraître directifs.

C'est là une seconde différence avec la parabole des talents. Dans les Évangiles, le serviteur est responsable du talent que lui a confié son maître, il décide ou non de le faire fructifier sans en référer à personne. Dans la relation familiale, même si les enfants sont construits comme des individus responsables, les parents estiment être, eux aussi, responsables du destin de leur enfant. Le plus souvent d'ailleurs ils lui proposent des activités extrascolaires, et notamment des pratiques culturelles. La musique, la peinture, le théâtre, la danse, le sport sont censés être efficaces pour la découverte de dons cachés, ou en tout cas de dispositions de l'enfant peu mises en valeur par l'école. Le développement de ce type d'activités depuis plus d'une décennie ne provient pas uniquement d'un comportement d'anticipation rationnelle des parents face à la réussite scolaire – il est vrai qu'à milieu social équivalent, les jeunes qui ont des activités culturelles et sportives le mercredi ont de meilleures notes à l'école –, il reflète aussi une conception selon laquelle une des fonctions des parents consiste à offrir des « ouvertures possibles » : *« Chacun a des potentialités qu'il développera ou ne développera pas. Il se trouve que ma fille fréquente des gens de toute sorte qui attachent de l'importance à des choses différentes, mon mari plus aux idées ou à l'art, sa grand-mère plus à une espèce de culture classique... »* (mère études supérieures). Selon l'expression d'une mère, *« l'important est de multiplier les situations dans lesquelles ma fille peut s'exprimer, de donner un maximum d'expériences, une éducation grand angle »* pour que l'enfant puisse vivre dans un environnement susceptible de créer les conditions du dévoilement. Les parents qui ont moins de ressources culturelles adoptent le même point de vue, mais ils mobilisent davantage les institutions proposant des services équivalents.

Des désaccords d'interprétation entre l'enfant et ses parents peuvent survenir sur sa nature cachée. Les adultes, en l'absence d'un schéma *a priori* de développement, voudraient agir pour imposer à l'enfant des activités nécessaires, croient-ils, à son épanouissement personnel tout en se demandant s'ils en ont la légitimité. C'est le dilemme de cette femme, infirmière, mariée à un chauffeur de taxi. Sa dernière fille, Capucine, est, selon elle, douée pour la peinture : *« Je voudrais lui faire donner des cours, elle a beaucoup de qualités. Mais elle ne veut pas prendre des cours parce que cela lui prendra du temps. Elle a beaucoup de capacités pour les arts plastiques, mais elle ne sait pas apprécier la valeur de ce qu'elle possède. Le problème, c'est qu'à cet âge-là ils ne savent pas la valeur qu'ils ont en eux. C'est en fait aux parents de leur faire découvrir ces choses-là. C'est un fait qu'il y a toujours un passage où l'enfant n'en a pas encore conscience. C'est très difficile. »* Cette mère recherche, au cours de l'entretien, les dessins de sa fille pour les montrer : *« Ce sont ses dessins. Elle a fait son œil à la peinture à l'huile. Elle est créative. Elle y passe tout son temps, elle fait des chevaux, c'est difficile à réaliser. Elle fait du fusain. Le problème c'est que j'aurais voulu qu'elle suive des cours, mais elle refuse. »* Un père ressent les mêmes difficultés : *« J'ai un petit regret. Bertrand ne va pas du tout au Conservatoire, il fait un peu de flûte au collège. C'est un petit peu un regret, mais je ne veux pas le forcer. On a essayé depuis tout petit de lui amener cette envie de jouer d'un instrument, on écoute de la musique. Il ne veut pas, il n'en parle pas trop, mais c'est dommage parce qu'il chante très bien. J'aimerais qu'il apprenne à jouer de la guitare, mais il ne veut pas.* »

Le « il ne veut pas » ou « elle ne veut pas » sont des phrases redoutées ! Elles soulignent une certaine impuissance des parents modernes, même les plus volontaires, dès lors qu'ils se refusent à imposer, au moins au-delà d'une certaine limite. La mère de Camille, professeur agrégée de lettres, exprime ce sentiment, tout en continuant à adhérer fortement aux principes généraux de cette éducation relationnelle. Sa fille demande beaucoup d'attention dans la mesure où « *elle dit les choses de façon très légère. Elle dira "Bon, j'ai un problème avec une amie", et c'est tout. Mais il s'agit peut-être d'un gouffre. Elle peut le dire de façon très superficielle, et ça peut cacher un mal-être profond. Donc, à ce moment-là, il faut tout lâcher, les casseroles, le dictionnaire, la télévision, le téléphone et se précipiter parce qu'il y a quelque chose. Voilà c'est mon système : une écoute qui se double d'un dialogue. Je veux dire que j'aime bien quand on parle toutes les deux, quand on fait des choses ensemble. Il lui arrive d'avoir envie de soulever des problèmes profonds à des heures ou dans des circonstances complètement baroques, étonnantes... J'essaie de l'aider ou de la faire s'exprimer au maximum, ça me paraît quelque chose d'important. Je mets l'accent sur l'épanouissement personnel. Pour moi, la réussite rejoint la conception que l'on a de la vie. La réussite doit passer par l'authenticité, le bien-être avec soi-même. Alors évidemment, ça a comme contrecoup la tendance à l'individualisme. J'essaie de la pousser à aller vers les autres. Mais elle a suffisamment d'ouverture d'esprit. Je crois que c'est l'accomplissement personnel, que c'est quelque chose de fondamental ».*

Le travail relationnel de cette mère est reconnu par Camille : *« Elle me dit : "Je suis contente d'être avec toi, j'ai besoin de toi". »* Mais cela ne suffit pas à son bonheur. Cette mère s'inquiète, ne sachant comment agir. Elle veut éviter l'excès d'imposition qui étoufferait les ressources de l'enfant, ou l'insuffisance d'intervention qui ne permettrait pas de créer l'ambiance favorable à leur éclosion. D'une part, cette femme voudrait ne pas être trop présente : *« Par moments, j'ai un peu peur. Je m'en garde beaucoup avec Camille, je ne voudrais pas lui imposer ma personnalité, il paraît que j'en ai une un petit peu forte. J'essaie justement de ne pas m'imposer. »* D'autre part, elle n'est pas certaine de parvenir à contribuer à mettre en valeur les propres ressources de sa fille : *« Je plaide coupable, s'il le faut. Camille, à mon avis, avait, à l'origine, un esprit scientifique. Elle s'intéressait beaucoup à tout ce qui était biologie, minéralogie ; elle était une fanatique de la panoplie du parfait petit chimiste ; elle avait un microscope dont elle se servait beaucoup. Or ce sont des choses qui ne me parlent absolument pas. Notre milieu culturel la tirait plutôt vers la littérature, vers le cinéma. Ce n'est peut-être pas par mauvaise volonté, mais parce que je ne trouvais ni le temps, ni l'énergie de l'aider à s'intéresser à cela. C'est un grand regret de ma part, parce que petit à petit je me rends compte que Camille a abandonné ce goût. Je pense quand même qu'elle a d'une certaine façon une vocation, peut-être pas une vocation, mais quand même un esprit scientifique, un esprit de chercheur. Je n'aimerais pas qu'elle passe à côté de cela, mais pour l'instant, c'est comme ça. »*

Heureusement pour cette mère (comme pour beaucoup d'autres), l'amour entre elle et sa fille la rassure : *« C'est une question de confiance. Si on lui donne confiance en elle-même, si on lui montre d'abord qu'on l'aime, qu'elle peut être aimée, elle prend confiance en elle. Ça va tout seul, c'est ce que je pense. »* La logique affective double la logique relationnelle, la renforce.

1.2. L'enfant comme partenaire de ses parents

Les parents perçoivent leur enfant non comme un réceptacle, comme une pâte vierge et malléable sur laquelle pourraient être inscrits les grands principes de la morale, mais comme un individu digne de respect, un partenaire avec lequel il faut négocier. Dans la famille contemporaine, la notion de respect n'a pas disparu, elle a changé de sens. Elle marque désormais la reconnaissance, non plus d'une autorité supérieure, mais du droit de tout individu, petit ou grand, d'être considéré comme une personne. La mère de Camille démontre cette conception du monde en racontant comment elle a retiré sa fille d'une école maternelle parce que l'institutrice obligeait sa fille à faire la sieste contre son gré, et lui interdisait de regarder des livres à ce moment-là. Camille s'était révoltée en ne parlant plus à sa maîtresse. Après cet « épisode très grave », Camille change d'école. Ses parents désirent un cadre scolaire « à l'écoute des enfants ». Ce qu'ils apprécient dans ce type d'écoles parallèles c'est que *« l'enfant est réhabilité en tant qu'être humain avant tout, et pas en tant que subalterne par rapport aux adultes. Sa mère insiste : "J'ai essayé d'apprendre à mes gamins qu'ils valaient bien les adultes, toutes proportions gardées" ».*

Dans la famille, les enfants ont changé de statut. Ils sont devenus des interlocuteurs de leurs parents. Tout démontre qu'ils savent négocier, jouant, si besoin est, sur la crainte du père et de la mère d'une menace d'une « grève enfantine » (se traduisant par une grande distance affective). Les différences sociales et culturelles entre les familles se situent à ce niveau : moins dans le modèle de référence, où presque partout domine le principe de la négociation, que dans les moyens de maîtriser ce type de relations. Écoutons une mère, bachelière, bibliothécaire adjointe, qui est mariée à un agent de l'EDF et qui parvient assez bien, semble-t-il, à entrer dans le jeu relationnel en considérant sa fille de douze ans, Marie, comme une partenaire. Avant tout, cette femme tient à désigner sa manière de voir et de faire. Elle refuse, dit-elle, les grands principes éducatifs, et désire surtout être attentive à sa fille : *« Je ne suis pas bloquée sur un truc, je veux qu'elle soit le plus à l'aise possible dans tout, que tout aille bien, qu'elle se sente bien dans sa peau, qu'elle soit nature. L'éducation, c'est quoi ? Je ne l'axe pas sur quelque chose en particulier. »* Cette femme estime que c'est dans la vie de tous les jours que les éléments éducatifs se diffusent : *« Marie reçoit une certaine éducation morale, machinalement. La morale c'est quotidien. On ne lui dit pas : "Viens, je vais te faire ton cours de morale" (rires). Au quotidien, on essaye de lui dire ce que nous on pense, ce qu'on peut faire, ce qu'il faut peut-être éviter de faire. »*

Lorsque la régulation morale n'est pas justifiée par le haut, par l'existence de règles supérieures, les parents ressentent le besoin d'ouvrir des négociations avec leur enfant. Ils veulent surtout énoncer des règles de la vie quotidienne, et ils les rappellent quand celles-ci ne sont pas respectées, sans aller jusqu'à la sanction (ou en l'infligeant, souvent avec mauvaise conscience), ayant des doutes sur leur légitimité. En racontant cette petite scène, la mère de Marie exprime bien ce doute : *« L'autre jour, Marie m'a demandé si elle pouvait aller chez une petite copine. J'ai dit "oui". La copine m'a dit "pourquoi vous dites toujours oui ?". Je ne lui dis pas toujours oui, mais pourquoi lui dire non alors que moi, cela ne me gêne pas et que ça lui fait plaisir ? Je ne veux pas avoir cette attitude des parents qui sont sévères parce qu'ils sont les parents, parce que c'est l'autorité. Cette petite copine, il faut qu'elle ait tant de moyenne, il faut qu'elle soit première... C'est un rôle que je ne pourrais pas tenir. »* Cette mère souhaite, avant tout, être bien avec sa fille, elle lui consacre beaucoup de temps – « Quand je suis à la maison, c'est pour elle ». Elle pense avoir de bonnes relations avec Marie : *« Je crois que je lui laisse dire ce qu'elle a envie de me dire. Quand elle a envie de me dire "Maman, tu me casses les pieds", je râle mais en même temps je l'accepte, et elle sait que je l'accepte. Je sais que je n'ai pas eu ces rapports-là avec ma mère, et je ne voulais pas que cela se passe comme ça. Elle sait qu'elle peut tout me dire, c'est vrai qu'on n'est pas bloqués, mais moi, je lui dis aussi ce que j'ai envie de lui dire. »* On entend davantage la revendication de deux personnes qui veulent s'exprimer que le souci permanent d'un projet éducatif. Cette femme, en début d'entretien, à la question sur le meilleur souvenir qu'elle a de Marie, répond sans hésitation : *« Depuis douze ans, c'est l'émerveillement quotidien (rires). Chaque matin, quand je vais la réveiller, je me dis "Voilà, c'est ma fille". »*

Si la déclaration de la rupture avec les « grands principes » – ceux de la génération précédente – est, *a priori*, cohérente avec le respect de l'enfant en tant qu'individu, cette direction éducative est plus difficile à mettre en œuvre dans le domaine des richesses scolaires et culturelles. Que l'enfant puisse de lui-même développer ses propres capacités est assez vite démenti par les faits et rend la mère de Marie assez sceptique, ce qui ne l'amène pas à modifier sa ligne de conduite. Ainsi Marie aimerait être professeur de dessin. Elle prend des cours de dessin, mais *« pour le moment, ça l'ennuie parce que ce sont des trucs très techniques qui n'ont rien à voir avec la création »*. Sa mère donne raison à sa fille, elle n'insiste pas trop. Elle n'est pas indifférente, loin de là, on le voit à la manière dont le soir elle suit le travail scolaire de sa fille. Mais elle affirme en même temps : *« Ma fille ira jusqu'où elle pourra aller, on fera tout ce qu'on pourra pour qu'elle fasse le maximum. Si vraiment cela ne va pas, je ne forcerai pas, ce n'est pas la peine. Avec son père, on n'est pas comme ça "Il faut le bac". On s'arrangera pour que ce soit le plus facile pour elle. »* La mère semble s'accommoder de l'investissement modéré de la fille dans l'école (*« elle n'est pas paresseuse, mais elle n'aime pas travailler »*).

Cette femme recherche une certaine forme de cohérence éducative. Elle ne veut pas reproduire le modèle de sa propre mère. Elle accepte, semble-t-il, que sa fille ne suive pas non plus ses traces. La question sur la lecture permet de saisir cette approbation (relative) de la discontinuité : *« Ah la lecture ! Avec Marie, cela a toujours été compliqué car j'ai une fille qui n'aime pas lire. Elle ne lit pas du tout. Pourtant j'ai fait tout ce qu'il faut pour ça. Petite, je lui ramenais plein de bouquins, je lui ai lu beaucoup d'histoires, tous les soirs, elle en redemandait, elle adorait cela. À partir du moment où elle a su lire, on a commencé à "mitiger", moi je lisais un petit peu et elle me lisait un autre chapitre. Et je me suis rendu compte qu'elle n'aimait pas lire. Alors, j'ai vécu ça mal parce que pour moi la lecture c'est important. Mais après tout je me dis, elle a un père qui n'aime pas lire ; à part ses revues professionnelles et* L'Équipe, *il ne lit jamais. Je me dis : "Pourquoi je la forcerais après tout ?" Elle aime faire du sport, elle aime bien dessiner, elle aime la musique. Après tout, la lecture, moi j'adore cela, mais ce n'est pas la panacée universelle. Elle peut apprendre des choses autrement que par la lecture. J'en ai fait un petit peu mon deuil, ça a été dur pour moi, mais bon. »* Elle se rassure en pensant que Marie se cultive autrement : *« Elle aime bien apprendre des choses, moi je lui en parle, ou elle aime bien regarder des reportages à la télé. Elle ne reste pas béatement devant la télé, elle aime bien les reportages, "Thalassa", les trucs sur les animaux, elle aime bien le théâtre, et aussi certains films. »* Cette mère espère que les autres médias sont équivalents au livre, sans en être entièrement convaincue. La télévision pose aussi problème : *« Je suis attentive à ce qu'elle regarde, mais c'est vrai que je ne la censure pas sur ce qu'elle regarde à la télé. »* Marie regarde des séries : *« Si on lui fait remarquer que c'est bête, elle sait que c'est bête mais elle aime bien. Je crois qu'elle fait la différence entre ce qui est mauvais et ce qui ne l'est pas, mais cela ne l'empêche pas de regarder des trucs mauvais tout en sachant que c'est mauvais, elle en a conscience. »* Cette mère est rassurée (au moins partiellement) par le second degré, prôné et pratiqué dans les jeunes générations. Elle reconnaît cette autre manière de regarder, ne trouvant pas de justifications pour imposer sa manière de concevoir la culture : *« J'avais des idées toutes faites, par rapport au livre justement. Petite, lorsqu'elle allait à la bibliothèque avec l'école, elle me ramenait tout ce qui était le plus minable. Cela me mettait en colère, elle m'avait dit : "Mais pourquoi tu me dis que ce n'est pas bien puisque moi je trouve cela bien ?" Pourquoi je m'autorisais à lui dire que ce n'était pas bien ? »*

La confiance et le mensonge

Dans le cadre de l'éducation libérale, la franchise est une qualité beaucoup plus importante que l'obéissance[1]. Une femme (secrétaire) indique les raisons d'une telle hiérarchie : *« Moi, au niveau de tous les jours, j'essaie d'apporter au maximum mon affection et d'établir un climat de confiance pour que les enfants essaient, s'ils ont un problème, de nous en parler en premier. Nous voulons qu'ils n'hésitent pas à avouer s'il y a quelque chose qui ne va pas. »* Une autre mère l'exprime aussi avec autant de conviction : *« Je réprimande Cécilia lorsqu'elle ment. Je peux tout accepter, mais je n'accepterai jamais un mensonge. »* La franchise est valorisée dans le climat libéral car elle rend visible la vie de l'enfant, même lorsqu'il n'est pas sous le regard de ses parents. L'enfant doit dire les choses importantes de sa vie. La logique de la révélation demande aux parents d'être informés des sentiments de l'enfant autant que de ses comportements. La confiance doit remplacer la coercition – « Abolissez la crainte et le mensonge disparaîtra », espère Alexander Neill (1970) – pour que l'écoute parentale puisse déboucher sur une connaissance des enfants.

1. À la question sur ce qui fait le plus de peine aux parents, le mensonge obtient 37 % et la désobéissance 8 %. Et sur le versant positif, la confidence aux parents obtient 33 points de plus que l'obéissance (sondage CSA-*Parents Magazine*, 1995, auprès de parents).

1.3. Le besoin d'interprètes qualifiés

La question de Marie (« Pourquoi m'interdire ? »), précédemment évoquée, et l'interrogation de sa mère (« Au nom de quoi lui interdire ? ») montrent bien le conflit d'interprétation de la nature enfantine, au cœur de l'éducation relationnelle. Dans la mesure où il ne s'agit plus d'imposer des normes extérieures, des principes moraux à l'enfant qui devient un partenaire à part entière, les parents sont en partie dépossédés non seulement de la légitimité de ce qu'ils imposent, mais aussi de celle de leur pouvoir d'interprétation. Comment peuvent-ils être certains de ne pas se tromper ? De quelle compétence peuvent-ils se prévaloir pour affirmer qu'ils entendent mieux que l'enfant les besoins profonds de ce dernier ? Les parents forment une condition nécessaire, mais non suffisante, du développement harmonieux de l'enfant. Ils ont souvent besoin d'être secondés par des interprètes qualifiés des ressources cachées de la nature enfantine.

Ces spécialistes agissent en diffusant des conseils par la médiation des journaux éducatifs ou féminins (les magazines d'information générale, « neutres », n'ont pas de rubrique régulière sur ce thème, comme si les hommes pères n'avaient pas besoin de cet apprentissage) ou, après coup, en soignant, lorsque surgissent des difficultés avec l'enfant. L'argument du tiers – utilisé pour justifier la fonction du père afin de pouvoir rendre moins fusionnelle la relation entre la mère et l'enfant – est repris, à un autre niveau, pour rendre légitime une intervention extérieure. Les parents risquent de confondre, dans le travail d'interprétation de la nature enfantine, leurs désirs personnels (éventuellement non satisfaits) et ceux de leur enfant, en ne maîtrisant pas bien leur propre inconscient. Ou alors, plus traditionnels, ils peuvent masquer la recherche de leur bon plaisir, l'arbitraire de l'autorité, derrière de grands principes qui n'ont rien à voir avec le respect de l'enfant.

Écoutons encore quelques conseils de Françoise Dolto (1977). Elle critique les parents qui obligent leur enfant à aller au lit le soir :

> Ce n'est pas « bien » d'aller au lit quand on n'a pas sommeil. L'important, pour les parents, c'est d'avoir la paix, à partir d'une certaine heure du soir. À ce moment-là, il faut dire : « Eh bien, maintenant, c'est l'heure de nous laisser tranquilles... Va dans ta chambre et tu te coucheras quand tu auras sommeil ! » C'est tout. L'enfant se couchera, non parce qu'on l'y oblige mais parce qu'il a sommeil... Les rythmes de la vie, il faut que l'enfant les apprenne par lui-même. Si c'est la mère qui commande et décide de tout, finalement, il n'aura plus de corps à lui : son corps appartiendra à l'adulte.

Les parents qui estiment ne pas avoir toujours la compétence nécessaire pour rendre l'enfant équilibré et épanoui, devraient, semble-t-il, faire appel aux professionnels de l'enfance. Ces derniers mettent en œuvre des actions de prévention systématique qui relèvent d'une « thérapie pour les normaux » (Castel, 1981). En effet, comme « il y a toujours dans une famille présence d'un excès ou d'une insuffisance d'investissement affectif » (Donzelot, 1977) qui risque de perturber l'enfant, il faut qu'un contrôle des relations familiales soit mis en place.

La logique de l'épanouissement de l'enfant engendre une disqualification continuelle du fonctionnement de la famille, soit en termes d'excès, soit en termes de manque. Les parents sont trop autoritaires ou trop anarchistes ; ils aiment trop ou pas assez leurs enfants ; ils cherchent à trop imposer ou ils ne transmettent pas assez. À un moment donné, l'accent est mis sur une des branches de l'alternative. Dans les années 1990, certains psychanalystes insistent sur les insuffisances de la transmission, associées à la démission des pères. Après avoir dévalorisé les arguments d'autorité, les spécialistes demandent aux parents, aux pères notamment, d'assumer leur rôle, c'est-à-dire d'indiquer aux enfants les interdits « qui protègent ». Ce souhait d'une certaine restauration de l'autorité est formulé à un moment où les hommes et les femmes classent en septième position dans la hiérarchie des qualités du père « le sens de l'autorité », bien après la tolérance ou la capacité d'écoute (sondage CSA/*La Croix*, 1994). Lorsque les parents « ordinaires » croient bien faire en se débarrassant d'habits démodés, ils se font encore critiquer. Après 1968 et la dénonciation des méfaits des pères sévères, on souligne avec autant de conviction et d'arguments en 1990 les dégâts des pères démissionnaires. Une seule certitude dans cette valse des récriminations : les parents font toujours mal, même lorsqu'ils croient bien faire.

Ce besoin de professionnels capables d'interpréter le sens caché de la nature des enfants constitue une phase supplémentaire du long processus de civilisation, décrit par Norbert Elias (1975). Les normes extérieures en déclin (comme les règles de la morale, de la politesse) ont été progressivement remplacées par des principes de régulation interne dont la légitimité est le « soi ». Il y a eu, non pas une baisse du besoin des intermédiaires, mais une modification des compétences nécessaires pour assurer ce travail. Si le message « extérieur » de Dieu était (est) difficile à appréhender, celui de la « nature » humaine l'est encore plus, surtout lorsque le modèle repose sur l'inconscient et exige de détenir le code d'interprétation. Françoise Dolto exprime ce point en ces termes :

> Il faut savoir que l'enfant qui a une réaction insolite a toujours une raison de l'avoir. On parle des caprices de l'enfant [...]. En fait quand un enfant présente tout d'un coup une réaction insolite, qui gêne tout le monde, notre tâche, c'est de comprendre ce qui se passe [...]. Les caprices viennent d'une incompréhension de l'enfant ; il ne se comprend plus, parce que l'adulte ne le comprend plus... Il faut procéder en essayant de le comprendre (Dolto, 1977).

L'exemple de la demande d'adoption

Les spécialistes souhaitent encadrer le travail des parents. La demande d'adoption constitue en quelque sorte une situation expérimentale où les (éventuels) parents sont soumis à examen, devant démontrer leur compétence, définie au moins par la maîtrise de leurs propres désirs. Par un décret (du 23 août 1985), le responsable du service de l'Aide sociale à l'enfance, avant de donner l'agrément à des personnes qui souhaitent adopter, fait « procéder à toutes les investigations permettant d'apprécier les conditions d'accueil que le demandeur est susceptible d'offrir à des enfants sur les plans familial, éducatif et psychologique ». L'examen a pour objectif de déceler les raisons profondes qui engendrent une demande d'enfant et, selon un spécialiste [1], « d'apprécier ce qu'il peut y avoir de subjectivité pathologique et nocive derrière une attitude présentée comme rationnelle, et parfois apparemment raisonna-

1. Noël, 1959 ; Bricout, 1987, cités par Rault, 1992. Voir aussi Ouellette, Séguin (1994) sur ce que les institutions québécoises nomment le « jumelage ».

ble, mais dont la façade risque de s'effondrer au premier coup de boutoir de l'émotion ».

L'enfant doit avoir des parents qui ne se servent pas de lui. En conséquence, sont discréditées les demandes formulées, soit pour résoudre uniquement des problèmes de stérilité, soit pour consolider un couple déséquilibré (notamment par la prédominance de l'un des deux conjoints), soit pour supporter l'agressivité de conjoints qui n'auraient pas réglé leurs problèmes avec leurs propres parents. Dans le cas d'hommes et de femmes voulant adopter, après avoir eu eux-mêmes un ou des enfants, la suspicion est grande : « Que cache cette démarche ? N'y a-t-il pas de la part de l'un ou des deux candidats un désir de compensation d'une certaine déception, s'agit-il d'une contre-identification ? » (Bricout, 1987). Au cours des entretiens, les candidats doivent reconnaître que l'enfant est voulu pour lui-même, en affirmant qu'ils lui parleront de son histoire antérieure et en ne formulant pas de demande trop précise au sujet de l'enfant souhaité. Le désir d'enfant est suspect, il peut masquer un souhait trop égoïste, celui de la mère pour son accomplissement personnel.

1.4. Le besoin de « vrais » parents

Les professionnels de l'enfance suspectent le travail des parents afin de rendre légitime leur intervention [1].

1. Cela peut se faire selon plusieurs logiques argumentaires : soit celle du faible niveau de compétence des parents, des mères (voir la revue critique des manuels de puériculture dans Delaisi de Parseval, Lallemand, 1980), soit celle de la critique, plus ou moins voilée, du travail professionnel des mères (voir Stern, 1992 ; Brazelton, 1992, et une critique dans de Singly, 1993e), et de l'évolution de la famille (Naouri, 1995). Heureusement, des antidotes existent pour redonner bonne conscience aux femmes (Purves, 1994) !

Ils ne dévalorisent pas pour autant la famille, contrairement à certaines idéologies des années 1968 ; l'anti-famille ne fait plus recette. Ils cherchent simplement à améliorer le fonctionnement de la vie privée. Même s'ils ne prônent pas de modèle familial, dans leurs pratiques, ils diffusent celui de la famille relationnelle. Leur rôle est un peu équivalent à celui des prêtres, chargés de vérifier la distance entre l'idéal et sa mise en œuvre chez les pratiquants. Selon un bilan sur les lieux d'accueil enfants-parents (Bastard, Cardia-Vonèche, Eme, Neyrand, 1995), les spécialistes estiment que les familles ne créent pas un cadre suffisamment favorable à l'expression de l'enfant, condition pour que ce dernier puisse mettre à jour ses désirs et ses besoins. Ils critiquent « l'excessif repli de la famille sur elle-même » et mettent à la disposition des parents des espaces provisoires de substitution pour que les uns et les autres (ré)apprennent à parler, à s'écouter. Quel que soit le motif initial qui a amené leur intervention, ils veulent établir un nouvel ordre familial, celui de la parole.

La fin de la « famille morale » et le succès de la « famille relationnelle » dévalorisent certains critères de jugement classiques (en France, le mariage, par exemple) tout en valorisant de nouveaux critères, tout aussi contraignants, comme celui de la communication entre les générations. Un modèle de référence de la vie familiale est ainsi dessiné qui peut s'inscrire dans des formes diversifiées, à condition de respecter le bien de l'enfant défini par son épanouissement personnel. Dans les entretiens, revient comme un leitmotiv cet impératif : *« Sur quoi je mets l'accent dans l'éducation ? Il faut qu'on éduque les enfants pour qu'ils soient bien dans leur peau, bien dans leur tête, qu'ils soient à l'aise, qu'ils soient à même de faire face à la vie de tous les jours. Le plus important c'est d'être bien »* (mère de trois enfants, niveau baccalauréat).

Parents et professionnels de la famille et de l'enfance approuvent ce primat du bien-être de l'enfant dans la famille. Cependant, les contours précis du cadre de socialisation familiale restent en discussion. L'énoncé : « l'enfant a besoin d'une famille pour grandir » ne suscite guère de polémiques, le camp « anti-famille » ayant disparu, ou tout au moins n'intervenant plus. Mais, plus précisément, qu'implique cet énoncé ? Est-il équivalent à : « l'enfant a besoin de sa famille (d'origine) » ? à : « l'enfant a besoin de ses deux parents » ? à : « l'enfant a besoin de deux parents » ? à : « l'enfant a besoin de ses deux parents, même séparés » ? à : « l'enfant a besoin de ses parents, même maltraitants » ? à « l'enfant a besoin de connaître ses origines » ?... Ces questions renvoient à une culture psychologique plus qu'à des référents moraux. La morale n'est pas condamnée ; elle est, pour les uns (les parents) et les autres (les spécialistes) laissée à la discrétion des parents, elle est devenue affaire strictement privée, sauf si elle contrevenait à l'impératif catégorique (ainsi, pour certaines sectes, considérées comme dangereuses pour le développement de l'enfant). L'énoncé « l'enfant a besoin de parents mariés » n'est ni approuvé, ni désapprouvé ; il fait partie de la liste complémentaire, utile pour certains parents.

Tension entre les liens biologiques et les liens adoptifs

Le principe de base – « l'enfant a besoin d'une famille » – se décline en deux autres principes qui, en France, sont largement approuvés : l'enfant a besoin d'un cadre stable, l'enfant a besoin de deux parents. En revanche, les règles qui régissent le passage qui mène du besoin de deux parents au besoin de ses deux parents sont moins nettement définies, car la notion de « ses parents » est floue. Il y a oscillation entre le primat accordé aux liens biologiques, moins de la continuité des lignées que d'une certaine stabilité des repères dans la définition des liens, et le primat accordé aux liens éducatifs et affectifs. Lorsqu'on évoque les suites du divorce, bon nombre d'hommes et de femmes estiment que les liens avec les parents initiaux doivent être maintenus ; lorsqu'on évoque l'adoption, ou son envers, l'abandon d'enfant, les mêmes individus estiment que les « vrais » parents sont ceux qui ont élevé l'enfant et non pas les parents biologiques.

Cette contradiction reflète une tension inhérente à la conception de la famille contemporaine qui, en privilégiant l'épanouissement affectif de l'enfant, insiste à la fois sur la stabilité (versant de la valorisation des parents biologiques) et sur la force des liens tissés par la vie quotidienne (versant de la valorisation des parents éducatifs). Les parents biologiques et les parents éducatifs constituent deux variantes des très proches. Les premiers sont plus « proches » dans la mesure où il est possible de définir les critères de cette proximité, et les seconds sont plus « familiers » dans la mesure où la familiarité se construit progressivement. Le fait de privilégier un de ces deux principes dépend alors à la fois de la situation concrète, et de certaines options, théoriques ou idéologiques, qui ne remettent pas en question le modèle général de référence[1].

1. Dans les « faits divers » où un enfant élevé dans une famille d'accueil pendant plusieurs années est réclamé par ses parents biologiques (avec l'accord de l'administration), l'opinion donne le plus souvent raison aux premiers, hiérarchisant les liens dérivant de l'éducation plutôt que ceux du sang, lorsque ces derniers n'ont pas été associés à un engagement parental. Une telle option est repéra-

Examinons quelques-uns des débats au sein desquels l'impératif central se décline. L'enfant a besoin d'une famille, de deux parents, de ses deux parents. À l'Assemblée nationale, en 1994, pendant la discussion du projet de loi relatif « au don et à l'utilisation des éléments et produits du corps humain, à l'assistance médicale à la procréation et au diagnostic prénatal », les députés ont tenu à préciser que « l'assistance médicale à la procréation est destinée à répondre à la demande parentale d'un couple ». L'enfant doit être conçu – d'abord au sens de décision – par un couple. Cette définition du « cadre familial nécessaire pour accueillir un enfant » rend illégitimes certaines demandes. L'emploi des techniques médicales de procréation « ne sera jamais autorisé pour des femmes célibataires, des veuves, des couples de femmes homosexuelles ou des femmes qui ont dépassé l'âge de procréer [1] ».

L'enfant et le couple de ses parents

Cette exigence est également audible dans les discours autour des effets du divorce, notamment du fait de l'absence du père. Dans la logique argumentaire, un chiffre est souvent mis en avant, celui du nombre

ble également dans les réponses à la question suivante : « Selon vous, qu'est-ce qui contribue le plus à unir les membres de la famille ? » 80 % des personnes interrogées choisissent la réponse : « le fait de vivre ensemble les mêmes joies et les mêmes peines », 9 % : « le fait de donner ou de recevoir la même éducation, les mêmes valeurs », 7 % : « les liens du sang, le fait d'avoir des liens de parenté » (sondage CSA-*La Croix*, 1993).

1. *Le Monde*, 16 avril 1994. Au même moment, les juges de la cour d'appel de l'État de New York décidaient qu'un couple, quelle que soit son orientation sexuelle, ne doit pas nécessairement être marié pour adopter l'enfant. La définition des formes de la vie privée susceptibles de se transformer en formes de vie familiale est objet de luttes, au nom de l'intérêt de l'enfant.

d'enfants ne voyant plus leur père : « Plus de la moitié des enfants sont séparés définitivement de l'un de leurs parents, généralement du père, à l'occasion d'une rupture » (Laroque, Théault, 1994). Sur 100 enfants dont les parents sont vivants et séparés, 27 ne voient plus jamais leur père, 21 le voient moins d'une fois par mois et 11 ont un père « inconnu » (Léridon, Villeneuve-Gokalp, 1988). Quelle que soit la manière dont l'absence du père est interprétée – le désintérêt du père, son exclusion par une coalition entre juges et mères (Sullerot, 1992) –, un tel état de fait est blâmé.

Étant donné l'acceptation sociale du divorce, un des moyens de répondre à la revendication est d'instaurer la distinction entre le couple conjugal et le couple parental. Les conjoints ont le droit de se séparer, le divorce est admis, mais en tant que parents, ils ont le devoir de continuer à former une équipe. Dans la loi française du 8 janvier 1993, il est prévu que l'autorité parentale, après le divorce, sera « exercée en commun » (Fulchiron, 1994). Tout se passe comme si, pour reprendre une expression d'Irène Théry (1993), « le divorce devient l'apothéose paradoxale de la famille puisqu'elle résiste à tout, même à la séparation, même à la décohabitation ». L'enfant a donc le droit non seulement à ses deux parents, mais aussi au couple de ses deux parents.

Cette norme est mise en œuvre dans un jugement de novembre 1993, portant sur une révision du jugement de divorce instaurant initialement « l'autorité parentale conjointement aux deux parents et la résidence habituelle de ceux-ci chez la mère ». Le nouveau jugement cherche à désigner lequel des parents est susceptible de mieux prendre en charge l'existence du couple parental[1]. En fin de compte, la mère perd la garde des enfants au profit du père, dans la mesure où celui-ci est jugé meilleur éducateur : « Le père a été une nouvelle fois plus conciliant, préférant faire passer ses propres intérêts et souhaits après un accord qui pouvait apparaître aller dans le sens des enfants, alors que la mère persiste dans une attitude très exclusive et personnelle vis-à-vis des enfants, ne respectant ni les droits du père, ni l'image de ce dernier vis-à-vis des enfants. » Le père n'a, notamment, pas été tenu au courant de la scolarité des enfants par la mère, ce qui, pour le tribunal, « démontre que la relation père-enfants est en danger si la résidence des trois enfants est maintenue chez la mère... ».

> Monsieur est beaucoup plus capable d'éduquer ses filles et de leur apporter l'amour vrai dans le respect de leur personnalité et de l'image maternelle, alors que Madame, dans le cadre de sa nouvelle vie, impose à ses filles de se fondre dans un moule, le sien, sans tenir compte de leur personnalité et de leur souffrance et sans respecter l'image paternelle. Le transfert de résidence est décidé, l'exercice de l'autorité parentale restant conjoint [...], Monsieur apparaissant capable de continuer à respecter l'image maternelle et à faire participer la mère à l'éducation des enfants.

Dans cette citation, apparaît la force du modèle psychologique de l'intérêt de l'enfant : le bon parent après le divorce est celui qui garantit à ses enfants le respect de leurs besoins, dont fait partie le besoin de l'autre parent.

Ce modèle a également donné naissance à la média-

1. Ce document m'a été remis par une association de défense des pères.

tion familiale qui propose aux hommes et aux femmes de « réussir leur divorce » en leur demandant de signer un contrat de médiation sur lequel figure l'article 1 : « La recherche d'une entente entre les deux parents doit avoir pour objectif essentiel l'intérêt des enfants » (Laroque, Théault, 1994 ; Bastard, Cardia-Vonèche, 1990).

Le noyau des représentations de l'enfant est donc constitué par une notion floue, la référence à son intérêt. Cette absence de définition précise est souvent remarquée, pour être ensuite dénoncée sans que sa fonctionnalité en soit perçue. Or le flou, outre qu'il correspond à la logique contemporaine de fonctionnement des groupes et des individus – chacun devant s'approprier le rôle qui lui est imparti en lui donnant un contenu –, est cohérent vis-à-vis des contraintes du raisonnement psychologique qui reposent sur une seule règle : celle de prêter attention à chaque cas. Ce noyau de la notion de l'intérêt de l'enfant n'est pas vide. Il est constitué par ce que l'on pourrait nommer, par analogie, un « gaz ». Ce dernier est composé de trois éléments : la stabilité de l'enfant, la disponibilité du parent gardien, la capacité des parents à surmonter le conflit conjugal (Courcelle, Prévost, 1986), les deux derniers ne formant qu'une explicitation du premier. L'intérêt de l'enfant est résumé socialement au droit à un environnement stable, la mobilité matrimoniale de ses parents ne devant pas l'affecter, ou devant l'affecter le moins possible.

Jusqu'où la stabilité familiale ?

La reconnaissance sociale du besoin d'avoir une famille « stable » a deux conséquences. Premièrement, la résistance des juges à accorder la garde alternée. *A priori*, on aurait pu penser que celle-ci constituait un des moyens pour l'enfant de conserver ses deux parents. Mais cet objectif doit pouvoir être concilié avec celui de la stabilité de l'environnement de l'enfant, ce qui semble, au regard de nombreux juges, non compatible avec la double chambre de l'enfant, et plus précisément avec l'enfant « à mi-temps » chez son père et chez sa mère. Deuxièmement, la résistance des juges à accorder la garde principale au père, malgré les protestations des associations de défense des pères. Si la mère reçoit la « charge » de l'enfant dans la vie quotidienne c'est surtout parce qu'elle fait davantage partie que le père, au moins dans la majorité des cas, de l'environnement familier de l'enfant. En moyenne, une mère exerçant une activité professionnelle déclare consacrer chaque jour à son enfant directement 40 minutes et son père 15 minutes. Sur une semaine, l'enfant qui a deux parents a passé près de cinq heures avec sa mère et avec son père moins de deux heures, du moins pour ce qui est comptabilisé comme « travail éducatif ».

Le choix de la mère c'est l'option de la continuité, continuité qui traduit l'exigence de la stabilité. Le souci de cette permanence de l'environnement compte plus que le primat accordé à la mère, comme on l'appréhende dans le cas des divorces très difficiles (Théry, 1993). À la suite de l'expert, le juge confirme presque toujours le mode de garde décidé lors de l'audience de conciliation. L'arrangement initial est maintenu pour que l'enfant conserve dans sa vie quotidienne le parent qui lui avait été attribué après la séparation conjugale.

Les principes déterminant les besoins de l'enfant ne suffisent pas toujours à orienter certaines décisions. Ainsi, lorsque les parents maltraitent leur enfant, la mise en application de l'énoncé selon lequel l'enfant a besoin de ses parents semble peu évidente. Un enfant qui subit des violences de la part d'un de ses parents doit-il néanmoins rester dans son cadre habituel, même sous contrôle extérieur ? Ou, au contraire, ne faut-il pas le retirer d'un tel milieu qui risque de le perturber fortement ? La recherche de la stabilité et le souci de préserver l'équilibre psychique de l'enfant apparaissent alors inconciliables. Jusqu'où privilégier le maintien des liens entre l'enfant maltraité et ses parents[1] ? Plusieurs psychiatres dénoncent les ravages de « l'idéologie du lien » : « La seule rupture nocive est celle qui brise une relation structurante pour l'enfant. » « Pourquoi maintenir à tout prix le lien familial ? L'enfant n'a-t-il aucune chance d'évoluer en dehors de ce cadre ? Perd-il son existence hors de la filiation biologique ? », s'interroge S. Tomkiewicz, concluant qu'une « décision qui le sépare de ses géniteurs pendant quelques années peut aussi engendrer des effets bénéfiques » (Aeby, 1994 ; Berger, 1992). D'autres spécialistes estiment, au contraire, que la séparation des parents et de l'enfant risque de créer chez ce dernier des carences encore plus grandes.

Pour dépasser ce désaccord, une solution de compromis a été élaborée : « l'enfant a d'abord besoin d'un accompagnement stable et continu ». Le besoin de l'environnement stable pourrait être transféré de la famille à un petit cercle de professionnels, chargés d'établir de nouveaux liens durables. On retrouve aussi, dans certaines familles monoparentales, ce transfert d'une relation avec un personnage ordinaire de la vie privée à un spécialiste. La mère choisit parfois de faire suivre son enfant par un psychologue homme invité à

1. Voir *Dialogue*, « L'enfant séparé de ses parents : quels liens poursuivre ? » (1993, nº 119), et notamment les articles de Botta, Berger, Lefaucheur, Sayn.

fournir « une image de père » (Durif-Varembont, 1988). Un psychanalyste a remarqué que les enfants élevés par leur seule mère le nomment plus volontiers avec un diminutif, trahissant une attente du père transférée dans la relation avec le soignant, alors que les autres enfants en restent au « monsieur ».

L'embarras né de la question du maintien ou non des relations de l'enfant maltraité avec ses parents se retrouve aussi à propos des familles recomposées [1]. En effet, l'enfant a-t-il besoin de ses deux parents, ou de deux parents ? On ne sait pas si l'insistance sur la famille d'origine dérive principalement de la valeur accordée à la stabilité de la vie privée, ou de celle accordée aux liens du sang. Choisir l'une ou l'autre option conduit à prendre une attitude différente devant les cas de « substitution ». En effet, il est possible qu'après un divorce, le beau-père vivant avec la mère gardienne noue avec l'enfant des liens forts qui se substituent à ceux du père qui a, éventuellement, cessé tout contact. Qu'en penser du point de vue de l'enfant ? Pourquoi continue-t-on à le compter dans l'ensemble des enfants « sans père » ? Cela signifie-t-il que, hors des parents biologiques, point de salut ? Pourquoi valider dans la plupart des discours officiels – en plaidant pour la responsabilité des parents biologiques qui devraient

1. À la question : « Est-ce une bonne chose, une mauvaise chose, ni une bonne ni une mauvaise chose pour la vie familiale, le développement des familles recomposées ? », les personnes interrogées répondent à 24 % « une bonne chose », à 30 % « une mauvaise chose », et à 41 % « ni une bonne, ni une mauvaise chose ». Les chiffres correspondants pour la question sur les familles monoparentales sont de 6 %, 61 % et 31 %. Par rapport à ces dernières, les familles recomposées sont jugées différemment (31 points séparent les réponses « mauvaise chose »). Voir sondage CSA-*La Croix*, 1993.

s'engager à rester parents pour la durée de l'éducation de leur progéniture – la logique de la pérennité, préférée par les milieux des classes moyennes et supérieures (Le Gall, Martin, 1993) ?

L'inquiétude que suscitent les familles recomposées est complexe. Prenons l'exemple du déroulement de l'émission « La marche du siècle » du 19 janvier 1994, consacrée aux familles recomposées. Les animateurs et certains des experts convoqués voulaient attirer l'attention du public sur les dangers que courent les enfants des familles recomposées. Or la diffusion en cours d'émission de deux reportages tournés dans des familles recomposées, montrant comment l'élaboration d'arrangements semblait non seulement possible, mais était même bien acceptée par les enfants concernés, a eu pour effet de déstabiliser le discours centré sur les risques inhérents à de telles situations. Le danger initial – celui pour l'enfant de ne pas vivre avec ses deux parents – a été transformé en cours d'émission par un autre : celui pour l'enfant de ne pas voir sa place reconnue en tant qu'enfant. Dans une des séquences, les parents déclaraient avoir décidé de ne pas faire de bébé, leurs enfants des précédentes unions étant contre. Un consensus s'est alors créé entre plusieurs participants pour condamner les adultes qui oublient que les enfants doivent rester à leur place et n'ont pas à intervenir dans une telle décision. On a pu ainsi assister en direct au travail sur la définition des besoins de l'enfant. L'énoncé : « L'enfant a besoin de ses deux parents » (a) n'a été abandonné qu'après avoir subi un changement de sens – passant de : « L'enfant a besoin de ses "vrais" parents », de ses parents "biologiques" » (a1) à : « L'enfant a besoin de repères stables » (a2). Cette expression a alors permis l'apparition d'un nouveau contenu normatif : « L'enfant a besoin de rester enfant » (b), les repères étant en l'occurrence ceux par lesquels un enfant est à sa place dans la famille en tant qu'enfant.

2. La tension entre l'épanouissement et la réussite scolaire

2.1 Le rêve de la réussite

La définition de l'enfant par les normes, les savoirs et les représentations ne se limite pas aux qualités de l'épanouissement et de l'équilibre psychologique. Elle inclut une deuxième dimension, celle de l'enfant studieux qui réussit à l'école. Ces deux images réfractent la dualité des attentes sociales vis-à-vis de l'enfance. Des parents ayant au moins un enfant de trois à dix-huit ans hiérarchisent ainsi leurs priorités : deux tiers privilégient le fait « que les enfants soient bien dans leur peau », un tiers préférant « « qu'ils réussissent bien à l'école » (sondage CSA/*Famille Magazine*, 1995). À la question sur ce qui leur ferait le plus plaisir, les mêmes parents inversent l'ordre : le fait que leur enfant réussisse à l'école prend la première place. Les pères et les mères définissent les contours de l'éducation selon laquelle l'enfant doit devenir lui-même, tout en respectant les obligations scolaires. L'obéissance, symbole d'une relation de domination à une autorité personnalisée, a été partiellement dévaluée, remplacée en grande partie par une autre attitude de domination vis-à-vis d'un savoir, d'une demande sociale. Le discours sur le déclin éducatif (qui se retraduit en énoncés sur le manque de repères) relève d'une vision partielle du monde, il oublie de considérer les déplacements et les transferts d'attitudes.

L'enfant et ses parents peuvent désormais partager un intérêt commun devant l'école et ce qu'elle représente, une instance nécessaire pour la réussite (« Avec des études, on ne fait peut-être pas grand-chose, mais sans études on ne fait vraiment rien »). Cela est sensible dans la manière dont les mères décrivent leur enfant dès le début de l'entretien et sans que l'objet de l'enquête soit la réussite scolaire[1]. Ces femmes font intervenir dans leurs portraits le rapport de l'enfant à l'école : *« J'ai trois enfants. Charlotte est en quatrième, elle est bonne élève, pas de problème particulier... Julien est en sixième, il a plus de difficultés. C'est un garçon, donc il est un peu moins mûr... Nicolas est en CE1, ça a l'air de bien démarrer »* (père documentaliste, mère directrice de crèche). La place de l'enfant dans le système scolaire est un élément constitutif de la définition enfantine, enrichie de la façon dont il gère cette position : *« Maxime a douze ans. Il est enfant unique, mais assez ouvert. Il adore les copains ; il est joyeux, pas du tout stressé. Il travaille bien en classe. Il n'est pas premier, mais moyen, dans les dix premiers. C'est un enfant agréable, car facile »* (père photographe, mère vendeuse). Dans la perception maternelle, même si les niveaux se mélangent, apparaît presque toujours la préoccupation scolaire.

Lorsque tout va bien, l'école peut passer au second plan. Les parents sont alors plus à l'aise pour s'affirmer sensibles surtout à l'épanouissement de leur enfant. C'est le cas de la mère de Paul (études supérieures, bénévole d'associations, mariée à un banquier). Pour le décrire, elle met vite en scène la dimension scolaire : *« Il est sympa. Je le trouve assez équilibré. Il marche*

1. Extraits d'entretiens recueillis par Cécile Guérin et Pascal Tatéossian (1994).

bien à l'école, je n'ai pas à le tanner pour le travail. Il est bordélique, mais je trouve que ce n'est pas grave. Je préfère qu'il travaille à l'école et qu'il ne soit pas ordonné. » À la question concernant ce qui lui fait le plus plaisir par rapport à son enfant, cette femme fait rétrograder l'école : *« C'est de le voir heureux, de le voir bien dans sa peau. Toujours en train de rire, toujours en train de plaisanter. Pour nous c'est très important. Qu'il travaille bien à l'école aussi, je suis contente. C'est un plus, mais je trouve que le plus important, c'est qu'il soit bien dans sa peau et bien dans sa tête. »*

La double définition sociale du travail éducatif est comprise par les parents. Selon la formulation des questions, l'âge de l'enfant considéré, et sa propre histoire, l'une ou l'autre dimension figure en première place. Lorsque l'enfant est plus grand, qu'il est au lycée, les parents savent et acceptent au nom de l'autonomie (un des objectifs psychologiques) qu'ils ne soient plus les premiers confidents. Ils estiment surtout que leur devoir est d'aider à mettre en valeur les ressources intellectuelles de l'enfant et de lui permettre d'avoir les meilleurs atouts dans la vie. C'est pourquoi à la question « Comment concevez-vous votre rôle de parent ? », les trois quarts des parents de lycéens répondent « aider l'enfant à réussir ses études et son entrée dans la vie professionnelle », un tiers « être à l'écoute de ses problèmes personnels » et un autre tiers « aider sa personnalité à s'épanouir [1] ». Il n'y a pas transformation des objectifs éducatifs, il y a changement dans les rôles des parents, changement qui correspond à la fois à l'accroissement de l'autonomie des enfants et à l'aug-

1. Deux réponses étaient possibles. Sondage *Phosphore-Elle*, 1988.

mentation de la concurrence scolaire. Les parents estiment devoir se désengager de la vie « privée » de leur enfant et au contraire avoir toujours une utilité (et une légitimité) pour la vie « publique », c'est-à-dire la vie à l'école. La complexité des objectifs éducatifs entraîne, au moment de l'adolescence, une dualité des territoires enfantins et des zones d'intervention des parents.

Cette double image de l'enfance anticipe la conception de la valeur sociale des individus dans les sociétés contemporaines. L'enfant doit être doté d'un capital scolaire. Et il doit aussi montrer qu'il possède un « capital relationnel » (Castel, 1981), c'est-à-dire une manière de démontrer publiquement que l'individu est lui-même, sans problèmes psychologiques[1] et qu'il maîtrise ses émotions. Ce n'est plus le capital économique détenu par la famille, associé à un capital moral, qui fixe la valeur de l'enfant. Pour continuer la lignée familiale, l'enfant doit faire preuve, par lui-même, de certaines richesses, ressources, compétences qui sont validées par des institutions extérieures à la famille. Cette dernière est une institution qui a perdu, de ce fait, une part de son autonomie relative. Elle est alliée à deux autres instances sociales, l'école certifiant le capital scolaire et les corps de spécialistes garantissant l'épanouissement de l'enfant.

Les parents, eux-mêmes, ont bien conscience du double impératif de l'éducation. Ils rêvent de réussite pour

1. Le capital relationnel n'a ni le sens de « capital social de relations » de Bourdieu (1980), ni celui de « capital réseau » ou même de « capital relationnel », utilisé par Martin (1993) qui désigne l'inscription dans des réseaux d'entraide et de sociabilité. Le lancement du « quotient émotionnel » semble être une manière d'inclure cette dimension dans la définition officielle de l'intelligence.

leur enfant, mais pas à n'importe quel prix, et ils savent aussi que leur pouvoir d'imposition a diminué et qu'il faudra en passer par le relais de la volonté enfantine. Une publicité pour un lait enrichi s'appuie sur ce sentiment parental. Elle met en scène un petit garçon qui tire tout seul son biberon, et le boit d'un air décidé, adossé à un énorme ours qui le protège. On lui prête les propos suivants, inscrits en gros caractères : « Sans en avoir l'air, je prépare Polytechnique. » Et le texte argumente en plus petit :

> Entre 1 et 3 ans, votre enfant se construit, il change et grandit à vue d'œil. Pendant ces années qui sont déterminantes pour son développement physique et intellectuel, le lait Croissance « X » met toutes les chances dans son biberon.

L'humour du message a bon dos. Impossible de croire que cet enfant s'exprime ainsi – une telle précocité serait dangereuse, l'enfant serait un monstre de foire ! Cependant, conformément à la représentation classique de l'enfant qui peut dire tout haut ce que l'on pense tout bas, il ose exprimer ce que ses parents n'avouent pas. Ces derniers ont un rêve, avoir un enfant qui réussisse, qui réussisse à l'école – en France, le symbole de cette réussite s'inscrit dans les grandes écoles. Pour être en conformité avec l'impératif catégorique de l'épanouissement personnel, ils souhaitent que ce soit leur enfant qui décide lui-même de tout faire pour aller à Polytechnique, y compris en s'appliquant à boire son lait enrichi en fer ! Ils seront ainsi disculpés du reproche de l'imposition, du manque de libéralisme.

Cette tension entre l'exigence de la réussite et le respect de l'autonomie enfantine, on la perçoit également dans les réactions des parents devant une autre publicité, financée par des fabricants de fromage. Elle présente un jeune couple dont la femme, enceinte, affirme : « Il jouera du piano, il sera chirurgien et il mangera beaucoup de fromage[1]. » Les mères interrogées montrent combien elles ne sont pas dupes du jeu auquel elles doivent participer. La plupart avouent être tentées par un tel message. Avant la naissance, il est normal de rêver le meilleur pour son enfant. Ensuite, il faut tenir compte de la personnalité de l'enfant. Une femme (mère au foyer, après une maîtrise en communication, mariée à un ingénieur) avoue : *« J'espère ne pas dire cela à mes enfants, mais honnêtement est-ce qu'il n'y a pas des moments où on les pousse quand même, parce que c'est nous qui proposons. Nos propositions ne sont pas innocentes. »*

Certaines mères critiquent cette publicité, affirmant pouvoir jouer un rôle sans pour autant être directives. C'est ce que propose cette femme (bachelière, technicienne en micro-informatique et divorcée) : *« Les parents doivent guider leur enfant dans leur choix mais ne pas décider pour eux. Enfin, c'est mon avis, à la limite c'est leur vie. Je n'aurais pas admis que mes parents me disent : "Plus tard, tu feras ça." C'est poussé, mais cette publicité me rappelle le Moyen Âge : "Tu te marieras avec untel." Ainsi Alexandra veut devenir journaliste. Je lui ai dit que ce n'était pas évident et qu'il fallait s'accrocher. Mais je suis allée me renseigner sur les études à faire, et je lui ai expliqué les bons et les mauvais côtés du métier. J'ai un ami qui connaît un journaliste et on essaie de voir s'il peut rencontrer ma fille pour lui expliquer comment ça se passe. »* Le parent est un « éclaireur ».

1. Cette publicité était montrée aux parents pendant les entretiens présentés en Annexe, 2.

D'autres jugent la publicité « ironique », précisant leur manière de voir : *« C'est normal quand on est parent, on a envie d'avoir le meilleur pour ses enfants. Mais le formuler de façon aussi certaine, c'est prendre de gros risques. Je n'ai jamais fait de rêve précis pour mes enfants. Bien sûr, on a envie qu'ils soient heureux, qu'ils soient bien dans leur peau, qu'ils n'aient pas de gros problèmes sociaux ou de travail et c'est pour ça que l'école est importante – mais on ne peut pas formuler un projet précis. C'est un peu gênant cette pub, car les parents ont l'air très heureux d'affirmer leur projet. J'espère que c'est humoristique parce que c'est terrible pour un enfant d'avoir son avenir complètement tracé »* (secrétaire médicale, mariée à un ingénieur).

Concevoir précisément le destin de l'enfant n'est pas compatible avec la fonction de révélateur parental. L'enfant n'a pas à être modelé. *« C'est l'enfant idéal. Non, un enfant, c'est un individu, un être à part entière. Il est comme il est. Il fera ce qu'il voudra... C'est le jeune chirurgien qui réussit tout dans la vie, non, c'est non. Un homme, un individu est fait de bonnes et de mauvaises choses, et il faut joindre les deux bouts »* (bachelière, représentante). Le rêve de la réussite est autorisé dans la mesure où il reflète un souci légitime des parents et où il reste dans des limites raisonnables (que l'enfant ne soit pas condamné à devenir le substitut de son père ou de sa mère) : *« On ne peut pas dire que les parents se projettent, on ne se projette pas soi-même. J'entends toujours dire : "Quand tu as un enfant tu veux qu'il fasse ce que tu n'as pas pu faire toi-même." Moi, j'aimerais qu'il fasse dans certains domaines ce que j'ai fait moi... Je ne suis pas allée au fond de mes idées à moi. Je ne pense pas qu'à travers mes enfants, j'arriverais à faire en sorte d'aller au bout de mes idées à moi, parce que j'estime que j'ai encore du temps pour faire ce que j'ai envie de faire et non pas pour le voir faire. Et quand on dit se projeter, cela veut dire que tes enfants te ressemblent à 100 %, ou tu veux surtout qu'ils te dépassent. Moi, je veux simplement qu'ils soient eux. Je n'ai pas toujours été très bien dans ma tête, mais il y a eu des moments où j'ai été très bien. Je veux qu'ils soient eux-mêmes* » (secrétaire, mariée à un agent réceptionniste). La complexité de l'objectif éducatif, une femme (maîtrise de communication) l'exprime en répondant à une question plus directe (« Jusqu'où voulez-vous que votre enfant aille scolairement ? ») : « *Je dirais au maximum de sa capacité. Non, jusqu'à ce qu'elle donne le meilleur d'elle-même... Ce n'est pas cela non plus, jusqu'à ce qu'elle se sente parfaitement épanouie dans ce qu'elle fait et qu'elle maîtrise son domaine.* »

2.2. *Vingt ans pour construire un équilibre entre ces deux exigences*

Les relations entre ces deux exigences ont varié. Ainsi, le conseil de Françoise Dolto (1979) ne pourrait plus être donné aujourd'hui sous cette forme. L'auteur reproche aux parents leur obsession scolaire : « Alors que l'important, c'est que l'enfant vive actif, heureux. La scolarité, c'est un moyen, ce n'est pas une fin, un but. » Elle estime que la mère ou le père ne doivent pas aider leur enfant :

> C'est là le problème, les parents veulent toujours quelque chose que l'enfant ne veut pas encore ! Si un enfant demande à ses parents de l'aider, à ce moment-là, qu'ils l'épaulent et qu'ils soutiennent son attention [...]. L'enfant est très capable de dire ce qu'il souhaite.

Sinon l'enfant résiste, régresse pour montrer qu'il existe. Il faut que les parents acceptent le rythme de l'enfant, ses désirs ; ainsi, la mère d'un garçon dont les résultats scolaires sont nuls et qui aime beaucoup la fréquentation des scouts marins reçoit le conseil suivant : « Puisque c'est la marine qui intéresse le fils, elle est bien plus importante pour son avenir que l'école. Tant pis s'il n'a pas de bonnes notes, si même il est nul scolairement. Je connais des garçons qui sont partis comme mousses sur des bateaux et qui ont une situation remarquable parce qu'à dix-neuf ans ils se sont mis à faire des études tout seuls. » Pour Françoise Dolto, l'arbitrage entre les deux normes doit toujours être effectué en faveur de l'épanouissement de l'enfant : « Il faut aimer les enfants comme ils sont, et non pas vouloir à leur place. »

La mise en place d'une nouvelle « norme », d'un nouveau mode d'argumentation engendre dans un premier temps une critique radicale des valeurs concurrentes. Le souci de la réussite scolaire est brocardé parce qu'il est perçu comme l'imposition de forces extérieures hostiles au développement autonome de la personnalité de l'enfant. Après ce temps de maturation (les années 1968), survient une deuxième phase, avec un « effet de balancier » où les messages publics rappellent l'existence du savoir scolaire, utile pour réussir. Et enfin, aujourd'hui, survient un troisième mouvement, celui de la coexistence pacifique entre les deux tendances.

Ce schéma résume l'histoire des vingt dernières années en France. Après 1968, des livres vantant la pédagogie anti-autoritaire – avec comme phare, le livre d'Alexander Neill, *Libres Enfants de Summerhill* (1970) – occupent une place importante dans les débats autour de l'éducation (de Singly, 1988b). Dans la décennie suivante, de tels messages deviennent plus rares, moins par un retournement de la mode que parce que les principes sous-jacents se sont imposés dans la tête des éducateurs, au prix d'un certain adoucissement. La pédagogie anti-autoritaire a pour fonction d'accompagner le mouvement de dévalorisation de la pédagogie dite autoritaire qui dicte sa loi. La conversion des parents à cette nouvelle conception de leur rôle pédagogique en rend inutile la répétition, au moins sous la forme d'exemples « extrêmes ». Les excès de ces derniers, notamment l'indifférence au savoir, sont alors dénoncés ; c'est l'épisode de « restauration » du savoir en 1985, avec le ministère Chevènement. Et enfin, depuis 1990, un équilibre entre le bonheur et le capital s'est sinon établi, du moins imposé comme évident.

Les parents bricolent pour tenter de trouver cet équilibre. Ils peuvent avouer qu'ils juxtaposent les deux demandes sans parvenir à un parfait mélange. Le scolaire tombe alors plus fréquemment du côté de la règle, de l'intangible, et la vie privée du côté de l'écoute, de la révélation. La mère se dédouble en quelque sorte : *« J'ai envie à la fois à certains moments de me constituer comme cadre, quitte à être parfois rigide – à savoir : "aujourd'hui, pas de télévision", "maintenant tu travailles", "nous allons à tel endroit" que j'impose comme un ordre ou une nécessité. Et à d'autres moments, au contraire, de réussir à être totalement libre, totalement permissive, où dans le fond c'est simplement son désir, et de pouvoir me couler et me faire à ce désir dans la mesure où je partage les mêmes plaisirs qu'elle. Je serais plutôt partisane d'une éducation qui ne soit pas la même tout le temps »* (mère psychologue).

Ils essaient également d'obtenir un mélange des deux principes, en pondérant le libéralisme pédagogique propre à la logique de la révélation d'une dose d'interventionnisme, de dirigisme, associée aux exigences scolaires. Une autre mère, psychologue elle aussi, plaide en faveur de cette solution. Elle avait mis sa fille, Lisa, quelques années, dans une école nouvelle en primaire ; ensuite, elle l'a inscrite dans un collège réputé pour le travail demandé aux élèves. Elle critique l'école nouvelle pour la qualité de ses enseignements – « *les apprentissages de base, style la lecture, l'écriture, ça ne me semblait pas très sûr* » –, mais afin de rester cohérente avec son option prépondérante (officiellement, l'attention à la personne), elle légitime le changement en se référant aux besoins de sa fille : « *Elle a besoin de se situer, elle aime bien la compétition, il faut le dire. Elle aime bien savoir combien elle est, si elle a fait mieux qu'un tel ou un tel. Et elle travaille bien dans son coin, elle n'aime pas travailler en groupe. À l'école nouvelle, un maître avait dit qu'elle était individualiste. J'ai senti qu'il y avait quelque chose qui ne collait pas.* » Et d'autre part, cette mère estime que le collège qui a été choisi est bien, car il parvient à cumuler les avantages d'une « vraie » scolarité avec les charmes d'une ambiance familiale : « *C'est l'école idéale, c'est une ambiance familiale, c'est une petite école. C'est un bon niveau mais les enfants ont quand même le temps de respirer. C'est un excellent niveau mais sans quand même trop pousser les enfants.* » Et pour conclure, elle revient sur ses critiques de l'école nouvelle : « *Je ne reproche rien à cette école. Je pense que c'est au cas par cas. Pour certains enfants, cela est très bénéfique. Je n'ai pas de généralité sur l'école nouvelle. Je n'en ai pas envie pour ma fille.* » Au nom d'un argument que ne pourrait pas désavouer un partisan de l'école nouvelle, cette femme justifie le retrait de sa fille.

On retrouve les deux formes de l'individualisme contemporain : celui qui chante les bienfaits de la concurrence comme procédé qui fait mieux ressortir les ressources de chacun, et celui qui privilégie une autre forme de découverte de soi, plus douce, dans le cadre d'un groupe tolérant. Après les énoncés purs de la doctrine de l'anti-autoritarisme et les énoncés traditionnels du « retour » au fonctionnement ancien, apparaissent des discours qui justifient les valeurs du classement, de la rivalité, de la discipline au nom des nouveaux principes. S'est ainsi mise en place une nouvelle forme de justification de la révélation de soi. L'individu peut devenir lui-même grâce à la rivalité interindividuelle et à la discipline qui stimulent, au classement qui donne sa place exacte, indicateur de sa valeur. Cette rénovation de valeurs anciennes au moyen d'un changement des justifications constitue un des procédés les plus efficaces pour assurer la continuité sociale sous les apparences de la modernité. La lutte pour le capital scolaire ne devient pas aussi contradictoire que cela avec la valorisation de la personne : puisqu'il existe plusieurs méthodes permettant de rendre visibles les ressources cachées de chacun, autant se servir de plusieurs. C'est la croyance élaborée par bon nombre de parents. Pas d'exclusive, pas d'excès, mais la recherche d'un équilibre.

La mère de Lisa exprime bien ce souci. Pour rendre encore plus évident son choix, elle évoque aussi une troisième école. Elle présente l'école nouvelle comme trop attentive au développement de la personne et pas assez aux disciplines de base, un deuxième collège comme trop centré sur la réussite scolaire et trop indifférent aux enfants, et enfin, au centre, un troisième collège, choisi puisqu'il représente une juste moyenne : *« Le collège où est Lisa, les enfants s'y plaisent. Pour moi, c'est un critère important. Le niveau est bon, mais pas forcément transcendant. C'est un mélange, c'est une des écoles les plus ouvertes, le niveau est bien et les enfants s'y plaisent. Alors que par exemple il y a une école où, quand ils n'ont pas quinze de moyenne, c'est le bâton. Ça non, c'est trop. »*

2.3. Des résolutions de la tension variables selon l'âge de l'enfant

Cette conciliation est difficile à établir, d'autant plus que la dotation en capital scolaire des jeunes générations doit s'effectuer dans un contexte où, d'une part, l'accès des milieux populaires et des filles à une longue scolarisation est plus ouvert, et, d'autre part où, la crise économique se traduit par un taux élevé de chômage. La mobilisation pour la réussite scolaire est plus forte que jamais. Il s'agit d'une situation paradoxale où l'autoritarisme n'est plus de rigueur et où le libéralisme, surtout dans la famille, est le seul mode concevable de gestion des relations, mais dans le même temps où les jeunes sont sommés de croire plus que jamais dans l'école et d'accepter les contraintes de cette institution.

Le rapport éducatif aux adolescents

Ce paradoxe a été résolu par l'invention d'un nouveau modèle de l'adolescence. L'identité de l'adolescent n'est pas homogène ; elle renvoie à la dualité des attentes éducatives. D'une part, les études relèvent d'un domaine qui appartient à l'adolescent et à ses parents ; d'autre part, les loisirs constituent un territoire personnel où les adultes n'ont pas (ou peu) droit de regard. La construction de ces deux zones, au moins dans les familles mobilisées, permet de concilier l'autonomie de l'enfant pendant ses temps « libres », grâce à la culture « jeune » – notamment grâce à la musique, aux vêtements qui marquent la séparation entre les générations – et l'hétéronomie du temps des études. À la question posée à des lycéens : « Si l'événement suivant devait vous arriver, le diriez-vous à vos parents ? », plus de la moitié des jeunes interrogés répondent « non », si l'événement est « Je suis amoureux » ou « J'ai eu des rapports sexuels ». En revanche ils répondent, pour les trois quarts, « oui » si l'événement considéré est « J'ai eu zéro en maths » (sondage *Phosphore/Elle*, 1988).

Certains commentaires « autorisés » qui prennent comme indicateur de « la défaite des pères » leur ignorance des noms des groupes de musique écoutés par les adolescents, se trompent[1]. Les jeunes peuvent, et doivent, en référence à l'injonction d'être eux-mêmes, se différencier de leurs prédécesseurs, y compris lorsqu'ils ressemblent, objectivement, à leurs parents. L'écart entre les générations ne doit pas toujours être lu comme le signe d'un désaccord ; les deux parties peuvent penser qu'il est normal que des différences existent (tout comme dans le fonctionnement des équipes conjugales à dominante autonomiste). Si les jeunes étudiants vivent plus longtemps chez leurs parents, n'est-ce pas parce qu'ont été élaborés de tels compromis qui rendent la cohabitation acceptable ?

Le régime normatif sous lequel doivent vivre parents (« Laissez vos enfants être eux-mêmes » et « Vous devez les aider à réussir ») et enfants (« Soyez vous-mêmes » et « Vous devez travailler et réussir ») ne produit pas trop de double contrainte, étant donné la dualité

1. C. Olievenstein, *Le Nouvel Observateur*, 22 avril 1993. Voir aussi pour une optique comparable, Fize, 1993.

des territoires de l'adolescence – la scolarité comme domaine familial et personnel, la vie privée comme domaine privé. Mise en œuvre par les pères et les mères, l'attention éducative comprend, au moment de l'adolescence, une bonne dose de distraction qui donne aux jeunes la possibilité de se construire par eux-mêmes sans menacer la production familiale [1].

La centration sur la petite enfance

Malgré tout, surviennent des désaccords sur le tracé des frontières entre ces deux zones, sur la définition de la plage de « temps libre ». Les parents ont peur de ce qu'ils perçoivent comme un empiétement de la zone « libre » sur la zone du devoir scolaire, et ils rêvent d'une situation moins contradictoire. Ils aimeraient que la zone du capital puisse recouvrir la zone de l'épanouissement, sans que cela soit incompatible avec la norme de l'autonomie ! D'où la centration sur la période de la petite enfance. La variation de l'âge du premier magazine éducatif à destination des enfants est passé de cinq ans à neuf mois en quelques années. Comme l'affirme un éditeur spécialisé sur la couverture de son dépliant publicitaire : « Chez Milan, la culture commence à 9 mois. » À l'intérieur du prospectus, on peut lire :

> Bien sûr, ce n'est pas à 9 mois qu'un enfant apprend la géométrie. Mais il peut découvrir le rond, le carré et le triangle en s'amusant. Et pour s'amuser, pour exercer le pouvoir tout nouveau de ses yeux, de ses

1. Pour les relations des adolescents avec leurs parents dans les milieux populaires, et leur construction identitaire, il faut renvoyer notamment à Charlot, Bautier, Rochex (1992) et Rochex (1995), et aussi à Dubet (1991).

> mains et de sa tête. Première expérience du plaisir de savoir, première étape franchie avec Milan [...]. Après, les magazines activent son imagination et donnent du punch à ses idées [...]. Votre enfant s'éveille, rit, se passionne et s'instruit [...]. Au bout du compte, le savoir finit par ressembler à un agréable compagnon d'enfance dont on ne tient pas à se séparer.

Une telle publicité exprime l'intérêt de la précocité. Elle montre également l'espoir qu'ont les parents de réussir à conjuguer les préoccupations du capital et la quête de l'épanouissement. Ces derniers aimeraient avant tout pouvoir respecter les deux normes qui soutiennent leur rôle parental.

Ils le montrent dans leur rapport à la lecture, pratique relevant à la fois de la sphère des loisirs et de la sphère des apprentissages scolaires. Ils désirent trouver le secret d'une imposition invisible. C'est pourquoi nombre d'entre eux ont acheté le livre de Daniel Pennac – *Comme un roman* (1992) – qui semblait résoudre la quadrature du cercle pédagogique (de Singly, 1993h). Le miracle viendrait de la lecture à haute voix, de l'engagement personnel de l'adulte auprès des jeunes, de l'abandon des signes utilitaires, scolaires de l'activité : dans ces conditions, l'enfant découvrirait l'émerveillement de l'écrit et n'aurait plus qu'à suivre « les droits imprescriptibles du lecteur ».

La petite enfance fascine. Les chercheurs ont démontré qu'il est possible d'enrichir culturellement les petits, et qu'à cet âge il est possible d'atteindre l'idéal, à savoir la déscolarisation du savoir associée à la recherche du « plaisir ». Sont ainsi appliqués à des enfants plus jeunes, et sans problèmes, les principes de René Diatkine destinés à des enfants en difficultés psychologiques : « On s'interdit toute attitude scolaire. On ne demande jamais aux enfants de rendre compte de ce qu'ils entendent, ni de faire un travail quelconque. Le livre, là, est un objet de plaisir[1]. » En conséquence les enfants prennent en avance le départ de la course scolaire, ou tout au moins arriveront bien entraînés.

Plus précisément, le succès de la petite enfance repose sur un malentendu entre les psychologues, psychiatres, psychanalystes et les familles qui participent à ces actions. Pour les premiers, l'important réside dans la possibilité de l'épanouissement de l'enfant (Buzin, 1995), alors que les secondes voudraient bien que leur fils ou leur fille soit sûr de prendre de l'avance, de disposer des meilleurs atouts pour gagner la course scolaire. Cette divergence est soulignée par des psychologues ou psychanalystes qui s'inquiètent du détournement « commercial » de l'attention aux bébés et à leur « génie ». Témoin, Geneviève Delaisi de Parseval qui critique la croissance des produits « parascolaires » en prenant l'exemple des cahiers *Passeport*, destinés aux enfants de trois ans :

> Dans ce cahier que les parents achètent pendant les vacances, dès les premières lignes, on prévient l'enfant : « Pour te distraire pendant les vacances et te permettre d'effectuer une bonne rentrée, tu vas faire les exercices. » Le môme a trente-six mois ! C'est un exemple typique de « l'enfant-objet idéal » doublé de l'image d'un parent idéal. En effet, dans ce même cahier, vous trouverez au centre « les dix commandements du parent modèle » où on peut lire : « Le week-end, j'essayerai de consacrer plus de temps à mon enfant » ; « je ne serai pas trop angoissé par les problèmes de la rentrée ou par les difficultés que pourra rencontrer mon enfant ».

1. Cité par Glaumaud, 1988.

Mais dans le même dossier qui publie cet entretien avec Delaisi de Parseval – « Les bébés ont du génie » (*Le Monde de l'éducation*, 1993) – alternent articles à dominante « psy » et descriptions d'activités proposées à des bébés, où la dimension scolaire est prépondérante. Comme, par exemple, la crèche bilingue de Lyon qui veut « fabriquer des bébés qui apprennent naturellement l'anglais : plus ils sont jeunes, plus cela se fait facilement. Les enfants sont de vraies éponges sensorielles ». C'est autour de ce mot, « naturellement », que se dénoue la contradiction : l'enfant doit être lui-même et il doit apprendre le plus possible. L'intérêt de la petite enfance est d'autoriser la conciliation entre ces deux normes, grâce à l'apprentissage par le jeu. Les parents sont avertis que c'est à eux de savoir doser le mélange.

Ce jeu de cache-cache, auquel s'adonnent les parents (surtout les cadres), où l'épanouissement de l'enfant recoupe l'intelligence, est perçu par des nourrices plus sensibles à l'apprentissage des règles morales. Une gardienne agréée (CAP de vendeuse et mariée à un mécanicien) ne juge-t-elle pas ainsi les parents, psychologues professionnels, qui lui ont confié leur fille : *« Ils sont pour la manière la plus moderne possible, développer son psychisme* [...]. *Pour eux, il faut apprendre aux enfants des choses dès qu'ils sont tout petits. Brunehilde (la petite fille gardée) a des jeux éducatifs. Elle n'a pas de peluches, mais un tapis de découverte* [...]. *À force d'en faire trop, on fait mal* [...] *Xavier (un autre garçon gardé), lui, au moins, n'est pas surchargé »* (de Ridder et Salesse, 1989) ? Pour cette femme, la dimension psychologique de l'éducation est appréhendée comme l'expression d'un apprentissage intellectuel.

Si certains parents tendent à rabattre le psychologique sur le scolaire, les psychologues font l'opération inverse en affirmant que les difficultés scolaires résultent de problèmes relationnels. C'est ainsi que Tony Lainé (Glaumaud, 1988) raconte l'histoire d'un garçon qui avait perdu son statut d'aîné dans sa famille, ses parents ayant adopté un enfant plus âgé que lui. Cet aîné déclassé a présenté des troubles analogues à ceux d'une dyslexie puisqu'il inversait « des lettres, et notamment la première et la deuxième dans les syllabes lues et écrites ». La perte de sa place et des repères correspondants s'est transposée, selon le traducteur, dans un autre registre, celui des apprentissages.

2.4. *Privilégier l'excellence ou l'épanouissement*

Les sociétés contemporaines exigent de leurs membres le recours fréquent à des justifications qui font référence à l'individu. Derrière ce terme unique se cachent, on vient de l'esquisser, deux formes de l'individualité : celle de l'individu qui s'est forgé par son mérite, par son travail et ses talents ; et celle de l'individu qui est lui-même grâce aux liens qu'il noue avec des proches, grâce à l'affection qu'il reçoit et qu'il donne. Le modèle normatif de l'éducation, intériorisé en France à partir des années 1960 avec, d'une part, l'extension d'une longue scolarisation à tous les milieux sociaux (et aux filles) et avec, d'autre part, la diffusion des idées psychologiques sur le développement de l'enfant et sur la critique de l'éducation traditionnelle (avec la phase, après 1968, de l'éducation anti-autoritaire), fournit aux parents deux injonctions : « Votre enfant doit réussir »/« Votre enfant doit être épanoui ». Schématiquement, ces deux principes renvoient à des formes opposées de relation avec autrui : la concurrence et la coopération ; à des justifications divergentes : être le meilleur, être heureux ; à des types de régulation différentes : la référence soit à l'extériorité du savoir et des compétences mesurables, soit à l'intériorité d'une nature aimable qui ne demande qu'à être révélée La dualité des attentes sociales vis-à-vis de l'enfance renvoie à la complexité de la définition de l'individu contemporain. Elle traverse la famille qui n'a pas pour unique fonction d'assurer un cadre permettant le meilleur épanouissement personnel, mais aussi de préparer les jeunes à supporter la concurrence scolaire afin d'être le mieux dotés en capital scolaire.

Obéir à des dieux dont les demandes ne coïncident pas oblige les parents et les jeunes à résoudre en permanence des contradictions. Avec l'aide parentale, les enfants doivent honorer la nature psychologique qui dort en eux, tout en acceptant de se soumettre à la culture scolaire. Ils y parviennent plus ou moins selon les capitaux dont dispose la famille, les stratégies que celle-ci met en œuvre, l'histoire personnelle de chacun, la logique de fonctionnement des interactions au quotidien. Tant de facteurs interviennent dans la formation du projet éducatif, de sa mise en œuvre que chacun peut avoir l'impression de disposer de la liberté de culte. Cela n'exclut pas certaines régularités dans la construction d'équilibre entre les deux principes éducatifs. Des familles privilégient la dimension scolaire, d'autres la dimension personnelle (sans exclure l'autre pôle). Et leurs choix s'inscrivent dans des institutions : les premières repèrent des écoles publiques qui proposent les meilleures garanties de réussite ; les secondes des écoles dites nouvelles, qui ont connu un regain d'intérêt dans les années 1970, dont la ligne officielle est l'épanouissement de l'enfant. Afin de connaître les profils des parents qui retiennent l'une ou l'autre option, on a fait passer un questionnaire auprès d'un échantillon de parents de milieu moyen ou supérieur dont les enfants sont soit dans des collèges considérés comme excellents du point de vue de la réussite scolaire, soit dans des écoles nouvelles [1].

Deux options

Les parents qui ont tout fait pour mettre leur enfant dans un collège d'excellence (hors de leur secteur) sont cohérents avec leur choix. Ils ont une plus grande ambition : près d'un quart d'entre eux visent les grandes écoles, contre six pour cent chez les parents d'écoles nouvelles ! Les premiers ont déjà prévu l'étape suivante en sélectionnant le lycée, alors que les parents d'écoles nouvelles refusent d'indiquer le niveau souhaité, ils ne veulent pas prendre la place de leur enfant. Ils répondent que leur fils ou leur fille ira « selon son rythme et jusqu'où il veut » (dans trois quarts des cas) ; la moitié des parents des collèges d'excellence veulent au contraire que cela soit le plus loin possible. Autonomie et réussite qualifient les deux pôles. Pour les parents d'écoles nouvelles, le dévoilement de la nature de l'enfant ne peut pas être forcé. Rien ne sert de courir. Sans doute est-ce pour cette raison que l'âge de maîtrise de la lecture est nettement plus tardif : un tiers des enfants de ce groupe et un cinquième des enfants des collèges d'excellence ont appris à lire après six ans. Et à la question sur d'éventuelles ressources en sommeil,

1. Les résultats sont tirés d'une enquête par questionnaire auprès de 512 mères qui ont un enfant de douze ans : soit dans un collège considéré d'excellence, soit dans une école nouvelle de la région parisienne. Réalisée en 1992 avec Philippe Cibois, cette enquête a été réalisée dans le cadre d'un enseignement sur les méthodes quantitatives à l'université Paris V. Christelle Oiry a participé à l'exploitation des données. Cf. annexe 3. D'autres modes de résolution de la tension existent, avec le choix éventuel de l'enseignement catholique (Langouët, Léger, 1991) et l'accent mis sur des profils de pratiques (Boyer, Delclaux, 1995).

la justification par les contraintes de l'âge est avancée plus souvent que la raison du travail insuffisant. Les enfants « primeurs » ne sont pas aussi appréciés, la précocité étant surtout utile dans la logique de la concurrence scolaire.

Prolongeant le clivage réussite/autonomie, une seconde orientation distingue les deux options éducatives : l'une insiste sur la régulation interne et sur l'autonomie, et l'autre sur la régulation externe et sur l'obéissance. Trois fois plus de mères des collèges d'excellence que de mères d'écoles nouvelles retiennent la politesse dans une liste de qualités, les autres choisissant l'autonomie. La valeur « respect » fait, elle, consensus, car elle est ambiguë, renvoyant aussi bien au respect de l'autorité qu'au respect de soi, ou des autres. Comment fonctionne le couple « réussite et obéissance » ? La seconde valeur n'est-elle qu'une condition de la première, ou sert-elle aussi de révélateur d'un rapport strict aux institutions et donc aux contraintes externes ? Ce qui est certain c'est qu'elles se renforcent réciproquement. Les parents les plus sensibles à la réussite introduisent dans leur discours éducatif la nécessité pour l'enfant d'apprendre aussi à vivre avec des contraintes. Ils perçoivent la société « comme un monde difficile » et estiment que l'enfant doit s'y préparer.

Le rapport à l'enfance est donc, simultanément, objet de consensus et de dissension. Pour les uns, l'enfance est un temps de découverte personnelle, avec l'aide des proches, et dans des conditions spécifiques à cet âge. Pour les autres au contraire, c'est une préparation à l'âge adulte, le plus tôt possible, en apprenant à développer les ressources compatibles avec la demande sociale. La concurrence scolaire, même tempérée, est vécue sur un mode négatif, ou positif, préparant doublement à l'âge adulte par la formation d'un bon capital scolaire et par le respect d'un jeu sous contraintes. Il n'y a pas de temps à perdre pour les parents de collèges d'excellence. Sans doute est-ce pour cela qu'ils préfèrent le jeu du Trivial Pursuit à celui du Pictionnary, alors que pour les parents d'écoles nouvelles, c'est l'inverse. De même, les échecs sont préférés au jeu de dames, pour des raisons identiques, les premiers faisant travailler davantage l'intelligence et la logique. S'il est possible d'apprendre quelque chose pendant les loisirs, c'est mieux. Se détendre, rire ensemble, sont des activités inutiles. Ces parents sont moins nombreux à déclarer que leur enfant « aime ne rien faire ». Le souci du développement de l'enfant pourrait devenir obsessionnel.

Le rêve d'une adéquation parfaite entre talents de l'enfant et exigences sociales, scolaires, familiales caractérise les parents de collèges d'excellence. Il se réfracte dans la manière dont ces derniers définissent leur rôle. Il y a peu de différence entre les profils des mères selon le type d'écoles, juste un peu plus d'aide intellectuelle d'un côté, et de compréhension, de complicité de l'autre. En revanche, l'image du père diffère. Le qualificatif « fermeté » appliqué à l'attitude paternelle est cité deux fois plus souvent par les parents des collèges d'excellence que par ceux des écoles nouvelles. Cette attitude qui obtient le meilleur score dans le premier groupe n'est classée dans le second groupe qu'après la complicité, l'aide intellectuelle, la compréhension, la protection.

Les parents des écoles nouvelles rejettent un terme qui connote trop la manifestation de l'autorité, la règle externe, trop contradictoire avec l'autonomie de l'enfant. Les représentations paternelle et maternelle sont assez similaires chez les partisans d'écoles nouvelles, comme s'il y avait un certain alignement des deux parents sur les valeurs féminines. Le costume de gendarme, de personne chargée de surveiller l'ordre et la discipline est rangé au placard, avec les autres valeurs traditionnelles de la génération précédente (le proverbe : « Qui aime bien, châtie bien » est jugé « démodé et faux » davantage par ces parents que par les autres). Le père et la mère, moins différenciés sexuellement, peuvent devenir des partenaires de l'enfant, principe complémentaire de « l'enfant partenaire ». Cela est perceptible par le fait que les enfants élevés dans de telles conditions sont, selon leurs parents, plus au courant de la vie professionnelle, des problèmes de santé, des opinions politiques, voire des problèmes sentimentaux de leurs parents. La centration sur la communication familiale, comme procédé de dévoilement de la nature enfantine, implique une modification des règles de la conversation (plus d'ailleurs qu'un changement d'intensité, les conversations entre parents et enfant n'étant pas plus fréquentes dans ce groupe). Chacun doit avoir la parole, chacun doit pouvoir s'exprimer, aussi bien les petits que les grands, et inversement. Pour que cela soit possible, une trop grande dénivellation de statut est peu souhaitée. L'enfant sera alors estimé moins en fonction de son degré d'obéissance que de son ouverture d'esprit et de sa capacité d'expression.

Une nouvelle forme de « romantisme » ? »

Comment comprendre le projet des parents d'écoles nouvelles ? Ne peut-il pas être rapproché de la conception de l'existence développée dans *L'Astrée* d'Honoré d'Urfé (1607) : « Vivre plus doucement et sans contrainte » ? Dans la perspective de Norbert Elias (1975), ces parents mettraient alors en œuvre une éducation que l'on pourrait considérer comme une nouvelle forme de « romantisme » – défini comme un rêve d'échapper à l'augmentation des contraintes civilisatrices, c'est-à-dire à la croissance de l'autocontrôle de soi. Ces parents veulent éviter les trop fortes contraintes de la concurrence des lycées d'excellence sans pour autant souhaiter que leurs enfants vivent dans des écoles ordinaires. Les loisirs qu'ils leur proposent – la musique notamment – démontrent aussi le maintien d'une distinction culturelle. L'invention d'une institution sociale qui respecte mieux la nature de l'enfant constituerait une forme de « retraite dans des enclaves où la vie sociale est plus simple ». En ne privilégiant ni les élèves trop centrés sur la réussite, ni les jeunes pas assez « cultivés », en favorisant un « entre-soi », ces parents cherchent à éliminer les contradictions sociales et scolaires. Ils ressembleraient aux bergers d'Urfé dans *L'Astrée* qui « veulent échapper aux contraintes de la société aristocratique et de la cour sans perdre les privilèges et les traits distingués qui les séparent, du fait de leur civilité d'aristocrates, des gens « non civilisés » sentant le mouton et la chèvre, des vrais paysans et des vrais bergers » (Elias, 1975). Peut-être est-ce pour cela que les parents d'élèves des écoles nouvelles ont une sensibilité écologique, voulant que les humains respectent aussi bien leur nature intérieure que leur nature extérieure.

Par rapport à la conception du romantisme de Norbert Elias, deux éléments du projet éducatif des parents des écoles nouvelles diffèrent :

– Le fait que ces parents ne refusent pas l'accroissement des « autocontraintes civilisatrices ». Au contraire, ils soutiennent le projet de la psychologisation de l'enfance. Ce qu'ils refusent, c'est un autre type de contrainte : l'alliance, qui leur paraît contre nature, entre ces autocontraintes et les contraintes extérieures de la réussite. Ils aimeraient croire que le capital relationnel, nécessaire pour les distinguer des enfants originaires de milieux moins favorisés, a détrôné le capital scolaire. Les parents qui mettent leur enfant à l'abri relatif de la concurrence scolaire et qui se méfient des écoles ordinaires et des écoles d'excellence, trop autoritaires, croient davantage que leur enfant parviendra à devenir lui-même sans l'inculcation à haute dose de savoirs aussitôt oubliés une fois appris, sans l'imposition d'une discipline qui contraint les élèves à rester assis pendant des heures, passifs, à écouter (plus ou moins) des cours magistraux. Leur logique argumentative repose sur celle déployée par les psychologues, avant-garde d'un mode de régulation par autocontrainte civilisatrice. À ce niveau, le « romantisme éducatif » devrait être considéré comme une espèce à part de romantisme selon la définition d'Elias.

Il faudrait étudier plus systématiquement les figures du « romantisme » (au sens d'Elias) pour savoir si les résistances sociales suscitant de tels mouvements ne sont pas engendrées surtout par la critique d'un excès de contraintes externes et par la valorisation des autocontraintes qui, dans la conscience, prennent les apparences, beaucoup plus séduisantes, de l'exaltation du moi. Revu et corrigé, le sens du romantisme serait davantage une forme d'« avant-garde réactionnaire », un mouvement qui combat la prédominance des marchés (du travail, de la scolarité...), au nom de la défense des droits de l'individu. Ainsi, pour prendre le cas très important de l'amour en Occident, le mariage amoureux s'est opposé au mariage d'intérêt et à l'imposition par des autorités extérieures (l'intérêt des lignées familiales, de la communauté villageoise} de la formation des groupes conjugaux. Lorsque amour et mariage se sont alliés très progressivement à partir du milieu du XVIIIe siècle, le désordre social ne s'est pas installé pour autant (Shorter, 1977). Le choix du conjoint s'est effectué, et continue de s'effectuer, selon les indications fournies par les autocontraintes civilisatrices vécues sous le besoin du sentiment d'être reconnu en tant que personne, compatibles avec la logique d'échanges des capitaux (ceux-ci étant devenus personnels).

– Le fait que les parents des écoles nouvelles se caractérisent assez peu par une position originale dans l'espace social. Le niveau culturel du père ou de la mère ne constitue pas un élément discriminant. La proportion de pères ayant fréquenté une grande école est identique dans les deux groupes. Ils ne forment pas un groupe social à part. D'ailleurs, bien des hommes et des femmes qui ont mis un enfant dans une école nouvelle en ont un autre dans le circuit « normal » de la scolarité. Ils sont davantage sensibles à l'arbitraire, voire aux injustices des effets de la concurrence scolaire et sociale (des récits de vie seraient nécessaires pour détecter les accidents de trajectoire des parents ou de leurs propres parents, afin de connaître les fondements culturels de cette sensibilité – facteurs difficilement perceptibles dans l'analyse quantitative). Ils y sont d'autant plus enclins que la conjoncture familiale s'y prête. Ce groupe se distingue davantage par certains traits des enfants concernés que par les caractéristiques des parents (position socioprofessionnelle et diplômes). Les différences les plus importantes sont observées au niveau du sexe et du passé scolaire : les filles plus que les garçons, les collégiens qui ont eu un passé difficile plus que les bons élèves (un tiers des élèves des écoles nouvelles et un quart des élèves des collèges d'excellence ont eu des difficultés scolaires), différences qui témoignent d'une anticipation spécifique de l'avenir.

Selon une norme implicite, l'activité professionnelle

des femmes n'a pas à être une priorité de l'existence [1]. C'est pourquoi les jeunes filles n'ont pas à développer des compétences identiques à celles de leurs frères. Dans la vie professionnelle ou privée, les unes auront à mettre en œuvre des relations de coopération et des qualités d'attention, les autres seront soumis aux relations de concurrence et devront faire preuve de leurs capacités intellectuelles et scientifiques. Les parents des écoles nouvelles pensent que les filles sont plus douées pour le soin et l'attention à autrui. La résolution de la tension entre les deux principes éducatifs – l'épanouissement et la réussite – diffère selon les sexes, dans la mesure où l'un et l'autre principes ont des proximités inégales aux définitions sociales des genres. Les garçons doivent se bagarrer dans la classe et dans la cour pour être les premiers. Compétition sportive et compétition scolaire ont des points communs : trois fois plus d'élèves dans les collèges d'excellence que ceux des écoles nouvelles pratiquent la compétition sportive ! L'univers des écoles nouvelles est davantage « féminin » que « masculin ».

La différenciation selon le passé scolaire reflète un autre enjeu. Pour les filles, il s'agit éventuellement de constituer une structure de capital différente de celle des garçons, avec un poids plus grand du capital rela-

1. Si à la question : « À votre avis, aujourd'hui, pour une femme, avoir un emploi c'est aussi indispensable que pour un homme ? », 91 % des jeunes femmes de 25 à 35 ans répondent « oui », à la question : « Quelles sont vos deux priorités essentielles ? », les mêmes femmes classent d'abord « vivre une relation de couple » (97 %) et « avoir des enfants et le temps de s'en occuper », et ensuite « réussir votre vie professionnelle » (26 %). Pour les hommes, les chiffres correspondants pour l'enfant et la vie professionnelle sont de 58 % et de 41 %. Voir Bozon, Laufer, de Singly, Villeneuve-Gokalp, 1994.

tionnel, de la personnalité. Pour les moins bons élèves, il s'agit d'une stratégie de rattrapage, avec l'espoir, qu'après une étape, l'enfant reviendra dans le circuit ordinaire reprendre sa vraie place (notamment pour les garçons), parce que les parents estiment qu'il faut développer, si possible, d'autres types de richesses, ou qu'ils pensent que l'enfant, à défaut d'être le meilleur, sera le plus heureux possible.

Romantisme éducatif et domination du capital scolaire

À l'intérieur des couches moyennes et supérieures, le clivage entre écoles d'excellence et écoles nouvelles repose moins sur une opposition entre fractions de classes que sur une différenciation selon le sexe, et selon le degré de réussite de l'enfant. Ce phénomène traduit, semble-t-il, une modification des rapports sociaux, eu égard à ceux décrits par Norbert Elias. Le développement de la scolarisation, et le passage du capital économique au capital scolaire comme capital de référence changent les formes des luttes de classes. Si les familles les mieux dotées ont toujours plus de chances de réussir, elles doivent néanmoins se soumettre à l'instance centrale de certification qu'est l'école. Or celle-ci contribue à la reproduction sociale dans sa logique propre. Elle ne garantit pas à tous les enfants de cadres supérieurs de devenir cadres supérieurs, ces enfants doivent démontrer leur valeur scolaire. Les parents contrôlent moins le processus de désignation des héritiers ou des ayant-droits. L'intérêt pour les écoles nouvelles ne serait-il pas alors de proposer une solution de rechange pour les enfants qui auraient eu des ennuis à l'école dans leurs premières années ? Ou pour les filles dans la mesure où l'école, devenue un bien commun, conserve néanmoins un sens différent selon les genres ?

Le romantisme scolaire – et la dotation en capital relationnel – résulterait de stratégies mises en place par les catégories supérieures cherchant à protéger, *a priori* ou *a posteriori*, certains des leurs des contraintes de l'école. Le rêve de « vivre doucement et sans contrainte » à l'école est formulé par des parents soit pour leurs enfants qui ont des difficultés (c'est une forme de filet de protection), soit pour certaines de leurs filles (étant donné la moindre concurrence à craindre sur le marché du travail). Les écoles nouvelles sont tolérées à la marge parce qu'elles acceptent les individus les moins armés pour la compétition scolaire (les essais de pédagogie anti-autoritaire étaient surtout destinés aux élèves en grande difficulté) ou les moins socialisés pour le jeu de la compétition professionnelle.

Néanmoins la place secondaire des écoles nouvelles révèle combien la division du travail entre les institutions tolère assez peu les écarts : autant la famille est chargée avant tout de rendre les enfants heureux et épanouis, autant l'école est chargée de diffuser des savoirs et de hiérarchiser les élèves. La critique que les parents d'aujourd'hui font de l'expérience de Summerhill (Neill, 1970) montre aussi l'acceptation de cette répartition des tâches. L'école n'a pas à jouer en priorité la carte de l'épanouissement personnel et la famille ne doit pas devenir une annexe de l'école (en respectant des zones de liberté, non scolarisées, au sein de la vie des lycéens). Sous sa forme extrême – unir la famille et l'école dans le même rêve aux contraintes – le « romantisme éducatif » a peu d'avenir, servant surtout à prouver l'existence des tensions entre les deux principes normatifs de l'éducation contemporaine, et plus profondément entre les contraintes et les autocontraintes.

2.5. *La fructification des ressources personnelles*

Qu'ils choisissent ou non l'école de leurs enfants, dans leur très grande majorité, les parents souhaitent pouvoir concilier les deux impératifs. Plus ou moins secrètement, ils espèrent que leur fille ou leur fils s'épanouira en suivant les critères dominants de la société, c'est-à-dire en réussissant. On le comprend en écoutant un père instituteur (et fils d'ouvrier agricole) évoquant l'avenir de son dernier fils, Marc, qui n'a pas fréquenté un lycée général et a repris des études, en tant qu'apprenti, pour devenir cuisinier : « *Du moment qu'il fait ce qui lui plaît, c'est le principal. Il veut être cuisinier, pâtissier dans un grand restaurant. C'est son rêve. Du moment qu'il s'épanouit...* » Ce père cherche à se persuader du bien-fondé de la norme de l'épanouissement, en espérant que le cuisinier ou le pâtissier travaillera dans un grand restaurant, rétablissant avec retard la trajectoire sociale interrompue. Il n'arrive pas à se remettre de sa déception, même si, au moment où l'enquêtrice lui demande un bilan, il parvient à attribuer des bons points à chacun de ses enfants : « *Les portraits des trois ? Disons que j'aime beaucoup Vincent parce que c'est l'aîné (il vient de lui reconnaître d'autres qualités, notamment le fait d'avoir bien choisi son épouse). J'aime bien Michel parce que c'est celui qui, dans ses études, nous a donné le plus de satisfactions. Et Marc parce qu'il m'aide dans des tâches manuelles, au jardin ; par là c'est celui que j'apprécie le plus. Je les aime bien tous les trois bien sûr, mais chacun dans des domaines différents* ».

Comme ce père, des parents peuvent être déçus par un de leurs enfants[1]. L'épanouissement personnel ne

1. Voir annexe 5 et Cosson (1983).

suffit pas à créer la satisfaction paternelle ou maternelle. Des règles d'application précisent cette norme : l'enfant ne doit pas se contenter de « suivre » sa nature, il doit la faire fructifier. Dans la parabole des talents (précédemment évoquée), on se souvient qu'à son retour le maître, découvrant qu'un des serviteurs a su placer l'argent, au lieu de l'enfouir dans le sol, lui accorde sa confiance, son affection en quelque sorte. Le maître récompense le serviteur le mieux doté (au départ, et à la fin), non pas parce qu'il a le plus travaillé. Les parents veulent bien ne plus imposer la direction ou l'orientation que prend leur enfant, à la condition que ce dernier développe ses ressources initiales. Le travail de l'enfant reste valorisé dans les familles contemporaines, même si la justification explicite s'est modifiée[1]. Ce qui prime ce n'est plus (au moins consciemment) le souci de l'amélioration de la lignée familiale, c'est la préoccupation personnelle[2].

Les parents seront déçus si leur enfant est indifférent à cette valorisation de ses richesses. Et ils pourront transformer ce jugement en déception affective. Telle

1. Lorsque des parents doivent indiquer quelle rétribution ils donneraient à chacune des deux filles dans la situation suivante : « Un couple doit décider comment rétribuer ses deux filles jumelles qui ont confectionné pour un fleuriste des bouquets valant un franc chacun. Les deux sœurs ont travaillé le même temps, trois jours, avec la même assiduité, mais l'une a confectionné 400 bouquets et l'autre 200 », ils argumentent le plus souvent en utilisant l'effort, justification qu'ils préfèrent à celui du résultat « objectif » du travail (Kellerhals et *al.*, 1986).

2. Le dilapidateur étudié par Anne Gotman (1995), a un statut ambigu dans le monde contemporain. Il peut être apprécié car il refuse de bénéficier des avantages de l'héritage pour se produire lui-même. Il peut être critiqué si cet abandon n'est pas compensé par une réussite personnelle, s'il ne parvient pas à faire fructifier ses propres ressources.

cette mère (professeur de collège) qui a des relations assez distantes avec le deuxième de ses trois enfants. Il s'est arrêté en seconde, et a, après une période de chômage, réussi un concours d'employé des PTT : *« Rodolphe a les mêmes possibilités intellectuelles, mais il ne s'est pas donné la peine de travailler. Quand on lui a dit qu'il allait se casser la figure parce qu'il ne fichait rien, il ne nous a jamais écoutés. C'est assez désagréable de faire pression parce qu'il n'a pas suffisamment les pieds sur terre pour réaliser son intérêt... La communication est plus facile avec les deux autres. Avec Rodolphe, ce sont toujours les mêmes difficultés. »*

Dans certaines familles, les parents apprécient donc moins les enfants qui n'ont pas bien réussi, si – et seulement si – ces derniers sont jugés responsables ; dans le cas contraire, handicap ou ennui de santé, l'enfant sera au contraire très entouré[1]. Sous certaines conditions (celle d'une certaine « normalité » de l'enfant), la logique de la révélation peut et doit se conjuguer avec celle de la réussite.

1. Les (rares) parents qui avouent une préférence affective choisissent plutôt l'enfant le mieux doté. Ce résultat est tiré d'une enquête par questionnaire menée auprès de 202 pères et 284 mères qui avaient au moins deux enfants adultes, ayant leur propre logement et indépendants financièrement. Cette enquête a été réalisée en 1989 dans le cadre d'un enseignement sur les méthodes quantitatives à l'université Rennes II, avec l'aide de Claude Poissenot pour l'exploitation des données (voir de Singly, 1993f et annexe 5). Les questions sur les préférences, les ressemblances, etc., étaient formulées sur le modèle suivant : « Un de vos enfants vous ressemble-t-il davantage au niveau du caractère que les autres ? » et « Un de vos enfants ressemble-t-il davantage à votre conjoint au niveau du caractère que les autres.

3. La tension entre l'attention personnelle et l'égalité de principe entre les enfants

3.1. La norme de l'amour égalitaire

Il faut introduire dans la définition de l'éducation une autre valeur, l'égalité, qui complique encore plus le jeu. Cette valeur de l'égalité s'est inscrite progressivement dans les relations familiales, en tant que signe de l'affection des parents vis-à-vis de leurs enfants. C'est en traitant les enfants, non plus selon leur rang et selon leur sexe, c'est-à-dire en fonction de leur position par rapport à l'héritage de la lignée familiale, que les parents ont exprimé le nouveau sentiment de l'enfance (Ariès, 1960). L'égalité affective sous-tend l'action des parents. L'amour conjugal et l'amour parental (au sens moderne) se sont construits tous deux explicitement contre la logique de l'intérêt. Les hommes et les femmes, les pères et les mères ne doivent pas se laisser guider, officiellement, par leur appât du gain pour régler les mouvements de leur cœur. L'amour véritable (au sens normatif) doit continuellement démontrer au monde son caractère spécifique en faisant en sorte de ne pas chasser sur les terres de la richesse économique ou culturelle. Il doit être aveugle pour que les uns et les autres y croient.

À la Restauration, au XIXe siècle, le primat de l'aîné, garant avec l'autorité du père de la solidité des lignées, n'a pas été rétabli. Et la norme de l'égalité de traitement des enfants a été acceptée et est encore acceptée par l'ensemble de la société. Le couple « affection et égalité » n'a pas divorcé. À la question : « Tout en aimant également vos enfants, diriez-vous que l'un d'eux est affectivement plus proche de vous que les autres ? », les parents interrogés répondent en grande majorité « non[1] ». Ils estiment devoir aimer tous leurs enfants et ne pas pouvoir marquer une préférence. Les parents en tant que proches se doivent de contrôler la distance respective qu'ils ont avec chacun de leurs enfants.

Cette égalité de traitement fait partie intégrante de la définition du rôle de « bon parent ». Cependant, avec la montée de la logique relationnelle et psychologique et de la norme de l'épanouissement, son application est devenue plus difficile. Les parents doivent, en même temps, différencier le regard qu'ils portent sur leurs enfants. Une publicité pour les jeux Lego désigne cette exigence. On voit deux enfants habillés de la même façon qui ont confectionné deux objets très différents. Le cadre de référence éducatif est fourni par le slogan – « Chaque enfant est unique » – et par les premières lignes du message : « Les apparences sont trompeuses. C'est ce qu'on ne voit pas qui fait la différence. Dans l'esprit de chaque enfant tant d'idées et d'inventions ne demandent qu'à s'exprimer. Les éléments Basic leur permettent de donner forme à leurs idées. » Les parents ont accès au monde invisible de leur enfant grâce à ces

1. Voir Roussel, Bourguignon, 1976. Le principe de l'égalité correspond davantage à une société salariale, c'est-à-dire à des familles où la transmission du patrimoine n'est pas (ou peu) associée au placement professionnel des enfants. C'est dire l'impossibilité de généraliser les travaux minutieux de Zarka (1993), établis sur des familles d'indépendants. Il n'est pas certain que l'inégalité dans les projets de scolarisation selon le rang, observée par Kellerhals, Montandon (1991), principalement pour les garçons, ait un sens identique. Pour nous, elle reflète une forme de division du travail entre l'identité statutaire et l'identité personnelle, entre la dotation en capital et l'épanouissement, que les parents établiraient au départ : l'aîné devant, *a priori*, incarner davantage la première dimension. Il s'agit d'une des modalités de réduction de la tension au sein de la nouvelle éducation familiale.

jeux qui forment le matériau idéal pour la révélation du soi enfantin. Dans le monde enchanté de la publicité, il n'y a pas de place pour la jalousie entre les frères, le problème étant réglé par le fait que chacun a reçu la même boîte de ses parents. Ces derniers reconnaissent la différence observée au niveau des œuvres (un bateau, un animal), la nomment sans pour autant donner l'impression d'en préférer une et, indirectement, de préférer un des auteurs.

Les parents considèrent leurs enfants comme des être originaux. Cela les incite à mettre en œuvre une politique éducative, différenciée selon la personnalité de chacun de leurs enfants. Pour résoudre le problème, chaque parent s'invente des règles qui lui font passer de : « Je les aime également » à : « Je les aime différemment » par la médiation du : « Ils sont différents, et ils n'ont donc pas les mêmes besoins [1] ».

Mais l'équilibre entre une attention particulière accordée à chaque enfant et l'équivalence de l'amour donné n'est pas simple à conserver, dans la mesure où peu de différences ne se retraduisent pas dans une hiérarchie sociale. Un des moyens pour éviter cette tension consiste à mettre en valeur successivement un des enfants. Lorsqu'il s'agit d'exprimer le meilleur souvenir de famille [2], on observe – en dehors des moments ritualisés comme Noël – un nombre important de situations où l'enfant se trouve seul à seul avec ses parents ou avec un de ses parents, où il est le seul héros familial, comme pour son anniversaire. Le développement de ce type de rituels ne renvoie pas exclusivement à la

1. Le traitement différencié est limité par son coût en termes de charges de travail domestique.

2. Question posée aux parents dans l'enquête présentée en Annexe, 2.

fonction d'accumulation de capital social, au contrôle parental du réseau de sociabilité enfantine ; il est aussi le signe de l'individualisation de chacun des membres de la famille. Le jour de son anniversaire, l'enfant a droit à davantage d'attention de la part de ses parents. À d'autres moments, il a l'exclusivité, provisoire, du regard de la mère ou du père. La croissance des pratiques séparées entre un parent et un enfant, des rencontres « duelles », relève aussi de cet objectif : pouvoir plus facilement opérer un traitement différencié, en créant une situation provisoire, en mettant entre parenthèses les autres membres de la famille.

3.2. Les jumeaux, semblables et différents

La naissance de jumeaux pose de manière accrue le problème de la tension entre égalité et différenciation. Selon les théories savantes ou ordinaires, les jumeaux ont de fortes chances de se ressembler et d'être unis. La demande des spécialistes de privilégier la différence est contrecarrée à la fois par des regards extérieurs qui refusent de distinguer entre les jumeaux, et par ces derniers qui peuvent apprécier d'être ensemble et exiger un traitement égalitaire avec tant de force que cela revient à nier les différences.

Tel est le cas d'une famille où le père ingénieur et la mère cadre moyen ont deux garçons jumeaux de treize ans [1]. La mère qui a « beaucoup lu sur le sujet » s'est obligée, avec l'accord de son mari, à les séparer en deuxième année d'école maternelle, sans que les résultats aient été très positifs, puisqu'un psychologue a été consulté. Selon elle, c'étaient les enfants eux-

1. Extraits d'entretiens recueillis par Muriel Darmon, 1995.

mêmes qui résistaient à la différenciation : « *L'un voulait toujours ce qu'avait l'autre... Pour les jouets, j'achetais les deux pareils. Suivant ce que c'était, c'était ennuyeux, parce qu'on ne va pas acheter deux Monopoly ! Mais on voyait que l'un s'intéressait plus au jouet de l'autre. Cela faisait des histoires, des conflits, des petits conflits, mais des conflits quand même. Avec l'habillement, c'est pareil. J'allais dans les magasins, je choisissais et j'étais obligée de changer le lendemain, ils faisaient des crises. Cela n'allait pas. Ils n'acceptaient pas la différence dans le choix des vêtements... Je n'ai pas soutenu le conflit. S'ils veulent être habillés pareil après tout, cela les regarde, eux. Les amis, la famille disent : "Il faut absolument les séparer", je dis : "S'ils sont deux, pourquoi vouloir absolument les séparer, si la nature les a mis comme cela, pourquoi vouloir absolument ?"* » Malgré les rappels à l'ordre, cette femme privilégie le groupe. Dans la manière dont elle décrit le fonctionnement du tandem, on appréhende la spécificité de la situation des jumeaux qui peuvent, surtout s'ils sont du même sexe, exiger une stricte égalité : « *Il fallait que l'eau soit exactement de même hauteur dans le bain. "Oui, lui il a eu plus d'eau que moi." Des petits conflits ajoutés les uns aux autres cela devient épouvantable... Donc j'allais dans leur sens. À table, c'était pareil, si je leur donnais de l'eau dans le verre, il fallait que ce soit vraiment la même chose, l'assiette pleine de la même façon. C'est difficile à gérer.* » Cette femme, pour ne plus avoir à compter, avoue : « *Finalement, on n'a jamais fait de différences. On a toujours fait pareil. Avec l'eau du bain, le nombre de gâteaux à manger, les quartiers de clémentine... Si mon mari en prenait un pour faire les courses, cela posait des problèmes. Si lui avait été dans une boulangerie et avait eu un gâteau, et l'autre avait eu un coca, alors cela n'allait pas. On a eu vite fait de se rendre compte que c'était plus pratique de faire tout pareil.* »

Les garçons ont réussi à obtenir la suppression du principe d'équivalence au profit du principe strict de l'égalité. Le moment de Noël montre bien comment le premier principe ne s'impose pas. La mère a pourtant demandé à chacun de faire une liste personnelle dans la mesure où les jeux collectifs ne comptent pas : « *Je me suis rendu compte qu'il fallait que le cadeau soit à usage unique, et pas à partager. L'an dernier, ils m'avaient fait une liste. Je leur ai dit, "mettez-moi des priorités, des numéros". L'un a eu des jeux électroniques et l'autre une voiture télécommandée. Même si c'était inscrit sur leur liste, il y avait toujours les yeux qui regardaient.* » Leur mère se rassure, en pensant que ce sont de « vrais jumeaux ». Elle ajoute néanmoins, inquiète : « *Mais cela aurait été mieux qu'ils soient un peu plus différents. Ils sont pareils, trop pareils même.* »

Cette sensibilité, forte – trop forte – des deux frères à l'égalité qui les conduit à être pareils, trop pareils, semble naître d'une préoccupation de leur mère. En effet, au cours de l'entretien, à la question classique sur le choix des prénoms (Josse, Robin, 1990), elle répond : « *Dès la deuxième échographie, j'ai choisi les prénoms. Je voulais qu'il y ait sept lettres. Je voulais qu'il y ait le même nombre de lettres pour les deux. Pourquoi ? Il me semblait qu'il ne fallait pas en léser un plus que l'autre. J'ai choisi Mathieu ou Nicolas, et cela m'est venu comme cela. Je ne me suis pas posé trop de questions. Du fait que Clément (un troisième fils) a aussi sept lettres, il m'a semblé qu'il valait mieux* ». Peut-être faudrait-il relier ce souci aux suites d'un mariage précédent où cette femme avait été soupçonnée – dit-elle – par une assistante sociale d'être une mauvaise mère ? Tout se passe comme si elle avait voulu, dès la naissance des jumeaux après son remariage, ne pas être accusée à nouveau, et pour ce faire, ne pas être prise en flagrant délit d'inégalité.

Cela témoigne de la place importante que la valeur de l'égalité occupe dans l'imaginaire éducatif, même si elle est habituellement davantage modulée en fonction des besoins des enfants et donc transformée en équité. Comme l'exprime un jumeau, élevé dans une famille plus sensible à la logique de la différenciation, la présence de jumeaux contraint à une application plus stricte du principe de l'égalité : « *Mes parents ont fait en sorte de cultiver la différence pour faire deux individus différents. En fait, il y a toujours eu un équilibre entre les deux : d'un côté cultiver la différence pour faire des individus autonomes, pas dépendants l'un de l'autre, mais de l'autre ne jamais présenter l'un plutôt que l'autre, on a toujours été considérés comme "les jumeaux". Ce qui était valable pour mon frère était valable pour moi, et inversement. Avec un frère cadet d'un an, je suis sûr que ce serait même bon pour le frère aîné de se voir autorisé à regarder un film tard le soir, alors que nous, ce n'était pas imaginable. Cela aurait été un scandale ! (rires).* » Une telle proximité entre les jumeaux rend injustifiable tout traitement différencié, qui pourrait être codé comme inégalité.

Le cas exemplaire des jumeaux permet de saisir les limites de l'individualisation contemporaine (une seconde limite apparaîtra avec la force des ressemblances). Même dans les familles qui refusent « l'amalgame » et qui veulent que les jumeaux soient « deux entités indépendantes », la proximité est recherchée au nom de l'égalité. Ainsi, dans cette famille dont les parents sont tous deux ingénieurs de la fonction publique, une telle politique de la différenciation reste limitée. Pourtant très réfractaire à la confusion – il raconte comment, lors d'un mariage, lorsqu'il avait été présenté comme « le père des jumeaux », il avait répondu « Non, le père de Régis et de Laurent » –, le père insiste sur le fait que ses deux garçons sont restés dans la même classe : *« systématiquement tout le temps, sauf une année dans une classe où la maîtresse avait une position complètement carrée sur le fait que des jumeaux n'avaient pas à être dans la même classe. Nous, on n'était pas d'accord. Après on les a remis dans la même classe pour qu'ils aient les mêmes repères, au lieu d'être perdus. On a décidé que tant que cela ne poserait pas de problèmes, tant qu'il n'y en avait pas un qui prenait le pas sur l'autre et qu'ils ne manifestaient pas le désir contraire, on les laisserait dans la même classe. Et finalement, ils ont toujours tenu les têtes de classe... Depuis la seconde, avec le choix des options, on a laissé les enfants choisir celles qu'ils voulaient, ils ont été séparés. Moi, je n'en suis pas tout à fait heureux. Il y en a un qui va avoir quand même un avantage sur l'autre, parce qu'il est dans une meilleure classe. Vous allez me dire que s'ils étaient tous deux dans la plus mauvaise, ce serait un peu dommage »*. La concurrence externe due à l'école, l'absence de clôture de la famille contemporaine (malgré les apparences de repli domestique) font que les parents veulent offrir à chaque enfant des chances égales.

La valeur de la démocratie qui s'est imposée dans la famille contribue à restreindre le champ d'application de l'individualisation. Plus précisément, l'individualisme contemporain est dual : il s'inscrit d'une part dans la lutte de tous contre tous et dans l'affirmation de l'excellence, et, d'autre part, dans la proclamation d'une commune humanité (fraternité). La logique du marché triomphe alors que, dans le même temps, se développent les mouvements humanitaires et écologiques (le sentiment d'appartenance à une même terre). Au sein de la famille, la reconnaissance de chacun dans son individualité ne s'effectue pas au détriment des autres membres de la famille et du sentiment d'appartenance au même groupe. L'égalité constitue un garde-fou contre les excès d'un des versants de l'individualisme, sans interdire néanmoins la comparaison et l'émulation. Les parents de jumeaux, convertis à la différenciation, révisent à la baisse cette volonté dans leurs pratiques pour éviter les risques d'un traitement inégal, immédiatement perceptible, et pour donner des chances identiques aux deux enfants. Finalement, comme l'exprime l'un des jumeaux de cette famille, ce qui compte n'est-ce pas le sentiment d'être différent ? *« Physiquement, on se ressemble. Il n'y a pas à chipoter là-dessus. Sinon, de caractère, non. On a certainement des points communs, mais on est quand même assez différents. En quoi ? C'est dur ça ! Comment le définir ? Je ne sais pas. Moi, je vous dis : "Je suis différent de lui"' ; mais c'est peut-être juste parce que j'ai envie d'être différent aussi. Je ne peux pas vous dire précisément. »*

3.3. La spécificité de l'amour parental

Si l'observation générale établit de nettes différences concernant la nature des relations entre les conjoints d'une part, et celles entre les parents et leurs enfants d'autre part, certains points communs peuvent être mis en lumière. Le changement de conception de l'adulte et de l'enfant au sein de la famille contemporaine – le premier n'étant jamais achevé, le second n'étant pas à modeler – engendre un rapprochement entre eux. Grâce à l'amour attentif des proches, les uns et les autres doivent pouvoir se révéler. Malgré tout, des différences subsistent entre les deux types de relations : notamment l'expression de l'amour. Le conjoint n'a pas à se poser le problème du dosage de son affection pour son partenaire, tandis que le parent est amené à le faire pour ses enfants qui ont droit à des parents équitables. Ils le savent et en vérifient souvent le respect. La jalousie fraternelle pour un verre d'eau, pour le nombre de morceaux de mandarine donnés par les parents (comme dans le cas de Mathieu et Nicolas), le prouve.

Les parents connaissent aussi ce principe, et l'approuvent. Ils cherchent à le respecter, c'est pourquoi ils font difficilement l'aveu d'une préférence : moins d'un dixième avoue éprouver une préférence, guère plus une admiration sélective. C'est le premier registre de leurs jugements qui s'appuie sur la norme de l'amour égalitaire[1]. Un second registre existe qui permet de répondre aux exigences de la différenciation. La mère et le père ont le droit de distinguer leurs enfants. Si la demande de révélation de soi exige un regard attentif, celui-ci est souvent légitimé par le registre plus traditionnel des ressemblances. Plus des deux tiers des parents reconnaissent une ressemblance physique avec au moins l'un de leurs enfants, plus des trois quarts une ressemblance de caractère. La ressemblance constitue un espace idéal pour l'inscription des relations de générations : elle marque une proximité, involontaire et légitime, puisqu'elle témoigne d'une certaine continuité de la famille.

Ces ressemblances ne contredisent pas la dimension volontaire et élective de la famille contemporaine, mais elles la tempèrent en l'adoptant aux relations entre les parents et les enfants. En évoquant les familles recomposées et l'adoption, la circulation des enfants au sein

1. Voir l'annexe 5.

des familles, on a déjà observé une certaine oscillation entre la valorisation des parents éducateurs et celle des parents biologiques. Cette tension s'inscrit aussi dans les jugements des parents. L'amour parental doit être désintéressé, volontaire et inconditionnel. Il ne peut pas y avoir (au moins dans l'idéal) de menace de retrait de l'amour. Jouant le rappel, construit socialement, de la nature et des liens biologiques, la ressemblance rend cette demande visible. Aujourd'hui le maintien, voire le renforcement, de la justification biologique ne provient pas seulement des progrès de la science (garantissant à coup sûr la paternité biologique), il est engendré aussi par l'accroissement de l'instabilité conjugale. La fragilité de l'élection amoureuse risquerait sinon, par effet de halo, de déstabiliser l'amour parental, d'autant plus qu'il existe une relation entre les deux. Marqueur classique des lignées sous l'ancien régime de l'héritage, les ressemblances jouent une nouvelle fonction : être garant de l'amour parental. Elles démontrent que cet amour est inscrit durablement dans les corps ou dans les caractères, contrairement à l'amour conjugal, plus incertain.

II

Une autre manière d'être père

Une femme (au foyer, mariée à un cadre supérieur) résume les grandes lignes de l'éducation contemporaine : « *Je ne veux pas faire un enfant type. Je veux qu'il soit bien dans sa peau. Ce n'est pas à moi de lui dire : "Tu feras ceci, tu feras cela." Au contraire, il faut qu'il sache ce qu'il veut faire, lui. C'est ça qui est important. Je peux l'aider, je peux le guider mais je ne peux pas lui imposer. Je ne peux pas lui dire "tu joueras du piano" si c'est de la flûte qu'il veut faire... Je pourrais lui interdire des tas de trucs, mais ça servirait à quoi ?* » Le passage d'une éducation dont la fonction est le modelage moral de l'enfant à une éducation centrée sur la révélation entraîne une modification de l'ensemble des relations familiales. Pour être cohérents avec le nouvel impératif catégorique, le père et la mère ne peuvent plus jouer le répertoire classique. Ils sont amenés à modifier le texte et la diction, la nature des contraintes imposées à l'enfant, et les manières d'obtenir gain de cause. Dans la période précédente – celle de la femme au foyer – la mère était déjà proche de ses enfants. Et même si elle devait enseigner l'obéissance et la politesse, elle savait compenser ces efforts par l'amour et les petites attentions dans la vie quotidienne.

Le père, lui, était défini et se définissait par son rôle de pourvoyeur de revenus et son rôle d'autorité. Il pouvait même s'autoriser, privilège du chef, à ne pas bien remplir ces deux fonctions. Dans *Un larcin* (Bellow, 1991), un homme est ainsi jugé par son épouse, Clara Velde :

> Père affectueux à condition que les gosses ne le dérangent pas, il passe le plus clair de son temps à lire des livres de poche [...]. Moi, pendant ce temps, je tiens la maison toute seule : hypothèques, entretien, bonnes, jeunes filles au pair venues de France ou de Scandinavie. J'échafaude des projets pour les enfants, je m'occupe de l'école, du dentiste et du pédiatre, sans compter les petites copines, les sorties, les tests psychologiques, l'habillement des poupées, les cartes de la Saint-Valentin que je découpe et colle. Quoi d'autre ? J'apaise leurs tourments secrets, je règle leurs disputes, je stimule leur intellect, j'essuie leurs larmes. Je les aime. Wilder (son mari) ne fait que lire P.D. James ou Dieu sait qui, jusqu'à ce que l'envie me prenne de lui arracher le bouquin pour le jeter dans la rue.

Cette figure du père, comparable à certaines images redessinées après coup des femmes au foyer, sert surtout de repoussoir. Aujourd'hui, un homme « doit » se conduire différemment, contraint de redéfinir son identité paternelle (si le registre du « devoir » est présent dans ce chapitre, c'est qu'il est consacré au repérage de nouvelles normes sociales de conduite pour le père).

Un homme (concepteur de logiciels, divorcé et revivant en couple) traduit bien ce sentiment : *« Un jour, j'étais avec mon aînée, qui avait alors cinq ou six ans. Je l'avais menacée d'une fessée si elle me désobéissait.*

Et elle m'a désobéi. J'étais dans un cul-de-sac. Sur le coup il m'a semblé que mon autorité paternelle en avait pris un coup. Avec le temps, je me suis rendu compte que je voulais avoir raison en tant que père. Autrement, je lui aurais sans doute laissé plus de liberté. Mais parfois les parents ont tellement peur de perdre la face qu'ils se retrouvent coincés. Quand j'ai compris cela, j'ai décroché de mon rôle de père à tout prix. Aujourd'hui, je suis plus souple avec mes enfants, moins à cheval sur les principes » (« Pères », *Coup de pouce*, juin 1994). Ce bref récit contient tous les éléments du modèle de la rupture paternelle : le couple « obéissance » et « autorité », et sa dévaluation. L'homme ne veut plus jouer au père, ce rôle contribuant à l'éloigner de son enfant, ce qu'il ne veut à aucun prix. Il préfère donc sacrifier la valeur « obéissance » et l'estime de soi placée dans la capacité à l'obtenir, pour rester, ou du moins avoir l'impression de rester, proche de son enfant.

Grâce au support des albums pour enfant, on analysera cette critique du rôle paternel, de ce que l'homme croyait devoir « en tant que père » (1.). Mais cette rupture ne suffit pas à définir un nouveau « rôle ». L'homme découvre que les seules indications explicites portent sur le souci de la proximité avec l'enfant. Le père cherche à être pour son fils, sa fille, un proche familier.

L'étude fine des activités des pères et des mères avec leur enfant permettra d'appréhender d'autres dimensions du nouveau rôle de père (2.). Ce qui nous conduira à poser autrement les problèmes de la paternité aujourd'hui.

Le divorce, la séparation, l'existence des familles monoparentales et recomposées – avec notamment la concurrence éventuelle du beau-père – rendent encore plus visibles les conditions dans lesquelles les pères ont à relever un nouveau défi : savoir être proche tout en assumant une fonction de médiation vis-à-vis du monde extérieur et une fonction de socialisation par rapport aux règles (3.).

1. La déconstruction du rôle de père

Dans bon nombre d'albums pour jeunes enfants actuellement disponibles [1], une image apparaît : le père – figuré sous les traits d'un ours ou d'un homme – s'amuse avec un jeune enfant ; il est à quatre pattes et fait le cheval, son enfant sur le dos. On peut rapprocher cette image du père de certaines catégories d'images anciennes, qui ont eu beaucoup de succès en Europe entre le XVIe siècle et le XIXe siècle, caractérisées par une présentation du monde « à l'envers ». Dans ces vignettes, on peut voir la femme partir à la chasse, l'homme garder l'enfant et l'enfant battre son maître. Les animaux occupent aussi une grande place dans des sociétés encore très rurales. Une image est presque toujours consacrée à l'inversion du rapport entre un homme et son cheval. Ce dernier monte sur le dos de son maître qui doit le porter. Un proverbe exprimait la même idée : « Aujourd'hui est le contraire de ce qui fut hier. L'homme tire le carrosse, le cheval et les cochers. »

1. Caroline Rives de l'association « La joie par les livres » m'a aidé pour la sélection du corpus de livres pour enfants et adolescents. Voir La Selve, 1983 ; Huet, 1988 ; Le Brun, 1992 ; Michel, 1986 ; Nelson, 1993.

1.1. Le « père-cheval »

La première partie de ce proverbe éclaire la mise en scène contemporaine de l'enfant sur le dos de son père à genoux : aujourd'hui n'est pas hier. Le père moderne ne s'impose plus comme le père traditionnel ; il a appris à se mettre à la portée de son enfant, à sa hauteur. Il s'en rapproche, affectivement et physiquement, en délaissant la supériorité conférée par sa haute taille. D'autres images démontrent cette proximité entre le père et l'enfant. Dans le jeu, les corps du père et de l'enfant se touchent, sous le prétexte du jeu d'ailleurs plus encore que du câlin (c'est là une des différences avec la mère).

Se mettre à quatre pattes est ordinairement une posture de dominé. Serait-ce que l'enfant mène son père ? Oui, pendant le temps du jeu mais, à la différence du monde renversé, les images actuelles du père-cheval ne sont pas ironiques. L'homme, ainsi présenté au regard du jeune enfant, est un bon père. En perdant, au moins momentanément, les attributs de l'autorité, en renonçant volontairement à son rôle de chef, le père n'est pas défiguré, il fait même figure de « bon père ». Si les auteurs contemporains avaient voulu porter atteinte au père, ils auraient repris une autre image des séries sur l'inversion, celle de la correction, de la fessée montrant la figure de l'autorité – père ou maître d'école – dans une posture identique, à quatre pattes, mais plus humiliante. Le père-cheval ne constitue pas, contrairement à la tradition du monde à l'envers, un désordre social qui ne dure normalement qu'un court moment, celui du Carnaval, parenthèse rituelle de défoulement, chacun devant ensuite reprendre sa « vraie » place.

Ces images de « père-cheval » ont une fonction sociale : elles ont pour objectif de socialiser les enfants et les hommes à un type de relation qui ne soit pas structuré en référence à une autorité, même bienveillante. Le message sous-jacent indique non seulement l'idée selon laquelle le père ne revendique pas, par une distance physique, sa différence, ne marque pas sa place, mais aussi l'idée qu'il est disponible et qu'il consacre du temps à ses enfants. Dans *Les Parents échangés* (Donnely, 1986), ouvrage dans lequel deux enfants décident de changer de parents pour avoir un père et une mère qui ne leur interdisent rien et soient à leur disposition, le rôle du nouveau père consiste, d'une part à donner de l'argent pour l'achat des objets désirés par les deux enfants, et d'autre part à jouer. Écoutons l'auteur :

> — « On va jouer », déclare Francis un peu autoritaire. Aussitôt son père s'agenouille auprès du train électrique. Il ne semble pas craindre de froisser son magnifique costume.
>
> — « Bien volontiers mon fils », dit-il.
>
> — « Maintenant, on joue au cheval ! » Francis s'installe sur le dos du papa et fait galoper sa monture jusqu'à épuisement. Non pas du nouveau papa. Mais de lui-même.

L'image de l'enfant à cheval sur son père montre un homme présent, près de son enfant, dont l'attention est entièrement concentrée sur la situation – il est difficile dans une telle posture de faire autre chose, de faire semblant d'être présent. Cette image du nouveau père, disponible et proche, s'oppose, implicitement, à celle du père traditionnel, absent et hautain. Elle n'est pas, pour autant, féminine. Dans les albums, aucune « mère-cheval », ou plus exactement aucune « mère-jument ». Dans le domaine des représentations sociales, le père moderne peut différer d'un père construit comme repoussoir (pensons au titre d'un album *Papa n'a pas le temps*), sans pour autant emprunter une identité féminine, à moins de décider que la proximité affective est, une fois pour toutes, « féminine ».

Le « père-élévateur »

Pour comprendre encore mieux le sens de ces images de père-cheval, comparons-les à d'autres représentations du XIXe siècle analysées dans l'*Histoire des pères et de la paternité* (Ménard, 1990). Il s'agit du père qui tient son enfant à bout de bras. Le geste romain par lequel le père reconnaît un enfant comme sien est repris dans une optique nouvelle, perceptible notamment par la présence du reste de la famille, la mère regardant son mari et le jeune enfant. Cette élévation de l'enfant par le père marque d'abord la place de l'enfant-roi dans la famille. Le plus souvent, le père est debout, alors que la mère est assise, comme dans bon nombre de photographies de famille. D'autre part, le geste de « tenir à bout de bras » exige un effort physique. Ainsi, paraît en 1906, dans *Lecture pour tous*, une publicité sur les bienfaits d'une ceinture électrique qui permet à l'homme de retrouver sa force et de jouer son rôle de père en prenant dans ses bras son enfant, sous le regard heureux de son épouse.

1.2. Les deux phases de la famille moderne

Le sens de ces deux images diffère. Le « père-élévateur » et le « père-cheval » renvoient aux deux phases de la famille moderne en Occident que nous avons distinguées : la première du milieu du XVIIIe siècle jusqu'au milieu du XXe siècle, caractérisée par une centration progressive sur la famille et sur l'enfant par la naissance du sentiment de famille (Ariès, 1960). Cette même période a valorisé la différenciation sexuelle et la division du travail entre l'homme et la femme. Le modèle de l'intimité familiale, de l'intérieur coquet s'est développé en même temps que le modèle de la femme au foyer, de la maîtresse de maison. Pendant la période suivante (deuxième moitié du XXe siècle), ces deux dimensions – l'affection et la différenciation sexuelle – ne coïncident plus, ou en tout cas beaucoup moins.

Le « père-élévateur » correspond à la première phase. La famille, le sentiment de famille sont glorifiés, le père également. Il manifeste sa supériorité par le fait d'être debout et de tenir à bout de bras. Son travail professionnel prend sens, puisque, dès son retour au foyer, il montre vers qui sont allées ses pensées pendant la journée. L'affiche de la Confédération générale du travail qui revendique les huit heures de travail « au nom de la famille heureuse », le révèle. Le « père-élévateur », c'est le retour du père qui marque le début des réjouissances quotidiennes. La famille est réunie, grâce aux soins attentifs de la mère, grâce au salaire du père, grâce à la présence de l'enfant. Elle se célèbre dans l'unité et dans la diversité des places définies selon l'âge et le sexe. Le « père-cheval », lui, appartient à la deuxième période de la famille moderne. C'est l'affection seule qui est mise en scène, l'absence de la mère est une manière de diminuer le clivage sexuel qui devient secondaire.

Il y un point commun entre les deux phases de la famille moderne, entre ces deux images du père, c'est la centration sur les personnes, sur les relations. La différence s'inscrit dans l'inversion du mouvement physique qui rapproche le père et l'enfant. Le « père-élévateur » monte l'enfant jusqu'à lui ; le « père-cheval » se met au niveau de l'enfant. Entre les deux images, que s'est-il passé ? Une plus forte centration sur les relations et une dévalorisation des rôles (de ce qui est perçu comme des « rôles ») dans le mariage et dans la famille, et notamment celui de l'autorité. Cette évolution a également marqué les relations conjugales. Étant considérée comme la source du répertoire, l'institution a été ébranlée afin d'instaurer le règne de l'authenticité : chacun des membres de la famille ne justifie plus son existence par une place, un rôle, mais par sa personne, ses qualités personnelles. Un des meilleurs indicateurs de la personnalisation des relations est l'usage croissant du prénom (lui-même attibué à titre personnel ; voir de Singly, 1993). On l'appréhende avec la manière dont Éric Metayer parle de son père, Alex, comique professionnel :

> Je l'appelle Alex depuis que je suis tout petit. Peut-être parce qu'il est plus un copain qu'un père. Non, ce n'est pas vrai. Je sais que c'est mon père, qu'il est là, prêt à m'épauler. Mais je ne l'appelle « Papa » que pour rigoler. Peut-être que ça vient des rapports qu'il a lui-même avec son propre père, ils se vouvoient, ne s'embrassent jamais (Abdesselam, 1990).

Dans la seconde phase de la famille moderne – celle qui domine actuellement – l'affection est incompatible, pour la majorité des individus, avec l'exécution explicite d'un rôle. Les gestes d'affection n'ont pas besoin d'être justifiés par référence à la position occupée dans les rapports entre les classes d'âge, ou entre les sexes. Personne n'est dupe ; Éric Metayer l'exprime très bien en affirmant que son père est proche, comme un copain, mais qu'il ne le confond pas pour autant avec ses amis. Le paradoxe de cette famille est de valoriser le « faire comme si » au nom de l'authenticité.

Le bon « père-cheval » n'est plus « à cheval » sur les principes, ne se définit plus comme l'individu chargé de faire respecter l'ordre domestique (la mère menaçant dans la journée : « Tu verras lorsque ton père reviendra ce soir »). Il doit être lui-même. Le « père-cheval » est une position qui reflète une prise de position. Comment exprimer dans un dessin, une photographie le fait que le père renonce à ses habits de « père » ? Au XVIIIe siècle, lorsque l'image du mariage amoureux naît, le théâtre (notamment avec Marivaux) la met en scène en montrant des unions hétérogames où l'homme et la femme n'ont pas la même valeur sociale. C'est le signe visible de la présence de l'amour contre les intérêts des lignées familiales, d'une rupture avec le mariage de raison. Cela n'a pas impliqué pour autant un accroissement des mariages hétérogames ; la fonction de ces pièces de théâtre était de présenter de nouvelles valeurs, de nouveaux modèles. L'image du « père-cheval » repose sur un principe similaire ; que l'enfant soit fréquemment ou non à genoux sur son père n'est pas la question. L'élément important réside dans cette mise en scène symbolique : le père joue avec son enfant, il ne joue plus le rôle de père autoritaire.

1.3. La déstabilisation sociale de l'autorité paternelle

À lire bon nombre d'articles ou de livres sur le père, on pourrait croire que ce changement est dû à des transformations de la loi. L'absence affirmée du père dériverait d'un long processus juridique qui s'est déroulé entre 1889, avec la loi sur la déchéance paternelle des pères indignes, et 1970, avec celle signant la fin de l'autorité paternelle et la naissance de l'autorité parentale. C'est ainsi que l'*Histoire des pères et de la paternité* explique, en grande partie, l'évolution du rôle des hommes dans la famille. Le social est rabattu sur le juridique. Ou, pour l'exprimer autrement, les auteurs – psychanalystes – des chapitres sur la période contemporaine privilégient le plan juridique, l'élaboration des lois comme indicateur des forces sociales de transformation (Hurstel, Delaisi de Parseval, 1990).

Même s'il est important, ce niveau est cependant surestimé. Il occulte, en effet, un changement décisif qui a eu lieu dans les sociétés occidentales, celui de l'augmentation de la scolarisation dans tous les milieux sociaux et pour les deux sexes (avec des décalages dans l'accès à l'institution scolaire). C'est l'école qui, non seulement transmet du savoir, mais aussi attribue par ses diplômes une composante essentielle de la valeur sociale des enfants. Contrairement à la famille paysanne ou à la famille bourgeoise, le père ne désigne plus son héritier. Il peut créer les conditions sociales, culturelles, économiques assurant ses enfants d'une meilleure réussite à l'école, mais il n'est plus le maître de la validation sociale de ses enfants. C'est une révolution. Dans la famille traditionnelle, ou dans la famille moderne de la première phase, l'enfant pouvait être dépossédé du patrimoine familial. Si son comportement était condamné par son père, il risquait d'être déshérité. Aujourd'hui, les mécanismes de production du capital scolaire limitent fortement le pouvoir du père, ce capital ayant pour caractéristique d'être incorporé à la personne elle-même. Impossible à un père diplômé de déposséder son fils ou sa fille de son diplôme en raison d'une mauvaise conduite. La croissance de la scolarisation et les transformations du marché du travail qui lui sont liées (extension du salariat, référence à la compétence individuelle) interdisent au père de jouer avec efficacité au père autoritaire. Comme dans les autres instances, dans la famille, le mode autoritaire de l'autorité a été progressivement dévalué. Les « chefs » savent composer, négocier avec leur enfant, avec leur épouse.

Telle est la situation objective dans laquelle s'insèrent les familles de la deuxième phase. Elles se sont adaptées à ces nouvelles conditions qui accentuent la dimension personnelle dans le mode de gestion des relations au sein des groupes (famille, entreprise). Quelle fut l'efficacité des discours nostalgiques du XIXe siècle qui proposaient, afin que la famille retrouve sa solidité, que les pères puissent disposer de nouveau de leurs biens par testament ? Faible, même lorsque les conditions politiques furent réunies. Contrairement à ce que pensait Frédéric Le Play (et Balzac), ce n'est pas la Révolution française qui a tué le père, c'est la révolution industrielle, la montée du salariat et le changement du mode de production. Les discours de déploration ont, aujourd'hui, changé de registre pour justifier le retour du père, pour revendiquer la part du père, ils sont à dominante psychanalytique, à la suite de l'ouvrage classique d'Alexander Mitscherlich – *Vers la société sans pères* (1969). Sans prendre position sur le fond de telles théories, le sociologue peut souligner l'importance de la coïncidence entre un rôle et les conditions sociales qui sous-tendent celui-ci. À moins de diminuer la place du scolaire, il est vain de penser que les relations intergénérationnelles, et notamment la relation entre le père et ses enfants, puissent reposer aujourd'hui et demain sur un respect identique à celui de l'état antérieur de la société [1]. De nouvelles formes de la paternité sont et seront créées [2].

1. Ce qui pose la question du statut universel d'une théorie qui a été élaborée à un moment particulier des relations intergénérationnelles. Voir Schorske, 1973, 1979.

2. La paternité est devenue un domaine de recherche des scien-

2. Le jeu actuel des pères

2.1. *Occultés, bon nombre de moments passés avec les enfants*

Les instructions du jeu sont claires : les pères ont à être proches, plus proches de leur enfant. Pour savoir comment les hommes traduisent cette proximité dans les activités quotidiennes, on ne peut pas se fier aux indications dérivées des enquêtes « Budget-temps » ou « emploi du temps », habituellement utilisées pour décrire le temps des femmes et des hommes (de Singly, 1995c). En effet, ce type de méthode (qui consiste à noter toutes ses activités) sous-estime les interactions entre parents et enfants, puisqu'il ne conserve de la réalité (dans ses résultats publiés) que l'activité principale explicitement centrée sur les enfants. Un père passe plus de quinze minutes et une mère plus de cinquante minutes par jour avec ses deux enfants. À l'exception de certains temps ritualisés – moment du coucher, jeu et aide aux devoirs notamment –, la plupart du temps consacré à l'enfant disparaît, caché dans le temps ménager, dans le temps dit contraint, ou encore dans le temps libre. Selon ce type d'évaluation, un homme qui mange tous les jours avec ses enfants, qui passe une grande partie de ses loisirs avec eux en regardant la télévision ou en allant au cinéma, peut avoir un chiffre proche de zéro dans la catégorie « Soins aux enfants » !

Écoutons une mère parler de la préparation du repas

ces sociales. Voir les revues de questions établies par Dulac, 1993 ; Lachance, Queniart, 1994 ; les deux numéros spéciaux du *Journal of Family Issues*, « Fatherhood », 1993, 1984 ; Van Dongen, Frinking, Jacobs, 1995.

du dimanche, alors que son mari s'occupe de la viande, elle prend en charge le dessert : « *On fait généralement les gâteaux à deux (avec un enfant, à la fois). Cela se passe dans la bonne humeur, dans la saleté, dans les blancs en neige qui se renversent. Tout quoi, mais c'est un moment de détente. Moi, j'adore cela. Ce n'est même pas une corvée... Parfois les enfants ne mangent même pas le gâteau. C'est vraiment le plaisir de le faire.* » Pour cette femme, même si elle a d'abord inscrit sur son carnet, « dessert », le sens de cette activité ne se résume pas à cette dimension. Faire un gâteau avec son enfant, c'est aussi être avec lui, lui montrer éventuellement comment faire (activité pédagogique), lui prouver qu'il est important d'être avec lui et qu'il est aimé (si ce gâteau est celui qu'il préfère).

Le codage en « activité principale » ne rend pas compte de ce que font les femmes et les hommes à la maison (dans l'entreprise). Ainsi, le temps du bain est enregistré dans la sous-rubrique « soins corporels » ou encore dans la catégorie plus large du temps contraint. Cette façon de compter peut détruire le sens de l'activité. Ainsi, pour le bain, décrit par un père. Temps fort pour lui et son fils :

— « *Vous prenez votre bain ensemble, avec un de vos fils ?*

— *Souvent le dimanche, oui.*

— *Qu'est-ce que vous faites ?*

— *Rien, il fait le pitre dix minutes, et puis je m'en vais. Et il me lave les cheveux.*

— *Vous aimez bien qu'il vous lave les cheveux ?*

— *Non, c'est lui qui aime bien. C'est ça, c'est lui qui a décidé. Il venait quand je prenais mon bain, il voulait me laver les cheveux, alors je le laissais faire. Et après c'est devenu une habitude.*

— *Vous aimez prendre votre bain ?*

— *C'est un moment privilégié, où je leur accorde le peu de temps que je peux leur accorder. C'est peu, mais c'est important.* »

Les temps « contraints » (et qui ne sont donc pas répertoriés dans la catégorie « soins aux enfants ») sont des temps dans lesquels s'inscrivent aussi les relations entre le père, la mère et leurs enfants. Tel est le cas du repas du dimanche dans une famille de trois enfants (dont l'aîné a neuf ans). La mère note sur son carnet « début du repas à 12 h 45 et fin à 13 h 45 », et elle le commente ainsi :

— *« Le repas du dimanche midi, on le fait bien ; je veux que les enfants soient vraiment avec nous à table.*

— *Et vous discutez ?*

— *Ils discutent de l'école, de leurs copains, de leurs copines. Ils me racontent des petites choses. Parfois, on entame un sujet pour essayer de les faire parler. Avec les deux grands, on peut discuter d'une chose, mais il y a la petite, on ne peut pas l'oublier non plus. Dimanche dernier, les enfants voulaient manger du couscous, alors j'ai fait du couscous. Je leur demande ce qu'ils veulent la veille ou l'avant-veille. C'est vrai le dimanche, on fait un plat un peu plus important que la semaine pour marquer un peu ce jour-là* ».

Et le père de cette famille décrit, lui aussi, les échanges, en introduisant une sous-conversation conjugale : « *Pendant le repas, on essaie de faire participer tout le monde, dans la mesure du possible, surtout pour mettre la table, pour débarrasser aussi. Ce jour-là on essaie de manger dans la salle à manger, contrairement aux autres jours où l'on mange dans la cuisine. C'est un peu la fête. Notion de fête, ambiance, chacun est plus à l'écoute de l'autre. On est moins stressé. Dans la semaine, on mange pas vite fait, mais bon on mange, on n'a pas le temps de faire vraiment une pause entre chaque plat, de prendre son temps... Je dirais que c'est un moment tranquille, détendu. On discute un peu de tout, bien souvent ce sont des sujets qui les concernent. Ça part de leurs préoccupations à eux. Après on essaie, moi si j'ai quelque chose à dire à ma femme : "Tiens au fait la semaine prochaine on a ça", les enfants interrogent : "Tiens qu'est-ce que c'est ?" On essaie toujours de les inclure dans la conversation... Leurs sujets à eux, c'est ceux dans lesquels ils sont impliqués. Ils ont leurs jeux, leurs copains, la famille, ça revient, les oncles, les tantes, les parrains, les marraines. L'école aussi, l'instituteur. Lucie par exemple, en ce moment c'est les scouts et le catéchisme. Lorsque c'était la mode, ils n'arrêtaient pas de parler des tortues Ninjas. En ce moment, c'est le roi Lion.* »

Ce repas reconstitue non seulement « la force de travail », mais contribue aussi à construire le groupe familial. C'est un temps de formation et d'entretien des relations, comme d'autres rituels. Le contenu de la conversation compte assez peu, ce qui importe c'est de trouver les mots qui permettent d'être ensemble, de signifier le lien. Cette femme insiste sur les conditions favorables, la nourriture spécialement destinée aux enfants, une manière de montrer que le repas n'est pas utilitaire (ce n'est pas la cantine), qu'il est aussi offrande, cadeau, attention. Les enfants sont sollicités pour parler davantage, d'abord parce qu'il y a le risque du décrochage, de la trop grande inattention, et donc de l'inutilité du repas, ensuite parce que cela permet aux plus jeunes de s'exprimer. Une troisième fonction – l'éveil culturel, avec les essais d'expression orale – est également présente.

Le temps de « relâche » éducative

Même en l'absence d'un objectif explicite d'éducation, le temps de socialisation familiale devrait inclure tout le temps passé à plusieurs, notamment celui passé à regarder ensemble la télévision. Si les parents vont au musée avec leur enfant, cela ne choquera personne de prendre en compte ce temps dans le temps éducatif. Pourquoi le statut légitime ou non d'une activité interviendrait-il dans la fixation des temps relationnels ? Dans les entretiens, on ressent le statut ambigu de la télévision. Les femmes et les hommes connaissent le double jugement négatif porté sur cette pratique, d'un point de vue culturel et d'un point de vue éducatif. Alors ils tendent toujours à minimiser cette activité, avant d'avouer que la télévision joue un rôle positif, soit de baby-sitter afin de protéger certains moments de la vie conjugale, soit de support à la vie ensemble. Par exemple, cette femme, fonctionnaire territorial, mère de deux enfants (six et trois ans) énonce d'abord un rapport distant à la télévision pendant les repas : « *On met les infos, mais tout bas. On dîne, bon la télé est allumée, mais on ne la regarde pas, à part s'il y a un sujet qui attire notre attention, sinon on ne regarde pas la télé.* » Et le soir avant le dîner ? « *Les enfants ne sont pas très télé en fait. Ça dépend des jours. Ça dépend, il n'y a pas d'habitudes.* » Lorsqu'elle raconte plus précisément la journée de la veille, on découvre que la télévision est une forme de ciment familial : « *On est rentrés. C'était vendredi, il y avait les devoirs à faire. On a fait les devoirs tout de suite en rentrant, enfin peu de temps après être rentrés. Et puis ensuite ils ont allumé la télé, et moi j'ai fait mon repassage pendant ce temps-là... Oui, ça m'arrive de regarder avec eux, de me délasser une demi-heure dans le canapé, et puis s'ils regardent "Hélène et les garçons", je regarde avec eux.* »

Dans une autre famille (père technicien supérieur, mère employée, deux enfants de huit et onze ans), la soirée du mardi est plutôt réservée à la télévision : *« On ne regarde jamais la télévision pour manger, ça non. C'est pour ça qu'on mange dans la cuisine, tous ensemble parce que le repas c'est le moment où on peut parler de choses et d'autres. Chacun s'exprime donc là, on n'a pas de télévision qui nous obligerait à dire "Tais-toi, écoute". C'est une règle qu'on s'est fixée, on ne regarde jamais la télévision en mangeant, justement pour permettre des dialogues, parce que sinon ce n'est pas possible... – Il vous arrive de regarder la télé simplement pour être avec vos enfants ? Oui, le mardi soir par exemple, quand le mercredi ils peuvent rester couchés. S'il y a un film intéressant, on regarde la télévision tous ensemble. Si c'est un film ou une émission qui leur est plus ou moins consacrée, dans ce cas-là, c'est eux qui choisissent. Le mardi soir, en général, on les laisse choisir.* » La télévision peut à la fois être une menace pour la famille (ici pendant les repas) et un moyen de se retrouver (la veille d'un jour de congé scolaire). Le fait que l'enfant soit, au moins officiellement, le décideur de la pratique, est aussi un élément important dans la définition des activités éducatives ; également on le note aussi pour la nature des jeux, presque toujours décidée par les plus jeunes.

La structure inégalitaire (« grand/petit ») de la relation pédagogique est mise en quelque sorte entre parenthèses à certains moments alors qu'à d'autres moments, elle est rétablie. La vie de famille c'est aussi cette alternance entre des temps où les « petits » sont petits et d'autres où les mêmes ont, provisoirement, le statut de « grands » (ils sont traités comme des grands). Une des dimensions de l'éducation familiale tient au contrôle de cette alternance, décisive pour la construction de l'identité de l'enfant. Dans d'autres familles, le temps de variation de la taille des enfants est fixé le samedi soir : *« Le samedi soir, on mange tous ensemble, tranquillement, on se couche tard s'il y a un film intéressant ou sinon une cassette. Il n'y a pas d'heures pour les filles (deux de neuf ans, deux de six), elles se couchent en même temps que nous. Si on se couche à une heure du matin, si on fait la fête et on danse, ça nous arrive de mettre de la musique, de danser tous ensemble, on pousse la table, on a un karaoké, on chante, on invite les voisins qui ont des enfants. Ah, on vit bien, surtout le week-end. »*

À tort, ces temps – souvent classés dans la catégorie « loisirs » – ne sont pas comptabilisés dans les « soins aux enfants ». Pourtant ces moments de relâche éducative, de la fête, du jeu, de l'écoute de la télévision, ont une double signification. Ils contribuent à souder le groupe et permettent à chacun de ne pas être défini exclusivement par une place, un rôle. Les exigences de l'alliance entre individualisme et appartenance à un groupe ont pour effet de créer cette distance par rapport au rôle. La famille fonctionne ainsi au niveau des relations conjugales (Kaufmann, 1992 ; de Singly, 1993), mais aussi au niveau de la relation entre les générations. Elle socialise donc les enfants à cet élément constitutif de l'acteur contemporain, ce rapport distant au rôle (Dubet, 1995) – sans qu'il y ait explicitation de cette fin. Pour les enfants, l'alternance de temps sérieux et de temps de récréation en présence des parents (il ne s'agit pas de moments uniquement entre enfants. À l'école, l'alternance entre le temps de la classe avec le maître et le temps de la cour, entre enfants seulement, n'est pas comparable) permet d'intérioriser le fait que leur existence ne se résume pas à une position, à une place, mais qu'ils sont aussi une personne comme leurs parents, et donc des êtres en devenir.

2.2. *Le temps du père, surtout celui du réconfort*

L'examen attentif de ces moments passés avec l'enfant permet de distinguer trois fonctions remplies par les pratiques d'éducation au sein de la famille :

– La fonction d'entretien et de réparation

C'est la fonction à laquelle on pense spontanément. Elle correspond aux temps passés à préparer les repas, les vêtements, la nourriture, à conduire l'enfant chez le médecin, le dentiste, et plus généralement à organiser et à effectuer une grande part du travail ménager.

— La fonction de réconfort

Elle concerne surtout les temps passés à câliner, à écouter, à jouer... Lorsqu'il est explicitement centré sur l'affection, ce temps est localisé à certains moments précis. Certaines familles ont instauré un rituel matinal le dimanche : le câlin dans le lit conjugal qui se transforme pour un temps en un lit familial. Dans certains cas, un seul enfant vient. Dans une famille de deux garçons âgés de onze et huit ans, le dernier se réfugie souvent dans le lit ; selon le père : *« Kevin vient nous faire des câlins. Dès qu'il est levé, la première chose qu'il fait, il vient dans le lit. C'est systématique. J'apprécie, j'aime bien. Cela ne me dérange pas. Je ne suis pas un lève-tard. Et puis j'aime bien. Avant quand Gregory (l'aîné) était plus petit, c'était comme ça aussi, il venait nous faire des câlins. Mais bon, Kevin est encore plus câlin que son frère, donc lui c'est systématique. »* La mère approuve aussi cette situation : *« Les câlins, c'est vachement important (rires). C'est important pour tout le monde. C'est une famille de câlins (rires). Les garçons venaient, ils sautaient dans le lit. Même Gregory. Maintenant il a pris un peu de recul parce qu'il a quand même onze ans. Il frappe, il n'a plus le même réflexe d'arriver, de sauter dans le lit et tout... Cela lui arrive de venir nous faire un bisou, de s'allonger avec nous, de nous parler, mais il prend un peu plus de recul que Kevin. Il est un peu plus réservé ; à cet âge, c'est normal... Ah oui, ces câlins c'est des éclats de rire, on se marre. C'est un moment de joie, de bonheur. C'est pas "descendez du lit" (rires). On les a laissé faire tout petits parce qu'on a trouvé cela marrant.* » Les jours ordinaires, cette fonction de réconfort se résume souvent au rituel du coucher. Par exemple, pour une mère avec son second enfant, de sept ans : « *C'est sympa. Je ne peux pas expliquer. Il y a un peu plus de tendresse. J'ai du mal à le formuler. C'est différent des autres moments où tu dois imposer de faire quelque chose. Tu le couches, tu fais des câlins.* »

Les temps passés à jouer, fréquemment à la demande des enfants, prouvent l'affection des parents, même s'ils peuvent aussi avoir, pour une part, une fonction de développement, comme pour les jeux éducatifs. Les pères acceptent d'intervenir soit parce que les autres réclament la famille au complet pour un jeu, soit parce que c'est dans le cadre d'activités physiques qu'ils apprécient. Tel est le cas de ce père : « *On va sur la piste cyclable à côté, on joue au ballon, une balle au pied, ou alors ils sont en vélo, et je cours. On improvise à chaque fois. On se donne à fond, on s'amuse comme des fous, sans aucune retenue, on se défoule* ». Un point commun réunit les scènes du lit familial et certaines activités physiques : l'absence de règles, au moins officielles. Le terme de « fou » ne désigne-t-il pas un monde sans règles, ou un univers dont les règles sont différentes, où les « grands » ne sont pas tenus de l'être, où les « petits » ne sont pas obligés de respecter les « grands » autrement que comme des compagnons, des égaux ? Les séances de jeux de société remplissent une fonction comparable (à ceci près que la folie peut diminuer). *« Tous les dimanches, on a droit au jeu de société en famille. Comme Arnaud (sept ans, le cadet) le dit, "c'est un rituel". On joue pour lui faire plaisir. On joue à des jeux qui lui plaisent plus particulièrement. »* L'intérêt théorique de ce temps du jeu en famille – comme celui du chahut au lit – est de montrer la complexité du fonctionnement domestique dont le ciment (pas toujours efficace) est l'affection et dont la production réside, pour une part, dans le développement de l'enfant. La logique affective réclame plutôt une certaine égalité ; la logique éducative ne se justifie que par une certaine inégalité (initiale). L'affection en direction des enfants est nécessaire pour le développement de l'enfant mais elle ne joue pas exclusivement sur le registre vertical ; elle peut et doit s'exprimer dans des pratiques « horizontales ».

Les temps de cette deuxième fonction renvoient à la fois à une logique relationnelle qui a ses contraintes propres – principalement l'exigence d'une égalité formelle, d'une prise en considération de l'autrui comme une personne – et à une logique de la protection qui, au contraire, est une réponse à la demande d'individus considérés comme plus faibles.

– La fonction de développement

Cette troisième catégorie regroupe l'ensemble des interventions que parents et spécialistes désignent souvent par le terme d'éducation [1]. Cette catégorie est hété-

1. Le temps éducatif dans la famille (surtout celui de la mère) n'est guère compatible avec le temps industriel ou fordien où la

rogène. Il faut distinguer les temps selon le degré d'explicitation des objectifs. Le fait qu'un parent encourage son enfant à lire n'est pas strictement comparable au fait qu'il lise pour lui-même, montrant ainsi l'intérêt de cette pratique. La partie du travail de développement qui correspond à l'apprentissage par l'exemple est sous-estimée par les enquêtes.

Un père spécialisé

Le temps du père diffère fortement du temps de la mère. Sa structure, déséquilibrée, comprend une dominante : le rituel du travail de réconfort. En revanche sont peu présents, d'une part le temps (continu) du travail d'entretien qui permet une écoute, propice au développement : le père donne le « coup de main », qui apparaît cohérent avec le rapport masculin au temps ; il s'agit d'un moment aux frontières bien délimitées, maîtrisé par celui qui propose ses services (« As-tu quelque chose à faire ? ») et qui est donc l'envers de la disponibilité. Et, d'autre part, le temps du travail de développement enfantin – dont une grande part est consacrée, lorsque l'enfant est en âge scolaire, à la surveillance des devoirs – est limité, lui aussi. La mère assure, de manière plus équilibrée, les trois fonctions, ne serait-ce que parce que le temps du travail d'entretien autorise, par exemple, le suivi de la scolarité.

rationalité exige un rapport précis entre telle tâche et sa durée (Davies, 1994). Il ressemble davantage aux temps de certaines professions (les infirmières, par exemple), comme l'ont bien appréhendé des théories féministes, en introduisant le concept de *care* (Graham, 1983, 1991 ; Thomas, 1993 ; Bubeck, 1995). Cependant, à la différence d'autres travaux de soin, réclamant également une présence affectueuse et vigilante, le *care* familial vis-à-vis de l'enfant a une visée de développement : l'enfant doit changer, s'améliorer sans cesse.

Cette supériorité de l'engagement maternel dans les affaires scolaires n'est pas contradictoire avec les réponses à la question : « Qui doit prendre en charge principalement l'aide scolaire ? » La grande majorité des individus interrogés estiment que les parents interviennent ou devraient intervenir tous les deux (Malpas, Lambert, 1993). Le père est pensé, le plus souvent, comme intervenant dans la vie scolaire au même titre que la mère. Les réponses concernent en fait davantage le sujet de la responsabilité que la question sur le temps. À partir de cette distinction entre le temps et le sentiment de responsabilité, on appréhende les ambiguïtés dans les usages ordinaires de la notion de « partage », puisque celle-ci peut renvoyer au premier niveau comme au second, sans qu'il y ait demande d'équivalence entre ces deux niveaux. Ainsi, une femme déclarant qu'il est rare que son mari s'occupe du travail scolaire de leurs enfants tient à ajouter : *« Il ne le néglige pas. Il s'en occupe moins parce qu'il est moins présent que moi, c'est tout. Mais il leur en parle tous les jours de l'école. Le soir, il demande ce qu'ils font... Quand il rentre, il est déjà huit heures, les enfants sont fatigués. Mais je ne vous dis pas qu'il ne regarde pas les cahiers, il leur en parle ».*

Deux dimensions du temps consacré à l'enfant sont nettement féminines : le travail d'entretien et le travail éducatif (au moins dans son versant explicite). Le père intervient davantage (relativement) sur le mode affectif, ou sur le rappel des grands principes (considérés comme tels par lui, et qui peuvent être jugés par son épouse ou par l'enfant comme l'attachement à des détails !). D'où une plainte de la part des femmes qui oscille entre la dénonciation de l'homme qui se garde le beau rôle affectif et celle du père qui joue au père. La mère de Clémentine, professeur d'anglais, juge ainsi son mari : « *C'est moi qui m'occupe de ses devoirs, de ce qu'elle mange, de ses vêtements, et de tout le reste en fait. Pour le partage des tâches, je trouve qu'il ne s'en occupe pas assez. Il intervient différemment. Il est plus lointain, il intervient comme l'image du père. C'est le père idéal qu'on ne voit pas souvent, qui n'est pas remis en question, à qui on ne fait pas de reproches. Et moi qui m'occupe de tout, dès que quelque chose ne va pas, c'est moi que Clémentine accuse, sur qui elle se défoule.* » Il est rare que les femmes soient satisfaites de la manière de faire de leur partenaire, même si elles le défendent par ailleurs pour montrer qu'elles sont des compagnes loyales.

Le temps professionnel

Cette présentation des temps masculins est incomplète puisqu'elle ne comprend pas le temps professionnel. Or beaucoup d'hommes l'appréhendent comme une forme de temps parental, indirect. Le rôle de père comprend toujours la fonction de pourvoyeur de revenus. Ni l'extension du travail salarié des femmes, des mères, ni l'accroissement de la dimension affective dans le rôle paternel n'ont eu pour effet de déstabiliser le sens de l'activité professionnelle pour les hommes. Un père le formule ainsi : « *Qu'est-ce que je fais en tant que père ? Essentiellement, l'apport du confort matériel. Après le reste, je viens compléter la part éducative* ». Le « temps de l'entretien » est remplacé dans une telle configuration (masculine) par le « temps de travail professionnel ».

Les femmes utilisent également cet argument pour justifier leur engagement professionnel. Dans les milieux populaires, le travail salarié des femmes intervient plus fréquemment dans les familles les plus mobilisées par la réussite de leurs enfants (de Singly, 1987). Une femme, employée de banque (niveau baccalauréat), estime que son travail lui permet, non seulement de garder « une certaine indépendance », de ne pas être enfermée, de « rester dans le coup », mais aussi de garantir de bonnes conditions à ses filles : *« Dans la semaine, on n'a pas beaucoup de temps. On travaille tous les deux, on a une maison. Elles ont beaucoup de liberté, elles sont quand même autonomes. Il y a des enfants qui n'ont pas le quart de ce qu'elles ont, qui n'ont pas de maison pour faire tout ce qu'elles veulent faire. C'est peut-être égoïste, mais on se fait notre petite conscience comme cela. Si on travaille, c'est pour pouvoir les élever correctement, pour ne pas les priver. Quand elles veulent quelque chose, en général, elles l'ont »*. Ce sentiment de l'utilité familiale, voire éducative, du travail professionnel des parents tend, sans doute, à se développer avec le recours de plus en plus fréquent à des services extérieurs, à des spécialistes professionnels du *care* (le terme anglais rend bien compte à la fois de la dimension de soin et de celle d'attention). Certains parents ont conscience de contribuer ainsi indirectement à l'entretien de leurs enfants. D'autant plus que le temps officiel de travail salarié relève parfois du travail éducatif, du moins par la pensée, lorsque les enfants sont seuls. Ainsi une mère (employée fonctionnaire, père responsable d'une agence Assedic) déclare : *« Le dernier mercredi ? Je suis rarement là. Elle l'a passé avec sa sœur Magali. C'est l'épouvante, elle me téléphone toutes les cinq minutes pour me dire : "Magali a fait ci, Magali a fait ça", et j'entends derrière, "C'est pas vrai" »*.

2.3. La protection du père par la séparation des temps

Le père se différencie de la mère autant par la nature des temps éducatifs que par la durée objective de son temps parental. À la maison, l'homme cherche à avoir des temps séparés, un temps pour chaque chose. Il n'aime guère les mélanges (dans l'exemple cité du bain, le père semble moins heureux que son fils, car toilette et jeu se mêlent). La femme est beaucoup plus longtemps « mère » que l'homme n'est « père », et pas seulement en temps « objectif ».

Cette différence entre les genres (non systématique : il y a des mères sensibles à la séparation des temps et des pères moins désireux de compartimenter, de cloisonner leur existence) est perceptible dans le cas du couple suivant, ayant trois enfants (femme infirmière, sans activité professionnelle, homme chirurgien-dentiste). L'homme a réussi à imposer à son épouse l'idée d'installer la salle de jeux des enfants au sous-sol, à côté de la pièce de bricolage. Ainsi, le dimanche, cet homme bricole, tout en sachant qu'il est près de ses enfants : « *Arnaud jouait à la console, je ne sais pas à quel jeu. Mais j'aime bien les avoir dans ma périphérie, s'ils ne font pas de bruit, s'ils ne sont ni envahissants ni gênants. C'est important pour moi. Je n'ai pas besoin nécessairement d'être avec eux. J'aime bien qu'ils soient là, c'est tout. Cela fait partie de ma vie, c'est important* ».

Préalablement aux entretiens, chacun avait rempli un carnet détaillant toutes les activités d'un dimanche [1].

1. Dans ce chapitre, bon nombre des citations de mères et de pères sont tirées d'un corpus d'une centaine d'entretiens, effectués en 1995 par les étudiants du certificat sociologie de la famille (second cycle, université Paris V). Les femmes et les hommes

Dans son carnet, un homme (technicien supérieur) inscrit un temps de bricolage, et en face dans la colonne « pour qui ? » il note un « nous » qui est ensuite rayé. Interrogé sur cette rature, il ne sait pas comment répondre : « Vous bricolez pour vous, pour vous faire plaisir, ou pour rendre service ? » : *« Oh non, c'est du bricolage pour la maison. Donc oui, effectivement c'est pour tout le monde »*. Il répond sans conviction puisque c'est à la fois vrai et faux. Il bricole en tant que père et mari, mais préfère le faire seul pour ne pas avoir deux choses à faire en même temps : bricoler et surveiller son fils en train de bricoler. Il illustre le compromis masculin qui s'inscrit dans l'image d'un soi seul, mais pour autrui. Depuis le début du XXe siècle, si les hommes se sont convertis au repli sur la vie familiale, c'est avec plus de difficulté que les femmes. Ils cherchent à préserver une vie privée qui ne se confonde pas avec la vie domestique. Même lorsqu'ils acceptent de rester à la maison, ils tentent d'avoir un espace qui leur soit réservé, une pièce pour le bricolage, le jardin, le bureau (les bureaux sont presque toujours masculins dans les familles, même si ce sont les femmes qui gèrent l'administration !).

Les hommes cherchent à cloisonner les espaces, à séparer les temps. Ils ne savent pas, avouent-ils souvent, se rendre disponibles. On comprend que la disponibilité signifie précisément la négation du cloisonnement et de la séparation privilégiés par les hommes. L'image qu'un père utilise pour se justifier est significative : c'est celle de l'organigramme qui est une

devaient commenter les activités marquées sur un carnet. Cela nous a conduit à porter un certain nombre de critiques vis-à-vis des enquêtes « Budget-temps ». Voir annexe 1 et de Singly, 1995b et 1995c.

manière de représenter le monde cloisonné, où chaque personne a sa place, où l'ordre, un certain ordre, domine. À la question concernant le lieu de jeu de ses enfants, il répond : *« Non je ne vais pas jouer avec eux. En général, je n'y vais pas. Ce n'est pas dans mon organigramme, cela ne se trouve pas comme ça. On a des organisations qui font que, effectivement, on a du mal à se trouver ».*

Le temps disponible (même si l'argument est utilisé) n'explique pas tout puisque, pour le dimanche ou pour les vacances, on retrouve le même type de réponse. C'est donc le rapport au temps lui-même qui diffère. Ce père tend à transformer son temps libre – c'est-à-dire non professionnel – en plusieurs temps séparés : celui consacré à ses enfants, celui passé avec sa partenaire, et enfin le temps pour lui (avec l'ambiguïté de ce soi personnel, un temps pour autrui mais « seul », comme pendant le temps de travail à l'extérieur). Pour son épouse, une journée de parent est *« une journée où on a été avec ses enfants, où on s'en est occupé mais où on s'est occupé aussi de soi en même temps. Ce n'est pas spécialement être autour d'eux et faire plein de choses pour eux. C'est faire des choses ensemble ».* Le père lui, répond, par un énoncé abstrait où la notion de partage renvoie moins à celle des rôles qu'à celle des temps : *« C'est un partage des rôles avec une compréhension de chacun dans cet équilibre des rôles distribués ».* Amené à expliciter sa réponse, il ajoute : *« Je donne des limites de temps. Ton rôle de parent intervient dans un ensemble de choses où tu as un temps pour toi, un temps de travail, un temps pour tes enfants. Donc une distribution de temps, et malheureusement il faut tronçonner et faire le mieux possible avec tout cela. Il n'y aurait pas de limites dans l'idée, mais tu es, malgré tout, contraint d'accorder des temps limités. Et les miens sont, à mon avis, trop comptés.* »

Les commentaires de ce couple sur la répartition du temps de chacun représentent un idéal type des conceptions masculine et féminine de l'engagement parental. Pour l'homme, son temps de père s'inscrit principalement dans des temps bien distincts, repérables dans des moments assez ritualisés : le temps des repas, le temps des câlins de chaque soir (avec éventuellement une histoire, lue ou racontée) et du dimanche matin, le temps des jeux. À l'exception du temps des repas, les enquêtes « Budget-temps » approchent assez bien ce temps paternel, dans la mesure où ce dernier forme des séquences dont les frontières sont assez précises et, le plus fréquemment, explicitement centrées sur l'enfant (l'activité principale étant le fait d'être avec l'enfant). À l'inverse, le temps de la mère est beaucoup plus flou. Pour elle, mesurer un temps « maternel » est quasi impossible puisque, par définition (à la fois socialement construite et personnellement intériorisée), être mère c'est être disponible. Comment savoir à quel moment une femme ne serait pas mère ? L'enquête « Budget-temps » devient un instrument beaucoup plus imparfait, d'autant plus que ce temps maternel n'est pas, pour une grande part, consacré directement aux enfants. La mère est là, au cas où l'enfant a besoin d'elle, où l'enfant veut l'interrompre – et à certains âges de la vie, il ne s'en prive pas ! En attendant, cette femme s'occupe des tâches ménagères, ou elle s'octroie une pause pour elle qui sera peu visible, noyée dans le reste du travail domestique.

Père peu disponible, mère très disponible

Cette caractéristique du temps féminin se traduit par l'absence de frontières qui empiète même sur le travail professionnel. Ainsi une mère répond à la question « Pensez-vous à vos enfants dans la journée ? » : *« Oui, j'y pense tout le temps. J'ai une photo d'eux sur mon bureau, et il arrive souvent que je la regarde. Je pense à eux, non pas parce qu'ils ont besoin de quelque chose... Hier, par exemple, Maxime avait piscine, c'est le matin de dix à onze heures. Il y a des moments comme cela où je me dis : "là, il est à la piscine" ou le midi : "là ils sont à la cantine".* Je pense qu'ils sont à tel endroit à telle heure et qu'ils font telle chose. »

Le temps subjectif de la mère, invisible, volé en quelque sorte à l'employeur, trahit l'extension de son travail de *care*. Celui-ci est sans fin : *« Par exemple, si le midi il faut que j'aille acheter quelque chose pour eux, toute la matinée j'y pense. Si Maxime a demandé quelque chose pour l'école, je ne veux pas l'oublier. Je veux être sûre de lui ramener le soir ce qu'il m'a demandé. Il serait déçu. Je ne voudrais pas qu'il soit embêté à l'école parce qu'il lui manque quelque chose pour travailler. »* Toutes les pensées de cette femme vers son fils n'ont pas un sens identique ; elles concernent parfois le registre du travail d'entretien (articulé, ici, avec la composante travail de croissance), parfois un autre registre, qui n'est pas non plus celui de la composante travail de réconfort, car les profits affectifs sont autant pour elle que pour son fils. Mais le sentiment de responsabilité ne la quitte pas.

Le travail de *care* pour la femme tend à occuper, au moins à la maison, tout son temps. Il correspond à sa mise en disponibilité familiale. La mère d'Émilie (de niveau bac, et au foyer) le ressent ainsi : *« Étant à la maison, donc sans travail, je suis disponible 24 h sur 24 pour mes enfants. Ils n'ont aucun souci matériel. Je suis aussi le chauffeur, ils peuvent faire ainsi beaucoup d'activités ».* Certaines femmes délimitent néanmoins le temps « disponible » pour leurs enfants, notamment par le travail professionnel qui leur évite les trop longues journées à la maison. L'enfant a droit à beaucoup d'attention, mais sa mère peut contrôler le bien-fondé de la demande. Elle peut refuser certaines exigences pour ne pas avoir l'impression d'être trop à leur service. C'est ce que fait la mère de Maxime (secrétaire de direction, père directeur commercial d'une agence de voyages) : *« Si Maxime avait des difficultés pour avoir des camarades, cela me contrarierait parce que je trouve très bien qu'ils se programment eux-mêmes leur après-midi, qu'ils s'organisent sans que les parents aient à intervenir. J'essaierais de l'inscrire dans un club, de l'insérer dans une équipe de judo. »* Comme ce n'est pas le cas, cette mère a refusé une inscription à son fils : *« Il voulait faire du foot à une époque, je l'ai un peu dissuadé. Là c'est de ma faute. Je ne me voyais pas me taper tous les dimanches les matchs. Dans la mesure où l'on part à la campagne en fin de semaine, c'était astreignant. Je l'en ai dissuadé. Et pour compenser, je l'emmenais au bois quand il était petit avec des copains pour jouer au foot. Ce n'était pas un truc structuré. C'est vrai qu'au niveau de mes week-ends, je ne me suis pas trop sacrifiée. »* Il s'agit moins d'une opposition entre temps de la mère et temps de l'enfant que d'un conflit entre temps familial par excellence, celui des fins de semaine, et temps de l'enfant. La mauvaise conscience de la mère la pousse à prendre du temps pour faire jouer, un autre jour, son fils avec ses copains.

Attention et attente

Malgré ces limites, la disponibilité du temps maternel est grande. Elle n'implique pas que la mère soit prise tout le temps ; celle-ci repère les moments utiles, les moments les plus propices pour aider son enfant. Si le temps du goûter est fréquemment évoqué, c'est sans doute parce que l'enfant revient dans un état d'esprit flottant où les événements survenus ne sont pas encore enfouis, où l'absence du père rend exclusive la relation entre la mère et l'enfant, sans interférence. C'est donc l'heure où les femmes (pour la grande majorité) font le maximum pour être présentes, les enfants devant faire leur travail de l'école. Le temps d'intervention de la mère n'a pas une durée stable. « Cela dépend » : il y a des jours où l'enfant a davantage besoin de conseils car les devoirs sont plus difficiles, il y en a d'autres où il a plutôt besoin d'être encouragé à travailler car il a la tentation de jouer ou de regarder la télévision (le fait que sa mère soit là peut suffire à le dissuader de « traîner »), d'autres jours l'enfant a davantage besoin d'autonomie, et la mère doit savoir se faire discrète... Une mère formule cette façon d'intervenir, entre le « laisser faire » et le « faire faire », avec des énoncés où elle affirme que l'enfant peut se gérer lui-même et qu'il a besoin de la présence d'un de ses parents. Ainsi, à la question sur la toilette (pour ses trois enfants dont l'aînée a neuf ans), elle répond : *« Je les laisse faire seuls » et je surveille. Je les laisse faire, bien sûr, parce qu'ils sont en âge de faire leur toilette seuls, mais je surveille toujours. »* Cette oscillation entre temps d'intervention et temps de simple présence, cette sensibilité selon la demande – explicite ou non – de l'enfant se traduit par une grande irrégularité dans l'usage du temps quotidien, usage qui est aux antipodes de la manière dont les pères s'impliquent à la maison.

3. La reconstruction difficile du rôle de père

Les individus dans la famille contemporaine aspirent de plus en plus à être des proches mettant en œuvre une logique relationnelle. Mais dans sa pratique avec son enfant, l'homme ne répond pas entièrement à cette demande. S'il veut bien devenir, en quelque sorte, un « père-cheval », un père qui sait se mettre à la hauteur de ses enfants, il ne sait pas être attentif aux besoins de chacun. De ce point de vue, les limites paternelles apparaissent nettement dans trois manières d'être et de faire chez lui.

3.1. Trois manières d'être père

Peu relationnel

L'idéal de la proximité affectueuse ne constitue pas la totalité du nouveau rôle paternel. Construit contre la dimension autoritaire, celui-ci n'implique pas le renoncement à d'autres dimensions de l'ancien rôle, et en particulier à celle du père pourvoyeur des revenus de la famille. Le fait que les femmes aient le plus souvent une activité professionnelle ne signifie pas que la vie professionnelle des femmes et celle des hommes aient le même sens. Une série d'indicateurs démontre que l'engagement professionnel des femmes, des mères, occupe souvent une place secondaire, contrairement à l'engagement professionnel des hommes qui reste prioritaire. Le temps moyen du travail professionnel hebdomadaire des mères de deux enfants est de 35 h, celui des pères de deux enfants (qui vivent avec une femme salariée) est de 43 h. Plus d'une heure par jour sépare l'investissement professionnel de l'homme et de la femme. Cet écart est approuvé par beaucoup de personnes qui pensent que la femme doit être encore plus disponible que l'homme. La dimension professionnelle structure davantage l'identité masculine que l'identité féminine, et encore plus l'identité de l'homme-père que l'identité de la femme-mère. Pendant les vingt dernières années, période de la croissance du travail salarié des femmes, l'écart entre le rendement du diplôme des hommes et celui des femmes sur le marché du travail, pour un niveau de diplôme considéré, n'a guère diminué. Et ces différences restent associées à la présence des enfants à la maison.

Le travail professionnel du père relève du registre de l'évidence. Il est beaucoup moins posé en termes de conciliation avec la vie familiale que celui de la mère. Il fait partie intégrante du rôle paternel. Ainsi, lorsqu'un enfant tombe malade, ce qui peut surprendre c'est moins le fait que les femmes s'arrêtent beaucoup plus souvent que les hommes pour en prendre soin (on le sait par expérience) que le fait que la majorité des uns et des autres perçoivent cette décision comme « normale », comme non injuste. En effet, pour la plupart des couples, même lorsque les deux conjoints ont une activité professionnelle, l'homme reste le principal responsable du niveau de vie de sa famille. En allant à son travail en cas de maladie bénigne de son enfant, un homme n'est perçu, le plus fréquemment, ni par lui-même, ni par son épouse ou sa compagne, comme un déserteur. Pendant son temps de travail, l'homme n'est pas disponible pour les siens, mais cela ne signifie pas pour autant qu'il est un individu sans référence familiale. Le soir, puisqu'il rentre tard, il prend rarement en charge le rituel du coucher. Il n'est pas pour autant indifférent à ses enfants, il en a besoin à la manière de ce père : *« Quand je rentre, ils sont couchés, mais je passe toujours la tête par la porte de leur chambre pour voir cet air apaisé qu'ont les enfants quand ils dorment. Il y a comme un sourire sur leurs lèvres, comme s'ils remerciaient la vie d'avoir vécu cette nouvelle journée avec toutes les découvertes qu'elle a offertes... C'est un spectacle merveilleux qu'il ne faut pas rater ».* C'est en regardant ses enfants dormir paisiblement que cet homme se sent être père. La sérénité de leur sommeil le valide en tant que père. Un autre père confirme l'importance de cette vision du soir qui confirme sa place : *« Oui, plus d'une fois j'ai raconté une histoire. Ce n'est pas toujours facile d'ailleurs quand on a un travail prenant. Je me suis toujours rendu à leur chevet quand je rentrais tard pour les embrasser*[1]. »

Le père n'a pas le sentiment d'être éloigné de ses enfants : *« Je les suis de très près, même si je ne suis pas là. J'ai toujours un regard attentif sur eux. »* Son identité familiale n'exige pas une présence continue. À la maison, il est aussi comme cela, parvenant à préserver un temps à soi, y compris pour un soi familial puisque le bricolage (ou le jardinage) est une activité pour les autres, mais effectuée dans des conditions d'un soi « seul ». Le « soi familial » de l'homme est, à la différence du « soi familial » de la femme, un soi qui est autorisé à être en même temps un « soi personnel ». C'est sans doute là le plus grand clivage entre les genres, du point de vue de la construction de leur identité.

Cette caractéristique a des effets sur l'engagement dans des relations interpersonnelles. L'homme ne les recherche pas, quitte à le regretter ensuite : *« Les enfants grandissent vite, et aujourd'hui quand je regarde en*

1. Les extraits suivants sont tirés d'un corpus de vingt entretiens auprès de pères, réalisés par Nathalie Miot (1993). Ces hommes, tous cadres, qui ont entre trente-cinq et cinquante ans, ont au moins deux enfants.

arrière, je me rends compte que j'ai certainement raté beaucoup de leur évolution, parce qu'à chaque fois qu'on n'est pas près d'eux, on passe à côté de toutes les petites choses qui les rendent plus forts, plus autonomes, plus adultes, plus eux-mêmes. Si c'était à refaire, j'essaierais de leur accorder plus de temps ». Cet homme est surtout sensible à ce qu'il n'a pas vu, sans souligner ce que les enfants ont peut-être aussi perdu du fait de son absence. Le père ne semble pas avoir conscience de ce type de contribution, certains hommes vont jusqu'à refuser d'y penser : *« Je n'ai jamais fait un acte délibérément réfléchi vis-à-vis de mes enfants en pensant que cela pouvait leur apporter quelque chose de plus ou de moins. Quand je l'ai fait, c'est peut-être égoïste, c'est pour moi, pour le plaisir de le faire ».*

La manière d'être de l'homme en famille ne lui permet pas d'être disponible et de répondre à la demande, inattendue, ou personnalisée, de ses enfants. L'homme a des activités avec ses enfants, mais généralement à heures fixées à l'avance. Il est présent dans des temps ritualisés, ou dans des occasions exceptionnelles. Tel cet autre père avec son fils : *« Nous adorons pratiquer le ski ensemble et la musique. Nous sommes un peu musiciens dans la famille. Mon fils est très sportif, et il aime bien en parler avec moi. Cela fait toujours plaisir d'être sollicité surtout dans des domaines qu'on maîtrise bien. On a le sentiment de leur apprendre des choses. Il m'est arrivé aussi de les emmener à des compétitions sportives, des répétitions, des spectacles ».*

Bien que se situant dans le registre de l'intervention affective, l'homme ne parvient pas à être relationnel (au sens psychologique), dans la mesure où l'existence des cloisonnements, des séparations, et la ritualisation des moments passés avec ses enfants empêchent, pour une part, l'ouverture d'un réel dialogue, comprenant des informations très personnelles. Ce n'est pas le silence entre le père et sa fille ou son fils, c'est une forme particulière de parole : « *On adore commenter les informations* », ou encore : « *J'adore leur faire découvrir des endroits, des choses. Ils sont attentifs à la nouveauté. C'est fabuleux de voir cet air qu'ils ont quand ils apprennent quelque chose qui les intéresse* ». Cette forme d'échange ne correspond pas au modèle du dialogue permettant de révéler l'identité personnelle. Un père qui a bien intériorisé le modèle idéal de la famille contemporaine, en est conscient : « *Les moments privilégiés, c'est le vrai problème de l'éducation entre les parents et les enfants... Le père aspirerait à avoir ces moments privilégiés, et la mère qui les a ne les vit pas toujours comme cela, confrontée à des contraintes. Il faut réussir à les faire émerger. Il y a quelques moments comme les vacances, les trajets en voiture qui permettent de se retrouver vraiment. Les amorces de dialogue sont difficiles. Il faut trouver les bons moments pour parler, il est important de s'adapter à chaque attente.* »

Un homme a beaucoup plus de mal qu'une femme à être à l'écoute, à prendre le temps de s'arrêter. Le récit d'un goûter relaté par une mère est difficilement imaginable dans la bouche d'un père : « *Je lui accorde du temps. C'est vrai que les moments importants c'est quand ma fille rentre de l'école. Étant assez secrète, elle parle, mais quand cela la touche vraiment, il faut la comprendre. Elle ne déballe pas toutes ses émotions. On passe une demi-heure ensemble. Je lui fais son goûter, on discute, et puis des fois quand il y a des choses importantes, c'est à ce moment-là qu'elle me les dit. Elle va noyer cela dans une masse de trucs* » (mère diplômée de l'université). Si les enfants se confient moins à leur père et si ces derniers se déclarent moins souvent confidents que leurs compagnes, cela provient d'un moindre apprentissage de cette compétence relationnelle de la part des hommes.

Responsable de la famille unie

Ce moindre investissement relationnel ne signifie pas que les hommes ne passent pas de temps en famille. Les enquêtes de type « Budget-temps » privilégient (involontairement) les activités qui renvoient à une exécution personnelle, la femme qui joue avec son enfant, l'homme qui change son bébé. Et elles laissent dans l'ombre les activités communes, par exemple l'émission de sport regardée à la télévision par le père avec ses enfants. Cette construction des données repose sur une réduction, implicite, du rôle paternel (ou maternel) à la dimension interpersonnelle. Le temps en famille est peu pris en compte, masquant la partie consacrée à la famille dans son ensemble.

L'homme partage son temps familial en deux grandes catégories, le temps passé « avec » le groupe et le temps mis à sa disposition personnelle. L'homme est assez peu engagé dans des relations duelles, très personnalisées. N'a-t-il pas plus de mal à dessiner des portraits de ses enfants avec beaucoup de détails ? Il se pense comme un individu en famille dont il estime avoir la responsabilité. L'abandon de l'attitude autoritaire ne traduit pas une rupture totale avec la notion de « chef de famille ». En effet, certaines données permettent d'appréhender le maintien d'une fonction de direction générale. Dans un sondage effectué en 1993 (*Famili*, n° 3), des parents d'enfants de trois à dix ans devaient indiquer qui avait le dernier mot chez eux pour un certain nombre de décisions concernant la vie quotidienne des jeunes enfants. Sur les huit décisions proposées, la mère obtient quatre fois la majorité absolue, et une fois la majorité relative des suffrages (avec les menus, l'habillement du matin, le fait de manquer l'école, l'heure d'aller au lit, l'achat des livres et des jeux) ; l'enfant, une fois la majorité relative avec la liste des amis invités à la maison ; et le père a deux fois la majorité relative. Les deux domaines attribués au père sont : « les sorties ou les activités familiales le week-end », et « les programmes de télévision quand toute la famille la regarde ». Le père est désigné comme le décideur pour les deux seules propositions contenant le mot « famille ».

Lorsque la famille existe à travers une activité commune, lorsqu'elle se met en scène ensemble, le père est reconnu comme devant intervenir explicitement. D'une certaine manière, le père semble avoir un rôle équivalent à celui du président de la République en France, et la mère, un rôle de Premier ministre (Glaude, de Singly, 1986). Le Président est garant avant tout de l'unité nationale, tandis que le Premier ministre intervient beaucoup plus sur la conduite de la politique du gouvernement. Le Président a pour « domaines réservés » la politique étrangère et la défense nationale, et il se définit, en dépit de ses choix partisans, comme le président de tous les Français. Le père semble être un équivalent du Président dans le cercle domestique. Cette conception est compatible avec le rôle de principal pourvoyeur des revenus, puisque le père n'a pas à suivre au jour le jour la politique de la famille. Le père moderne n'est pas « proche » de la vie quotidienne ; il montre sa proximité affective en s'investissant dans les temps de loisirs, les réunions de famille. Il n'a pas à être autoritaire, à imposer son point de vue. On lui reconnaît le droit de prononcer le dernier mot après échanges et discussions. Il propose à sa manière une synthèse. Il est plutôt un père-animateur qu'un père-dictateur.

Certaines femmes reconnaissent ce rôle. Le fait que le père suive de plus loin le déroulement de la vie quotidienne lui confère une place spécifique, comme le dit une femme, aide-soignante : *« Je suis persuadée que ma fille pense que je suis plus embêtante. Je suis beaucoup plus près d'elle, plus à côté de ce qu'elle fait. Patrick, c'est le rôle du père, il est là en tant que chef de famille. Si quelque chose ne va pas ce sera le père qui parlera. Patrick est plus joueur. Il intervient différemment de moi. C'est lui qui la poussera à la discussion sur les choses de la vie, sur ce qui se passe dans le monde. »* Sa moindre implication dans la vie quotidienne lui autorise une certaine distance, une certaine « hauteur ».

Selon l'interprétation donnée à la quantité de temps passé en famille, l'ambiguïté du nouveau rôle de père apparaît bien : soit signe d'un affaiblissement, soit marque de sa manière de faire. C'est particulièrement sensible dans le cas de cette famille où le mari est chauffeur routier et la femme institutrice. Elle décrit ainsi le rôle de son mari : *« Il intervient peu parce qu'il n'est jamais là. Mais s'il y a un problème, il s'en occupe. Il ne se désintéresse pas mais étant donné qu'il reste peu à la maison, on ne peut pas dire que c'est lui qui élève les enfants. Il n'intervient pas pour le travail, les achats. Il a quand même une place importante dans la vie des petits. C'est une référence au moins. Il intervient quand il y a des notes bonnes ou mauvaises, il ne viendrait pas à l'idée aux gamins de tricher. Ils lui disent : "On a eu 20 ou 8", et ils se font disputer ou féliciter selon la note. »* Lorsque cette femme interprète la réalité en fonction du partage du travail domestique, elle perçoit une grande inégalité à son désavantage ; lorsqu'elle examine la situation du point de vue des enfants, elle insiste davantage sur le possible recours au père. Ce dernier est un « arbitre » de la famille, arbitre étrange puisqu'il n'observe pas le déroulement du jeu domestique ! Il doit se fonder sur les comptes rendus des uns et des autres qui, en légitimant son rôle, lui permettent de le jouer. Il est donc dépendant des membres du groupe familial. À la maison, il opte pour un match amical, voulant intervenir le moins possible, ou pour un match officiel, se montrant intransigeant.

Les plaintes des femmes renvoient à deux registres (de même importance quantitative). Soit elles estiment que l'homme pourrait, lui aussi, accepter d'être un peu « gendarme », de prendre leur relais, que c'est trop facile d'être un papa joueur. Soit elles refusent que le père se croie obligé de rappeler certaines règles pour montrer qu'il est maître du jeu, affirmant qu'elles connaissent mieux les besoins en matière de maintien de l'ordre. À en croire les versions féminines, l'homme trouve difficilement un juste milieu entre le papa-gendarme et le père-copain.

Les hommes dressent un constat comparable, ajoutant deux informations. Quand l'homme se déclare peu autoritaire, il fait le plus souvent référence à son épouse : *« Je suis plutôt souple et peut-être pas assez autoritaire. Ma femme me le reproche et je pense que ma fille me le reprochera. »*. Quand il avoue être sévère, il ajoute fréquemment qu'il prolonge ainsi son propre père : *« Je suis un père assez dur, je pense, parce que ma propre éducation reste encore au fond de moi. J'ai du mal à me libérer. Je suis exigeant quant à leur réussite, mais je ne suis pas un père catégorique »*, ou encore : *« Je suis un père pas facile parce que j'ai reçu une éducation stricte et rigoureuse. J'essaie de me cor-*

riger, mais c'est difficile. J'accepte le dialogue et je reviens sur mes décisions. » Ces justifications ne sont pas équivalentes : d'un côté ils assument, disent-ils, mieux que leurs compagnes le fait d'être « assez ouverts », de ne pas être trop autoritaires ; de l'autre, ils regrettent de l'être trop, en rejetant la responsabilité sur leur éducation passée. Cette différence reflète la dévalorisation de l'autorité (soulignée par l'usage du mot « encore » dans l'expression « Je suis encore un père autoritaire »). Quand l'homme pense avoir trouvé la recette de l'équilibre entre le trop et le trop peu, il ne la livre pas. Secret de famille, sans doute !

Aux côtés de son épouse, de sa compagne

L'homme apprécie d'être le représentant de la famille. Il se veut responsable, sans avoir ni à être autoritaire ni à payer les frais de la gestion quotidienne. Il y parvient, mais en étant en réalité coresponsable avec son épouse, sa compagne. Cela est visible dans les réponses de parents d'adolescents à des questions portant sur le partage des tâches éducatives. Ils devaient indiquer celles qui sont du ressort de la mère, du père, des deux ensemble, de l'un ou de l'autre indifféremment (Kellerhals, Montandon, 1991). Les deux parents n'ont pas les mêmes zones d'influence : la mère a la responsabilité exclusive de quatre domaines (les devoirs scolaires ; la surveillance du rangement des affaires de l'enfant ; le choix des habits ; la surveillance de la santé) ; le père n'a aucun domaine en responsabilité propre. Les neuf autres domaines relèvent d'une logique de l'indifférenciation (soit « les deux ensemble », soit « l'un ou l'autre indifféremment »).

À titre principal, la mère prend en charge la fonction d'entretien et la fonction de développement. En ce qui concerne la fonction de soutien émotionnel – par exemple, réconforter et consoler un enfant –, cela dépend des familles : soit c'est plutôt la mère, soit ce sont les deux parents. Enfin, la fonction de régulation normative qui consiste à fixer des bornes, des limites aux comportements de l'enfant est assurée par les deux parents. Ces déclarations de principe correspondent bien aux manières de faire observables dans les récits de vie familiale. La différence entre le père et la mère pour ces fonctions éducatives révèle un élément important de la construction de l'identité paternelle. Le père en tant que responsable exclusif a une place restreinte dans la famille, contrairement à la mère puisqu'il n'a, pour ces treize travaux, aucun domaine réservé. L'homme n'est pas absent de l'éducation familiale, mais il partage presque toujours avec son conjoint ce qu'il fait en tant que père.

L'insertion du père dans la famille contemporaine se précise. C'est un homme qui a peu de relations interindividuelles, duelles, avec ses enfants. Il est au milieu des siens, sans marquer un territoire propre pour affirmer sa paternité, à l'exception de son fort engagement professionnel à l'extérieur. Au contraire, son épouse agit à deux titres, soit en son nom dans certains domaines – notamment tout l'entretien matériel –, soit au nom du couple parental dans les autres. Elle couvre ainsi la quasi-totalité du champ éducatif. Si la mère assure la plus grande part du travail domestique, elle le fait, aujourd'hui, dans des conditions où elle affirme en même temps son pouvoir. Pour reprendre l'analogie avec le fonctionnement de la sphère politique, la question de l'équilibre du pouvoir et des responsabilités est posée. La balance penche-t-elle du côté de la femme, Premier ministre ? On pourrait croire que l'homme représente la famille à la manière des anciens présidents, dans un régime d'assemblées. Ce serait oublier que, à la différence de ces présidents, il assure à titre principal une fonction de pourvoyeur de revenus. Il n'est donc pas « potiche ». Cette fonction l'éloigne de la famille et le conduit à s'engager selon un principe plus affectif que relationnel.

3.2. La spécificité du père. L'ouverture au monde extérieur

Cette description des pratiques du père permet de réfuter un procès dressé à la famille contemporaine et au père moderne par certains spécialistes. Affirmer que le père se confond avec la mère, en prélevant certaines images extraites du réel, est sans doute efficace idéologiquement, mais relève du fantasme. Les écrits d'Aldo Naouri – notamment *Une place pour le père* (1985) – illustrent ce type de prise de position. Pour ce pédiatre, il est évident que :

> Ce qui ne cesse de fleurir dans les modes nouvelles des sacs ventraux dans lesquels les pères sont fiers d'arborer leur progéniture, dans le partage des soins, dans le plaisir clamé qu'il y a à changer, laver, pouponner, qu'ils découvrent [...], véhicule, de manière bien suspecte, une dangereuse dénégation de la différence des sexes.

Laver l'enfant serait donc « féminin », et le père désirant le faire dévoilerait ainsi secrètement qu'il n'a pas « renoncé à être mère », ce qui est pourtant « pour devenir père », la première et indispensable condition.

Un père non maternel

En dépit de quelques précautions oratoires, Naouri suggère que chaque activité a un sexe. Aucune modification ne pourrait être apportée à cet ordre des choses. S'occuper du bain de l'enfant serait affaire de femme, et l'homme qui affirmerait le contraire trahirait son désir d'être mère. On croirait relire les pamphlets qui dénonçaient, au XIXe siècle, les femmes désireuses de suivre des études : elles allaient perdre leur identité féminine ; elles deviendraient « cervelines », « hydrocéphales », sortes de « Quasimodos femelles : un corps en tuyau de poêle, une tête énorme , congestionnée, construction audacieuse de têtard intelligent » (Maugue, 1987). Aujourd'hui, l'identité des jeunes filles qui poursuivent des études est beaucoup moins menacée. C'est la preuve qu'il y a eu progressivement un recodage social du « faire des études » et avoir une activité salariée. Une manière de raisonner comparable est utilisée pour les hommes dans la sphère privée. Ce sont eux qui sont aujourd'hui menacés de perdre leur identité sexuelle en acceptant certaines tâches. Dans *Lettre à mon fils* (1991), Michèle Fitoussi s'inquiète :

> Même lorsqu'ils sont présents, les pères me semblent absents. En tout cas dépossédés de leur image de père [...]. Les « fameux nouveaux pères » [...]. Ce sont eux qui poussent le landau, accompagnent le bébé à la crèche ou se préoccupent de la bouillie du soir. C'est ceux-là qu'on monte en épingle, à qui on tresse des lauriers. À mon avis exagérés, car je ne suis pas sûre qu'un enfant ait besoin de deux mères.

Deux raisons font que cette crainte des pères maternels est peu fondée. Peut-être certains hommes font-ils ce rêve de « renoncer de leur propre gré aux privilèges masculins, abdiquer le pouvoir, l'ambition et la carrière dans la mesure où celles-ci l'empêcheraient de se consacrer à leur femme et à leurs enfants » ? Mais ils sont peu nombreux. Dans les familles contemporaines, le père donne au mieux un coup de main, laissant à sa partenaire la responsabilité. De plus, raisonner en terme de féminisation des hommes dès qu'une certaine indifférenciation remplace une stricte spécialisation revient à adopter un point de vue conservateur, excluant tout changement. Aucun principe universel ne stipule que toutes les activités dans une société considérée sont codées selon une dimension sexuelle et renvoient à du « masculin » ou à du « féminin ». Les hommes, pour se construire comme « hommes », peuvent marquer quelques territoires comme spécifiquement masculins ; les femmes, pour être « femmes », peuvent faire de même. Cela n'implique pas que l'ensemble des activités qu'un homme (ou une femme) accomplit appartient au registre des activités considérées socialement comme « masculines » (ou « féminines »). Il peut y avoir un recollage des ardeurs et des conduites, avec l'invention d'une troisième zone : des territoires neutres. Pousser le landau peut être une activité neutre comme celle de jouer aux cartes avec ses enfants, sans nuire ni à l'enfant, ni à la femme, ni à l'homme.

Être un père moderne consiste à trouver la bonne distance avec son enfant : pas trop loin comme le père « à l'ancienne », sans pour autant être proche de la même manière que la mère, ou l'être différemment, par exemple comme ami. Le père est en possession de trois images repoussoirs, il sait ce qu'il doit éviter de faire, à défaut de savoir précisément comment se conduire. Selon nous, cette recherche de la distance adéquate à son rôle a un objectif qu'il est possible de découvrir. Le père apprend à son fils et à sa fille qu'ils ne sont pas au centre de l'univers, ou plus précisément qu'ils ne le sont que provisoirement au sein de la famille. Pour y parvenir, il n'a pas à être disponible comme son épouse ou sa compagne. L'enfant n'a pas besoin de deux mères, ce qui ne signifie pas que l'homme ne peut pas participer au travail domestique, qu'il ne peut pas promener l'enfant sur son dos ou son ventre, qu'il ne peut pas le nourrir. Ces tâches peuvent être accomplies par l'un ou l'autre parent, ou par une tierce personne. La définition de la spécificité d'un rôle ne s'inscrit pas dans la totalité des activités exécutées par celui ou celle qui doit le jouer[1].

L'altruisme de proximité, l'altruisme à distance

Remise en question par le mouvement féministe dans les années 70, l'attribution aux femmes de la fonction des soins attentifs et affectueux (qui correspond à notre première fonction parentale) est réhabilitée aujourd'hui par des théories féministes qui estiment que le *care* est une compétence féminine. Publié en 1986, l'ouvrage de l'Américaine Carol Gilligan – *Une si grande différence* (curieusement ignoré en France) – sert de réfé-

1. Sinon, comment pourrait faire une femme qui a une activité salariée à temps plein pour interpréter son rôle de mère ? La délégation de certains travaux à d'autres personnes ou institutions n'interdit pas une bonne interprétation du rôle maternel. Ce qui n'a jamais été analysé ce sont les limites de cette délégation : comment la disponibilité maternelle, élément décisif de son travail de *care*, reste possible dans un temps restreint (et inversement à partir de quel point, cette disponibilité peut devenir excessive ?). La réponse classique réside dans l'usage de l'opposition entre la quantité et la qualité. Réponse habile qui ne résout pas le problème puisque justement, pour la mère, la quantité (une certaine quantité) est constitutive de la qualité, c'est-à-dire de la définition de sa fonction. Voir de Singly, Maunaye, 1996.

rence centrale[1]. Si les femmes ont une « éthique de sollicitude » (qui s'inscrit dans le *care*), sachant rendre service à autrui, et spécialement aux plus faibles, c'est parce qu'elles ne connaissent pas un développement moral identique à celui des hommes.

Peu importe la question des origines des différences, ce qui compte, dans cette perspective, c'est leur sens. Les filles et les garçons regardent et interprètent le monde différemment. Le garçon met en œuvre des principes impersonnels pour comprendre les situations auxquelles il est confronté : « Il soustrait ainsi le problème moral du monde subjectif des relations humaines pour le placer dans le domaine objectif de la logique et de la justice. Il y aura des gagnants et des perdants mais selon les règles d'un jeu objectif » (Gilligan, 1986). La fille réagit en étant plus sensible aux besoins des individus. Le bien-être d'autrui compte davantage pour elle que le respect du droit.

Contre certaines théories classiques de la psychologie (dans la lignée de Piaget), Carol Gilligan refuse de considérer que le stade supérieur de développement soit celui du respect des règles morales. Elle ne veut pas d'une telle hiérarchisation entre deux types de compétence : l'une centrée sur la séparation, l'abstraction, l'autre sur la connexion, le lien. Au nom de quoi la première dépasserait-elle la seconde ? Ces compétences ne forment pas deux étapes d'un parcours unique ; elles représentent deux rapports à soi et à autrui, deux visions du monde, l'une plus masculine, l'autre plus féminine. On en devine les contours aux réactions à la question : « Quand il y a un conflit entre les responsabilités que l'on a envers soi-même et envers autrui, comment devrait-on choisir ? »

1. Pour une discussion sur Gilligan, voir Muñoz-Dardé, 1994.

Un garçon, Jake, répond, brièvement : « Un quart pour les autres et les trois quarts pour soi », alors qu'une fille, Amy, argumente plus longuement : « Cela dépend réellement de la situation ! Si vous avez la responsabilité envers quelqu'un, vous devrez assumer votre responsabilité envers cette personne jusqu'à un certain point, mais pas au point où cela vous porte tort... Mais si c'est une responsabilité envers une personne très proche de vous, vous devez décider ce qui est, dans cette situation, le plus important : vous ou cette personne. Cela dépend réellement du genre de personne que vous êtes et de vos sentiments envers les personnes impliquées dans la situation » (Gilligan, 1986).

Carol Gilligan commente ainsi ces deux prises de position :

> Jake construit le dilemme comme une équation mathématique d'où il tire une formule qui lui donne la solution. Il affirme d'abord la responsabilité qu'il a envers lui-même [...]. Ce n'est qu'ensuite qu'il considère le degré de sa responsabilité envers autrui. Il part d'un principe de séparation mais reconnaît néanmoins que l'on doit vivre avec les autres [...]. Amy indique qu'elle envisage les problèmes dans leur contexte. Elle n'est pas catégorique car, pour elle, des facteurs tels que la personnalité et les circonstances peuvent influencer un choix. Ce n'est qu'après avoir réaffirmé sa connexion à autrui qu'elle examine le degré de responsabilité qu'elle a envers elle-même [...]. Être responsable signifie pour elle être sensible à autrui, une extension plus qu'une limitation de l'action.

À cette description des visions du monde masculine et féminine correspond assez bien le type d'implication des deux genres, des deux sexes dans la famille : la protection des hommes par le fractionnement du temps et la production d'un « soi, seul, pour autrui » ; la disponibilité des femmes et la production d'un « soi, avec, pour autrui ». Il existe deux formes d'être au monde qui renvoient, pour nous, aux deux dimensions des sociétés contemporaines (de Singly, 1990). À la dimension de la lutte de tous contre tous, les hommes semblent mieux armés ; et à la formation des liens de chacun avec chacun, les femmes semblent plus aptes. Tout se passe comme si les tensions inhérentes à la dualité de l'individualisme contemporain étaient en partie résolues, au sein de la sphère privée, par ce partage des compétences. L'enfant apprend la complexité du monde dans lequel il doit vivre au contact de son père et de sa mère qui en incarnent, chacun, une partie.

Les avantages personnels du care

La mère cherche à offrir, en tenant compte des contraintes, un service sur mesure. Chaque enfant est considéré différemment. Ses besoins sont jugés selon le contexte. La mère met en œuvre un altruisme de proximité, et le père un altruisme à distance. Ce dernier s'exprime dans la vie privée avec un accent mis à la fois sur la séparation des temps et des espaces, et sur quelques grands principes. Dans la sphère publique, cet altruisme se met au service de l'intérêt général en politique, ou de la raison en science. Il n'y a pas refus de l'autre, mais ce dernier est tenu à distance. Les relations ne sont pas proches, elles sont médiées par l'intervention d'institutions, de règles, de droits, de principes. D'une certaine façon, c'est l'autrui généralisé cher à Georges Mead.

Les hommes parviennent à concilier le dévouement et le profit personnel, reconnu socialement. Les avantages de l'altruisme abstrait sont grands pour celui qui le met en œuvre, avec les gains de pouvoir symbolique, associés aux positions institutionnelles. Les avantages de l'altruisme de proximité existent aussi, différents, et moins visibles socialement, plus personnels. L'intérêt que les femmes peuvent en tirer dans une logique du développement personnel (comme une contrepartie de leur don) est perceptible dans certains récits. Le *care* n'est plus (ou plus seulement) considéré par la femme comme une charge, il est aussi réalisation de soi en donnant le sentiment d'utilité personnelle. Les récompenses associées sont cohérentes avec les deux altruismes. L'altruisme à distance forme système avec l'acquisition d'une position dans l'espace social ; l'altruisme de proximité se prolonge dans la reconnaissance d'une personne par rapport à une autre personne.

Dans un roman, *Fenny* (1995), qui narre la vie d'une jeune femme anglaise, Ellen, gouvernante à Florence, Lettice Cooper exprime l'enjeu de l'altruisme de proximité, du *care* dans la famille. Ellen ne parvient pas à se marier et adopte, symboliquement, Juliet, une des enfants dont elle a eu la garde. Plusieurs années après, Juliet s'installe chez Ellen et lui apprend son mariage prochain. Ellen entre dans la chambre qu'elle a prêtée à Juliet :

> Comme d'habitude, elle était plutôt en désordre... Ellen plia la chemise de nuit, pendit la jupe, épousseta la coiffeuse et réunit les perles en déroute dans une enveloppe. Je ne vais plus longtemps l'avoir ici et devoir faire ces choses pour elle. Je ne sentirai plus son parfum dans cette pièce, qui ne sera plus jonchée de ses vêtements colorés. Je ne trouverai plus ses mots illisibles sur la table, ni ne verrai son visage en face de moi au dîner, ni l'entendrai crier : « À plus tard », en dévalant l'escalier. Pendant quelque temps, j'ai eu

l'illusion d'avoir une fille, et comme toutes les illusions, elle s'achève. Sauf pour moi, cela n'a pas d'importance. Ce qui importe, c'est la façon dont son été se termine. Quand elle est arrivée, elle se sentait mal-aimée. »

Ellen estime avoir contribué à faire que Juliet « redémarre », et abandonne le « schéma de doute et d'échec » qui l'habitait. À un autre moment du roman, Ellen montre également la manière dont elle conçoit son engagement maternel, ou quasi maternel, vis-à-vis d'un garçon orphelin, Dino, dont elle a pris la charge. Ellen est en train de faire la cuisine, Juliet lui demande pourquoi puisqu'elles vont dîner au restaurant ensemble :

— Je voulais laisser quelque chose de prêt pour Dino. Je suppose qu'il est chez les Lucchesi, où il n'aura pas grand-chose à se mettre sous la dent.

— Il est parfaitement capable de se préparer quelque chose tout seul !

— Oui, mais il ne s'en donnera pas la peine s'il rentre tard et que je ne suis pas là. Il est en pleine croissance et il a besoin d'un bon repas le soir.

— Vous le gâtez vraiment, Fenny (c'est le surnom affectif d'Ellen) !

— Je veux qu'il soit heureux. Il a eu un si mauvais départ.

La conversation se poursuit. Juliet s'inquiète pour Ellen, estimant que Dino ne se conduit pas bien vis-à-vis de sa mère adoptive :

— Ça me toucherait moins s'il ne se montrait pas si souvent insolent et boudeur envers vous. Pourquoi le lui permettez-vous, Fenny ?

— Je lui en ai parlé hier soir. Il ne se conduit pas aussi mal que ça en général... Il faut avoir de la patience avec lui... Il se stabilisera.

— J'espère que oui, parce que je vois que vous vous en inquiétez.

— Il est bon de s'inquiéter de quelqu'un !

L'universalisme paternel et le particularisme maternel

Le clivage entre les deux altruismes recoupe, en partie, l'opposition entre un principe d'universalisme et un principe de particularisme [1]. On le comprend avec l'exemple du roman de Lettice Cooper. Plus sensible à l'enfant, à ce qu'il a été capable de faire, une mère juge moins en fonction de règles générales, tandis qu'un père procède à une estimation en fonction des objectifs fixés. Une cohérence se dégage entre le degré d'implication et le mode d'intervention. Plus disponible, la mère est plus attentive à ce qui pourrait sembler des détails au père qui, étant moins présent, prend de la hauteur. Une femme (maîtrise de philosophie) décrit son intervention : « *Quelle aide ? Je crois que c'est la constance de l'aide qui est la plus difficile à assumer pour des parents. Savoir qu'il ne s'agit pas d'être là de temps en temps. Je ne dis pas non plus qu'il faut être là tout le temps. Mais on est constamment appelé à être là, présent.* » Lorsqu'elle parle de son mari, elle change de critères pour décrire son travail paternel : « *Il ne se met pas du tout à la même place que moi. Il intervient de façon périphérique avec les enfants, en étant à certains égards plus radical que moi, et en donnant à la réalité un contenu plus objectif, plus masculin, plus synthétique. Il a une bonne vision de l'ensemble des problèmes qui se présentent. J'aurais plus tendance à analyser*

1. Sur l'universalisme, voir Walzer, 1992.

chaque problème qui se pose. Et même physiquement, il est présent de façon plus massive, plus directive que moi. Ce qui crée des conflits entre nous, ce n'est pas grave (rires). Ce n'est pas toujours agréable, mais ce sont des conflits dus aux différentes places que nous avons. ». Au dialogue, propice à l'appréhension des soucis personnels, s'oppose la discussion qui porte sur des thèmes plus généraux. La manière dont l'homme s'investit dans la famille, moins dans des relations duelles et plus en groupe, correspond aussi à ce type de communication. Le père sert davantage de médiateur entre le monde extérieur et son enfant, la mère entre le monde intérieur de l'enfant et lui-même.

3.3. La spécificité du père. Une certaine autorité

Pour se construire en tant qu'individu autonome, l'enfant a besoin du support de deux fonctions parentales. Schématiquement, la première fonction reconnaît à l'enfant toute sa place, en tant que petit, et la seconde lui montre qu'il n'occupe qu'une place relative, en tant que petit appelé à devenir grand. Joli paradoxe. C'est en tant que personne faible que l'enfant est tout-puissant, et en tant que personne devenant forte (ou grande) que l'enfant a un pouvoir limité. Le *care*, travail de soutien inconditionnel et affectueux, correspond exactement à la première fonction. À ce niveau, un enfant est comparable à une personne âgée, à un malade : il a besoin d'une grande disponibilité. Faible, il peut bénéficier des services de quelqu'un d'autre qui l'aide. Et en même temps, il doit trouver en lui-même les ressources propres à son développement, ne cherchant pas un appui extérieur à tout moment. Il peut avoir besoin d'un parent qui lui rappelle qu'on ne cède pas à toutes ses demandes, qu'on n'est pas à son entière disposition.

Un faux papa ?

C'est là que le père intervient, à la condition de ne pas confondre son rôle avec celui d'un proche égalitaire, d'un copain. Le risque d'une telle dérive résulte de la critique du père autoritaire et macho, celui qui considère la maison comme l'espace du « repos du guerrier ». Un album pour enfants – *Papa n'a pas le temps* (Corentin, 1986) – résume la mise à mort symbolique du père que les modernes désignent comme « traditionnel ». « Bon à rien » à la maison, sauf à jouer le chef qui mérite ce qu'il y a de mieux (le silence, les honneurs), l'homme est-il condamné à être un homme qui ne sait pas quelle est sa place ? *Albert et le faux papa* (Bichonnier, Couderc, 1991) montre les limites du renoncement paternel. Un petit garçon, Albert, voudrait jouer avec son père ; malheureusement, ce dernier est « toujours terriblement occupé. Il lui aurait fallu trois mains supplémentaires pour tout faire en même temps ». Lorsqu'Albert demande à son père de jouer aux billes, celui-ci lui répond : « Albert, va donc voir dans la cour si j'y suis. » Un jour, Albert se décide à aller dans cette cour, et découvre un papa qui a cinq mains et qui veut bien jouer. Albert le nomme « Vraipapa », et le trouve beaucoup plus drôle que « Fauxpapa » (le vrai), beaucoup moins sévère, beaucoup moins bien élevé. Ce « Vraipapa » est un copain, il parle le langage des enfants, il n'apprécie que la nourriture des enfants, il ne pense qu'à jouer.

À la longue, Albert se lasse d'avoir seulement un copain de plus. Et il demande de nouveau à son vrai père de s'occuper de lui. Ce dernier comprend cet appel, se désengage un peu de son travail professionnel et s'engage dans une relation plus personnelle avec Albert. Après avoir fait chacun leur travail, professionnel pour le père et scolaire pour le fils, ils jouent aux cartes. Albert apprend la patience, sait que son père est plus disponible à certains moments. Il apprend ainsi les contraintes de toute relation interpersonnelle, les règles de la vie sociale. Le livre s'achève par une morale. Pour Albert « il n'y eut plus de Fauxpapa ni de Vraipapa. Il y eut un seul papa, tout court ».

Un jeu sur les règles

L'homme découvre, à coups d'essais et d'erreurs, le rôle de père. Il ne doit pas être un copain, mais cela ne lui interdit pas, de temps à autre, de faire comme s'il était un copain, un compagnon de jeu. La différence entre les deux manières de faire réside dans le fait que c'est le père qui fixe les bornes, qui décide à quel moment le monde du jeu s'arrête et à quel moment l'autre monde, le monde « réel », revient à la surface. Le père est passeur entre ces deux rives.

L'univers des jeux de société ou du sport demande le respect de règles ; les instructions s'imposent à chacun, petit ou grand. Les différences de générations comptent peu. Chacun n'est donc plus tout à fait à la même place dans l'espace du jeu. C'est celui qui maîtrise le mieux la situation qui gagne, pas le plus âgé par principe. Les rivalités peuvent se dévoiler, elles sont autorisées. Les usages de la micro-informatique dans la famille relèvent du même registre. L'intérêt de cette machine est de créer un univers mi-fictif, mi-réel, où les adultes n'ont pas plus d'expérience que les plus jeunes. Une publicité pour une marque d'ordinateurs (Compaq, 1994) insiste sur ce point en consacrant une page à ce mot d'ordre : « Ce n'est pas parce que vous avez appris "à l'ancienne" que votre enfant doit en faire autant. » Sous l'image d'un enfant (la tête à l'envers, les yeux apparaissant à travers deux CD-ROM), le texte présente le changement :

> Vous deviez vous enfoncer dans trois pieds de neige pour vous rendre à l'école. Ils y vont en patins à roulettes Rollerblade. Vous aviez une radio AM. Ils se promènent avec un baladeur. Et puis il y a maintenant ce que l'on appelle l'enseignement par le jeu, une technologie de pointe interactive qui rend l'apprentissage facile et divertissant.

Cet argument n'est pas destiné aux enfants ; le parent à qui s'adresse le message publicitaire doit, lui aussi, apprendre : « Ces micro-ordinateurs... possèdent tout ce qu'il vous faut pour débuter. Vous êtes donc prêts à vous mettre à l'œuvre immédiatement. Le père est un débutant. Il n'est pas plus expert que son fils (ou sa fille, mais c'est plus rare). Il n'est plus le chef qui possède par expérience, ou par simple effet de position (le « c'est parce que), le savoir à transmettre, ne serait-ce que parce que les énoncés sont en anglais : *« J'ai un handicap par rapport aux enfants, c'est que je n'ai jamais fait d'anglais. Et c'est tout en anglais* » (Roux, 1994).

Un des pères (cité par Marie-Agnès Roux) essaie de prendre l'avantage, mais découvre que la méthode de son enfant peut être plus efficace : *« Par rapport à moi qui essaie de faire des choses raisonnées par rapport à ce que je vois – moi je me dis : "C'est comme ci, c'est comme ça" –, lui, il fonce. Je crois qu'instinctivement, il y arrive mieux.* » Cela peut le rendre furieux, tel est du moins l'avis de son fils – *« Parce qu'il perd.*

Alors il est en colère, il est un peu jaloux » (homme bachelier, père d'un fils de huit ans). L'homme peut redevenir père en contrôlant les heures d'accès à la machine et en expliquant à l'enfant qu'il doit suivre certaines règles dans le temps d'utilisation : *« Il demande s'il peut l'utiliser. S'il fait beau, on lui dit : "Va jouer dehors, fais autre chose." Mais c'est rare parce qu'il n'en abuse pas. Même des fois, s'il s'ennuie, je lui dis : "Va faire un petit moment d'ordinateur".* »

Un jeu subtil autour de la règle et de l'autorité se met en place entre le père et l'enfant. Il semble y avoir un apprentissage paradoxal de la relation d'autorité dans son reniement momentané. L'homme ne devient père qu'en soulignant de manière ostentatoire qu'il ne l'est pas provisoirement, ce qui le distingue du copain qui, lui, n'abdique rien. Le secret de la figure du « père-cheval » est – peut-être – là. En tant que représentant virtuel de l'autorité, seul le père peut y renoncer. La « mère-cheval » aurait moins de sens, elle peut et doit être proche autrement. Un « copain-cheval » aurait, lui, un autre sens, la marque exclusive d'une domination. Le « père-cheval » ne l'est que provisoirement. Selon nous, il s'abaisse non pas pour rester « petit », mais pour montrer que de grand il peut devenir petit, tout comme son enfant doit de petit devenir grand. Le mouvement du père indique que l'inverse est possible pour l'enfant. Le père contribue à apprendre à son enfant l'ouverture au monde, avec les discussions générales, et la nécessité de grandir par la confrontation avec d'autres personnes, éventuellement plus grandes, ou avec d'autres univers.

Si l'on dépasse la construction unidimensionnelle d'un père autoritaire, usant et abusant de son pouvoir, on s'aperçoit alors que cette fonction contemporaine de médiation pouvait aussi prendre place dans l'identité du père d'autrefois. Regardons les images des livres d'alphabets du XIXe siècle (Le Men, 1984). La mère est représentée dans la maison, tenant un de ses enfants sur les genoux pour lui apprendre à lire. L'image du père diffère. Il est dehors. À son enfant, il désigne du doigt quelque chose sur le livre et simultanément dans la nature environnante. La mère est proche de son enfant ; le père, lui, se tient à distance entre l'enfant et le monde extérieur. Ne rejoue-t-il pas le rôle tenu aux siècles précédents par les individus chargés de l'apprentissage ? Sous l'Ancien Régime, l'enfant était retiré à sa famille dès l'âge de raison. Il allait travailler dans une autre famille au contact d'adultes qui lui apprenaient soit un métier, soit les bonnes manières. Progressivement, l'école a pris en charge l'enfant, modifiant les règles de la socialisation avec le rejet de ce modèle de l'apprentissage (Ariès, 1960). Par transfert, le père semble avoir récupéré une part de ce rôle d'apprentissage, en l'appliquant à d'autres domaines – le sport, le bricolage.

Tenir ses promesses

L'homme peut mal interpréter ce rôle paternel. Il doit apprendre à son enfant que le monde des grands se caractérise par des règles, que le monde ne fonctionne pas exclusivement selon le principe particulariste (c'est-à-dire en référence à des situations précises et en fonction de personnes définies). Mais il lui faut démontrer aussi qu'il n'est pas pour autant un puissant qui peut s'autoriser n'importe quoi. Tel est le problème du père de Chris, important producteur d'Hollywood, dans une nouvelle de Budd Schulberg – « Un second père » dans *Amour, Action, Rire* (1995). Cet homme promettait toujours à son fils « des choses qui devaient être annulées à la dernière minute parce qu'il était "coincé" » Madame (sa mère) faisait de son mieux pour l'expliquer à Chris, mais Chris avait du mal à le comprendre. Pourquoi est-ce que son papa ne pouvait pas tout simplement dire : « Écoutez, les gars, il faut que je termine cette réunion dans dix minutes. Je me suis engagé à emmener mon fils au Gilmore Stadium ».

Survient alors dans l'univers de Chris, un nouveau chauffeur au service de la famille qui, progressivement, se met à jouer le rôle du père, d'un père disponible, prêt à l'emmener aux matchs, à lui apprendre à bricoler, à boxer, à pêcher... À la fin de la nouvelle, le lecteur commence cependant à avoir des doutes sur le sentiment paternel du chauffeur. Doutes confirmés par ses déclarations à la presse après un vol important au domicile de la famille (y compris les huit dollars économisés par Chris !). Le chauffeur se vante d'avoir décidé dès le premier jour de son action : « C'était un de mes coups les plus faciles. Les gosses de riches sont isolés pour la plupart. Ils se font vite avoir quand on joue au grand frère... ». Chris a du chagrin d'avoir cru en cet homme. Son père le console – « Il y avait bien longtemps qu'il n'avait pas enlacé ainsi son fils » –, ayant enfin compris que l'enfant avait « terriblement besoin d'une image de père ». Il décide : « Chris, demain, je ne vais pas aller au studio de toute la journée. Dans l'agrès-midi, nous irons voir le match de base-ball au Gilmore. »

Si la fonction du père n'a pas pour corollaire une disponibilité comparable à celle de la mère, elle demande néanmoins du temps, et du temps tenu, respecté. Le maintien des exigences professionnelles dans la définition de l'homme conduit trop souvent ce dernier à négliger ses engagements personnels vis-à-vis des siens, ne voyant pas que c'est ainsi qu'il disparaît du système des relations familiales (plus que du fait de son manque d'autorité). La reconnaissance du père par son fils vient tout autant de l'autorité que le père exprime en démontrant qu'il respecte ce qu'il promet, que des marques d'autorité qu'il donne en famille.

Une autorité non autoritaire

Le père assume un rôle d'autorité « non autoritaire ». Les contraintes de la scolarité, notamment, réclament l'apprentissage d'un monde réglé. C'est sur ce point que les parents affirment leurs désaccords avec les projets d'une pédagogie anti-autoritaire. Tout en approuvant le libéralisme pédagogique, ils souhaitent fournir des repères à l'enfant : « *Ils ont géré leurs vies comme ils l'entendaient. On a posé des limites évidemment, mais ils les connaissaient et les respectaient. On devait forcer certains à travailler mais on n'était pas à cheval sur les programmes télé. Ils ne font pas tout ce qu'ils veulent.* » Si le père est dévalué en tant que père autoritaire, il est également rappelé à l'ordre lorsqu'il n'est pas assez « autoritaire ». Les reproches les plus forts des femmes – on s'en souvient – s'adressent aux hommes qui, rentrés à la maison, veulent la paix à tout prix, en négociant à la baisse toutes les exigences, en fermant les yeux face à leurs enfants. Elles désapprouvent un tel comportement ; le père doit intervenir.

Avec humour, la mère de Julien (secrétaire) l'explicite : « *François me reproche souvent de devoir jouer le grand méchant loup à cause de moi. C'est vrai. Je connais des pères qui jouent le rôle de mère, des couples d'amis où finalement c'est la mère qui est la plus autoritaire et le père qui a un côté douceur, ou qui est plus cool. Reste à savoir quel est le rôle du père. Chez nous, si les enfants font une remarque injustifiée, c'est François qui va se fâcher, alors que moi, je vais plus facilement dire, même si un enfant m'a répondu de travers : "C'est l'âge, ce n'est pas grave, cela passera." François joue le rôle de grand méchant loup. À la limite, cela ne lui déplaît pas. De temps en temps il manifeste des scrupules à jouer ce rôle, mais il en a besoin. Moi, je n'ai pas besoin d'avoir ce rôle-là. Cela me dérange moins que mes enfants me marchent un peu sur les pieds en paroles. Ce n'est pas ce qui m'inquiète sur l'amour qu'ils me portent.* »

Ce père apprécie le sens des frontières. Quand il ne joue plus, quand il est vraiment le « père-grand », il a le droit d'être respecté. Il ne redevient pas, pour autant, le père fouettard qui se prend trop au sérieux. Emprunté au langage des contes, le terme de « grand méchant loup » est là pour définir le rôle : sérieux et humour doivent coexister. Son épouse l'encourage à être père, tout en soulignant qu'elle n'éprouve pas le besoin de jouer un tel répertoire. Elle apprécie bien cette division du travail : de son côté, l'amour sensible (celui qui comprend : « c'est de son âge »), de l'autre, le rappel des règles. Le rôle du père n'est pas de séparer l'enfant de sa mère (version psychanalytique de la division des fonctions parentales), mais de le socialiser d'une autre manière. La mère apprend à l'enfant qu'il a de la valeur puisqu'elle prête attention à lui, à ses désirs, à ses demandes, alors que le père lui apprend que d'autres valeurs existent et donc qu'il n'est pas l'unique étalon.

Répondre à la demande scolaire

On pourrait s'attendre à ce que le père participe au soutien scolaire de ses enfants. Une telle aide correspond *a priori* assez bien à la définition d'une des dimensions de son rôle : l'ouverture au monde extérieur, l'accès à un monde réglé. Or l'homme participe peu au soutien scolaire. Il n'est pas indifférent au parcours scolaire de son enfant mais ne s'implique pas beaucoup dans le suivi. Une publicité pour un livre « parascolaire » s'appuie sur cette situation : « À la maison, nous travaillons à trois, mon fils, Bescherelle et moi. » Une photographie montre la mère et le fils côte à côte sur une table de salle de séjour, et un extrait d'interview de la mère accompagne ce placard publicitaire : « Il rentre en CM2 ? Alors, attendez-vous à des retours d'école difficiles : — Dis, maman, explique-moi les déterminants..., les groupes fonctionnels... De mère à mère, je vais vous dire mon secret. » Et cette femme indique la collection vantée : « Tout, absolument tout est expliqué. Au rythme d'Alexandre, j'ai tout réappris. Ensemble, nous sommes devenus incollables en français » (septembre 1995). Explicitement, la mère ne se place pas dans une situation de supérieur, elle « réapprend avec », et elle utilise le mot « ensemble » pour caractériser le travail scolaire.

Le père a un rapport distant avec la scolarité de l'enfant. Ce n'est pas la nécessité de devoir apprendre « avec » l'enfant qui le gêne puisqu'il montre avec l'informatique qu'il est capable de le faire. Les arguments les plus fréquemment avancés par l'homme et la femme renvoient surtout au temps. Le rythme scolaire et le rythme professionnel de l'homme ne coïncident pas. Mais là encore, c'est bien autant la conception du temps disponible que la quantité de temps nécessaire qui constitue la résistance principale. Les contraintes de l'école sont telles que l'homme ne peut pas les intégrer dans son schéma d'organisation temporelle. Il peut faire le point à tel moment, fixé à l'avance, mais il n'apprécie pas de répondre à la demande, tel soir, à l'improviste, parce que l'enfant ne parvient pas à terminer un devoir ou ne comprend pas tel morceau de sa leçon. Pour justifier son refus, il peut affirmer qu'il craint de rendre l'enfant trop dépendant en étant trop « autoritaire », et qu'il préfère le laisser se débrouiller (tout en sachant que c'est sa partenaire qui assurera le suivi) : *« Ils ont toujours bien géré leurs affaires tout seuls. Je ne pense pas que tu puisses être à la fois père et professeur, d'abord parce que cela ne lui rend pas service, à toi non plus parce qu'après tu te substitues complètement à l'enfant. Donc il faut le laisser, lui faire des remarques s'il y a lieu, mais on n'est pas toujours réceptif comme on le devrait. »* À la fin de la phrase, le père baisse sa garde et avoue les mauvaises conditions de réception qu'il offre. Les risques de la féminisation du père sont faibles puisque ce dernier a même du mal à assurer les éléments du répertoire parental qui pourraient lui revenir. La fonction de médiation réclame un temps (et un rapport au temps) que, le plus souvent l'homme n'est pas prêt à prendre.

L'exercice de cette fonction par le père est également difficile en raison du sexe de son enfant. D'après leurs récits, les pères sont heureux d'avoir une ou des filles, la proximité affective étant plus simple à mettre en œuvre avec elle(s) qu'avec un garçon. *« Quel père n'a pas rêvé d'avoir une fille ? Je vois bien chez mes amis qui ont deux filles que le père entretient une relation différente avec celles-ci. Il y a une complicité, une attention, une écoute même qui est différente. Et puis c'est plus câlin, plus affectif, plus doux. Je trouve qu'entre un père et une fille, on sent vraiment un sentiment d'amour. »* Certains hommes vont même jusqu'à évoquer le prolongement de l'amour conjugal et de l'amour filial : *« Un homme recherche à travers sa fille la relation vécue avec sa femme et qu'il a un peu perdue à la venue du premier enfant, à savoir de l'attention, de la tendresse. Une fille, c'est doux. »*

Être « père-cheval » avec une fille est possible. Il est sans doute même plus facile de continuer à fournir des marques de proximité avec une fille qu'avec un fils, le renoncement aux signes de virilité, le fait de s'attendrir étant plus compromettant avec une personne du même sexe (c'est entre hommes, plus encore qu'entre un homme et une femme, que la mise en scène du genre masculin est exigée). En revanche, la différenciation des loisirs selon les sexes gêne l'autre dimension de la paternité contemporaine – l'accès au monde extérieur et à un monde réglé rend relative la valeur enfantine. L'homme continue à initier (à s'initier avec) son fils plus que sa fille, l'ordinateur ou le sport étant des réserves masculines – sauf exception, dans le cas de fratries exclusivement féminines ou d'une résistance élevée du fils. L'absence de telles pratiques communes limite les relations entre le père et la fille à l'expression affective.

4. Le père après le divorce

Il y a fragilité du lien entre le père et ses enfants après la séparation et le divorce[1]. Les causes ne sont pas à rechercher systématiquement dans les formes de régulation juridiques, même si celles-ci peuvent être révisées (comme l'affirme Evelyne Sullerot, 1992). Pour une grande part, cette fragilité résulte de la manière dont le père se conduit au sein de sa famille lorsque celle-ci est encore unie. Il faut résister à la tentation de prendre le symptôme pour la cause. Il est vrai que les hommes, qui obtiennent assez peu la garde,

1. Voir Guttmann, 1989 ; Teachman, 1991 ; Dominic, Schlesinger, 1980 ; Loewen, 1988 ; Fournier, Queniart, 1995 ; Furstenberg, Morgan, Allison, 1987.

cessent d'entretenir des relations avec leur enfant dans près de la moitié des cas. Les liens entre le père et l'enfant résistent assez difficilement à la séparation du couple, du fait de la définition du rôle paternel. En effet, après le divorce, le père se retrouve seul dans un face-à-face avec ses enfants, dans une relation interpersonnelle à laquelle il n'est pas habitué. Avant, il interprétait surtout son rôle de père sous les deux modalités complémentaires que nous avons repérées : le père en tant que pourvoyeur principal de revenus ; le père, membre du couple, en tant que garant de la famille unie.

4.1. Le chevauchement des rôles

L'homme éprouve des difficultés à s'affirmer comme père après la séparation. Lorsqu'il participe à l'entretien de ses enfants, avec le versement d'une pension, et lorsque cette participation est connue et reconnue, il a plus de chances de continuer à voir les siens. La relation entre versement de la pension et maintien des liens est nette (Seltzer, Schaeffer, Charng, 1989). Mais le sens de son travail professionnel peut changer, un surinvestissement en vue de constituer un patrimoine familial étant moins justifié. Le père s'investit dans la famille de manière paradoxale en se donnant des objectifs de réussite personnelle qui doivent rejaillir sur le groupe familial : aujourd'hui encore c'est ce niveau qui contribue le plus à fixer la place sociale de la famille.

La problématique des effets – éventuels (il est très difficile de les approcher) – du divorce sur les enfants devrait être reformulée. Lorsque des enfants qui ont des parents séparés ont des résultats scolaires moins bons que ceux qui vivent dans une famille à deux parents, cela ne signifie pas que l'enfant ait besoin de ses deux parents réunis pour atteindre un certain équilibre psychologique et disposer de repères. Cela peut traduire une transformation du sens de la scolarité après le divorce. Le capital scolaire de l'enfant est un capital qui est, à la fois, personnel et familial. Au cœur des stratégies de production des positions sociales, cette ressource a plus de chances d'être accumulée quand il y a mobilisation familiale [1]. 0r, on ne sait pas jusqu'où le « couple parental » – maintenu après la disparition du « couple conjugal » – est un équivalent des parents lorsqu'ils sont en même temps conjoints. La dissociation ne supprime pas l'intérêt de chacun des parents pour la réussite de leur enfant, elle modifie les conditions d'une coopération, et surtout la signification de ce capital porté par l'enfant. Comment le processus de chevauchement présent au sein de la famille classique, qui conduit l'enfant à être en même temps lui-même et représentant du groupe familial, se reforme-t-il après le divorce ? Par quels mécanismes l'enfant parvient-il à rester porteur de ses deux parents ? Dans ces nouveaux cadres de socialisation, les enfants inventent-ils de nouvelles formes d'accumulation de capital scolaire ?

4.2. Les transferts, possibles et impossibles, de père à beau-père

Après une recomposition familiale, jusqu'où l'enfant reste-t-il le délégué de ses deux parents et jusqu'où devient-il représentant du nouveau groupe conjugal ? C'est en référence à ce questionnement que le jeune peut accepter ou non l'intervention de son beau-père. Des entretiens avec des adolescents dont les parents

1. Voir de Queiroz, 1995 ; Lahir, 1995 ; Terrail, 1990.

sont divorcés (certains ayant recommencé une autre vie conjugale) permettent d'appréhender leur conception du rôle du beau-père et, ainsi, de préciser encore mieux les contours du rôle du père (divorcé ou non [1]). La rivalité principale entre les deux est explicitement l'autorité. Beaucoup de ces jeunes estiment que leur beau-père n'en a pas, et que c'est le père qui en est le détenteur légitime.

Ainsi Aurélie (17 ans, mère psychologue, père commerçant, beau-père ingénieur) est claire sur ce point : *« Plusieurs fois mon beau-père dit : "Je ne veux pas qu'elle fasse cela." Je le prends très mal parce que pour moi, il n'a pas de droits sur nous. Une fois j'avais été malade, et donc comme je travaillais, il avait fait un mot qu'il avait signé. Je n'avais pas trouvé cela normal, et ma mère aussi. Sa signature, elle ne vaut rien pour moi. Cela ne me viendrait pas à l'idée de lui faire signer mon carnet. Ma mère lui montre mon carnet, mais il ne le signe pas. Cela le regarde un peu. Parce qu'il s'intéresse beaucoup à nos études et à ce qu'on fait. Il peut nous conseiller, mais il ne nous interdira pas de faire telle ou telle chose. De toutes façons, on n'est pas obligé de l'écouter. »* Aurélie estime que c'est à elle de décider de la place de son beau-père : *« Mon beau-père a essayé de s'occuper de nous comme un père. Cela dépend de nous de voir s'il est comme un père, si on l'accepte comme tel ou pas. Plus tard, comme il n'y aura plus la question de l'autorité, on ne fera plus tellement la différence... Vis-à-vis de moi, le*

1. Les vingt-sept entretiens auprès de jeunes dont les parents ont divorcé, et qui vivent, pour certains, avec une mère ayant une nouvelle vie conjugale, ont été passés par Marie Guillaume (1995) et par Céline Duez (1994). Les autres travaux sur le beau-père (Théry Dharvenas, 1993 ; Blöss, 1995) privilégient le point de vue des adultes.

rôle de mon beau-père est quasi inexistant. Ma mère me conseille. C'est elle qui a le pouvoir de m'autoriser ou de m'interdire de faire quelque chose. De me dire ce qui est le mieux et le moins bien. Tandis que mon beau-père, il n'a aucun pouvoir. C'est un personnage comme dans une pièce ou dans une comédie. Il est là, mais je ne sais pas pourquoi. Si, je sais pourquoi, mais pour moi, il ne serait pas là que ça ne me gênerait pas. Je ne le considère pas comme un étranger parce que cela fait plusieurs années qu'on vit ensemble. Il est de la famille, c'est tout. » Son beau-père est avant tout le nouveau conjoint de sa mère. Aurélie approuve la dimension conjugale de ce nouveau personnage, mais en rejette la dimension parentale : « *Il y a un homme à la maison. Cela fait comme si c'était une vraie famille. Comme ça ma mère n'est pas seule. Je suis contente qu'elle ne soit pas seule.* »

La recomposition autorise le « comme si », sans qu'il y ait oubli de la situation antérieure, de la « vraie famille ». L'enfant n'a pas à choisir son père. La première preuve d'autorité du père réside dans cette imposition : il est le père. Cela est une évidence. Ainsi, une jeune fille dont le père est parti lorsqu'elle avait trois ans et dont les relations avec lui se sont progressivement distendues, estime : « Il existe sans exister. Il est écrit papa sur son front mais c'est tout. »

L'idéal d'un groupe où chacun est d'abord soi-même ne suffit pas à définir les contours de la famille contemporaine. Il n'y a pas refus des places, des positions, des repères. Il y a refus que cela constitue l'unique fondement des liens entre les membres de la famille. Le père a l'autorité, cela est constitutif de sa position, mais il doit aussi être proche, montrant ainsi qu'il ne se réduit pas à ce rôle. La logique relationnelle se combine à celle, plus classique, de la logique statutaire. Le fonctionnement de la société procède au changement surtout par retouches, par effet de bascule, par modification de la dominante. Ainsi, la centration sur le couple et l'enfant n'a pas supprimé les relations de parenté qui demeurent, à la condition de respecter les nouvelles règles du jeu, la revendication d'autonomie de la famille restreinte. Pour les relations entre les parents et les enfants, le changement est du même ordre. Le père ne quitte pas sa place, il n'est pas copain. Il est père, tout en interprétant une petite musique personnelle. Le rapport d'Aurélie à son beau-père (qui n'est pas exceptionnel) révèle en creux la complexité du nouveau rôle de père. Ce modèle repose sur la condamnation des attitudes autoritaires, sur la valorisation du rapprochement quasi horizontal. Cet effacement de l'autoritarisme ne fait pas disparaître la demande d'une autorité, d'une autorité légitime. En tant que coresponsable de l'origine de l'enfant [1], le père reste la source légitime de l'autorité.

La dimension relationnelle du rôle paternel

Il arrive que, le temps passant, le beau-père devienne un quasi-père. C'est le cas pour Célia (17 ans, mère éducatrice, père éducateur, beau-père médecin). Lorsque son beau-père arrive à la maison, elle l'évite : *« Pendant un an ou deux, je n'ai pas voulu l'appeler*

1. D'où les résistances à un modèle de vie privée qui ne reposerait que sur des liens électifs entre les parents et les enfants. Ces derniers sont valorisés en ce qu'ils témoignent de l'investissement affectif et de l'attention des parents – Michèle Ferrand (1990) note que déjà la comtesse de Ségur insiste sur « la proximité entre parents et enfants ». Pour l'auteur de *Les Vacances*, le lien familial est d'abord un lien affectif avant d'être un lien du sang. Néanmoins, ils doivent, si possible, être tempérés en quelque sorte par l'autre principe.

par son prénom. Je l'appelais "Eh...". Je l'ai refusé. Je me souviens un jour, j'étais chez moi, avec ma mère. Il est venu manger. On mangeait des courgettes. Je n'aimais pas du tout ça. Il m'a forcée à les manger. Je ne comprenais pas pourquoi il me forçait à manger des courgettes. Je ne savais pas qui il était, quelle autorité il pouvait avoir sur moi. Je lui ai dit : "Non, je ne mangerai pas mes courgettes, je ne vois pas pourquoi tu me dis ça." Il est parti en disant : "Puisque c'est comme ça, je pars faire un tour en moto." Il est parti. Ma mère s'est mise à pleurer et je me suis dit : "Qui est-ce pour faire pleurer ma mère et pour me faire manger mes courgettes ?" » Cette jeune fille ne comprend pas pourquoi l'affection de sa mère avec un homme doit avoir pour effet de faire naître pour elle un rapport d'autorité.

Depuis, Célia accepte son beau-père presque comme un père, au moins pour la fonction d'autorité : « *Chez moi, c'est lui qui représente la limite à ce que je veux faire, un côté un peu sévère. Parce que ma mère, s'il n'était pas là, elle me laisserait faire beaucoup de choses. Lui, il est là pour dire : "Non, à ton âge, on ne fait pas ça." Il est là pour limiter les dégâts. Cela me sert, il faut bien un côté strict.* » Célia se perd un peu dans les subtilités du « comme si » : « *Je ne lui ai jamais dit que je le considère comme mon père, car cela ne semblerait pas logique de dire à quelqu'un qui serait mon père que je le considère comme mon père. Je dis à ma mère que je le considère comme mon père et elle a dû lui dire. Elle joue le rôle de porte-parole.* » Célia pense que son beau-père ne sait pas comment agir : « *À la fois, il se dit : "Il faudrait que je fasse ça", mais après, il se dit : "Je ne suis pas son père, est-ce que je lui dis comme si j'étais son père, est-ce que je lui dis comme si j'étais son beau-père ?" Moi, je pré-*

férerais qu'il me parle comme si c'était mon père parce qu'il a un rôle de père pour mes frères et sœurs et qu'il doit avoir un rôle de père pour moi. » Célia est également sensible à la fonction de pourvoyeur de revenus (que son père n'assume pas du tout) : « *J'ai réalisé tout ce qu'il faisait pour moi. Il m'achetait des meubles pour ma chambre, des habits. J'ai commencé à réfléchir qu'il faisait comme un père.* » Elle a trouvé la solution : « *J'ai un père et un autre père que j'appelle mon beau-père pour les différencier.* » Mais elle se plaint des difficultés à établir une relation personnelle avec l'un et l'autre. Son père « basant tout sur la plaisanterie », elle n'arrive pas « à avoir de conversation sérieuse avec lui ». Et au contraire, son beau-père prend tout au sérieux, bloquant ainsi les échanges : « *J'ai envie de lui dire : "Débloque-toi." Il y a un mur entre nous. Il a toujours une certaine réserve vis-à-vis de moi* ».

À travers les propos de Célia, on peut déceler quatre des dimensions importantes du rôle paternel : la fonction de pourvoyeur de revenus, la fonction d'autorité, le point d'origine, la dimension personnelle. Célia ne reconnaît à son père que la troisième dimension, le fait d'être le père biologique : « *Mon père, il est là parce que c'est mon père. Mais il n'a pas vraiment un rôle de père. Je vais le voir parce que je suis sa fille, je suis née de lui. C'est à lui que je dois ma présence. Il ne participe pas à mon éducation. Il devrait verser une pension mais il ne peut pas. Je lui ressemble physiquement, on me le dit tout le temps. C'est un petit rien mais c'est mon père.* »

Célia (et bien d'autres jeunes) doivent gérer ces morceaux du rôle paternel, dispersés entre le père et le beau-père : ceux que le père ne veut plus assumer, ceux que le beau-père voudrait mais n'ose pas assumer, ceux qui éventuellement ne sont pris en charge par personne...

Dans le cadre d'une famille où les deux parents « biologiques » ou « adoptifs » sont présents, un manque du père peut être plus aisément – semble-t-il – masqué par le fait que la mère le comble directement ou indirectement (ainsi la disponibilité de la mère crédite le compte global des parents, ce qui n'est plus le cas après la séparation), et aussi par le fait que la fonction de pourvoyeur justifie les longues absences du père et en partie la fonction d'autorité. La mère peut donner une part de ce qui fait défaut au père, cela crédite le père tant que le couple conjugal existe.

La dimension relationnelle est celle qui parvient le plus facilement à se transférer du père au beau-père. Ce dernier n'ayant pas à prendre en charge l'autorité, à marquer les frontières – en tout cas les beaux-enfants le refusent pour la plupart – il peut plus facilement être proche. À ce niveau, le beau-père ressemble davantage à la mère qu'au père, comme on le perçoit en écoutant Laurianne (16 ans, beau-père médecin, père professeur). Elle définit son beau-père avec des mots utilisés habituellement pour décrire une relation avec un ami (Théry, 1993) ou avec sa mère : *« Il ne représente pas mon père. C'est plus un ami, un confident. Je parle beaucoup à ma mère, mais lui, je peux lui dire autre chose. C'est toujours bien d'avoir un autre avis. Par exemple quand j'ai commencé à fumer, je lui ai d'abord dit ; et après, lui et moi, on l'a dit à ma mère. C'est toujours difficile de dire ça à ses parents. Même quand j'ai un problème avec un petit ami, je préfère d'abord aller lui en parler parce qu'il est plus calme. Il est plus posé que ma mère. Elle est aussi à l'écoute que lui. Le moindre petit problème important, c'est quand même ma mère qui écoute. Comme il est plus posé, on a toujours l'impression qu'il nous écoute vraiment, tandis que ma mère fait toujours plusieurs choses à la fois. »*

Laurianne reproche à sa mère de ne pas être assez disponible (reproche habituellement adressé plutôt au père). Elle est bien avec son beau-père : « *Il nous accepte très bien. Il a l'impression d'avoir des enfants, sans en avoir eu en bas-âge. Il raconte qu'il est "notre père spirituel", cela l'amuse beaucoup de dire ça.* » Ce beau-père habite l'immeuble voisin : « *Quand ma mère n'est pas là, on pourrait croire qu'il nous laisse tomber. Non, tous les soirs, il appelle pour savoir si tout va bien. Il mange avec nous et il repart chez lui. On a son numéro de téléphone. Au moindre problème, on peut l'appeler. Même quand ma mère est là, il est toujours là pour nous écouter.* »

La dimension de l'autorité paternelle

Laurianne précise davantage la manière dont son beau-père agit : « *Il n'a jamais exercé d'autorité sur nous, en nous obligeant, en nous donnant des ordres. Mais pour le travail scolaire, il surveille nos notes, le carnet scolaire. Il contrôle tout ça. Il dit : "Travaillez." Il a assumé une certaine partie du rôle du père. Jamais il ne nous donnera la permission de sortir, même quand ma mère n'est pas là. Il ne prendra pas cette responsabilité. Il faudra que je demande à ma mère d'abord.* » Laurianne a su et pu construire une relation originale avec son beau-père, sans trop d'interférence avec le modèle de la relation avec le père. Pour elle, un père idéal, c'est « *quelqu'un qui est toujours prêt à t'écouter, à t'aider. À qui tu obéirais et à qui tu porterais du respect. Sans pour autant être coincée devant lui. Ne pas pouvoir lui dire ce que tu penses. Avoir des relations très franches. Avec quand même une autorité paternelle* ».

Ce qualificatif sert de repère pour séparer père et

beau-père. Élodie (15 ans, mère institutrice, père coursier, beau-père employé) raisonne comme Laurianne. Elle s'entend bien avec son beau-père : « *Quand j'ai un problème, je peux lui en parler. On peut très bien plaisanter ensemble, comme parler sérieusement. Quand je ne vais pas bien, je lui dis. Il n'y a pas de tabou. Des fois, je dis à ma mère que je vais là et en fait je vais ailleurs. Il est au courant. Je lui dis à lui et je lui laisse le numéro au cas où il y aurait un truc. Il ne dit rien.* » Le beau-père est dans ce cas plutôt un grand frère : « Il me dit *"Ne fais pas ça, ta mère ne serait pas contente"* ». Quelquefois il oublie qu'il n'est pas le père, alors Élodie se charge de le lui rappeler : « *Il se permet certaines choses qu'il n'a pas à faire. Ma sœur et moi, nous sommes sur nos gardes. Il y a des réflexions qu'il n'a pas à faire. Cela a beau faire deux ans qu'il est avec ma mère, cela ne sera jamais mon père. Il n'a pas à intervenir. Il n'a rien à me dire. Parce que j'ai un père (qu'elle voit peu), une mère, et s'il y a quelqu'un qui a à me dire quelque chose ce sont eux et pas quelqu'un d'autre. Il a le droit d'être là, de s'intéresser à moi, mais au niveau éducation, il est hors de question qu'il s'en occupe.* »

On appréhende les limites de l'analogie avec ami et beau-père. Ce dernier n'est pas un ami choisi (c'est l'ami de la mère), c'est un adulte. Il joue le rôle de l'écoutant, non directif. Élodie apprécie son beau-père comme une aide : « *Il est là quand j'ai besoin de lui. Des fois il voit que je ne vais pas bien, il vient me voir. Si je n'ai pas envie de parler, il comprend, il s'en va. Il sait que parfois on n'a pas envie de parler. Quand j'ai envie de parler, il est là. Si j'ai un problème, je peux lui en parler. Mon père n'a jamais été là quand j'ai eu besoin de lui : "Papa, il faut que je te parle" – "Excuse-moi, je suis débordé". Alors au revoir, mon-*

sieur n'a pas de temps pour ses enfants. Alain est attentif à ce qu'on fait, à ce qu'on dit. C'est quelqu'un de responsable, qui fait attention à nous. » Pour Élodie, « chacun doit rester à sa place ». Elle le souligne en reparlant de son père dont elle estime pourtant qu'il n'a jamais tenu complètement sa place. Malgré tout, elle savait qu'il était son père : *« En tant que copain (il aimait sortir avec elle), mon père, il avait quand même une certaine autorité. Il est copain mais on reste dans certaines limites. Je ne dirais pas à mon père : "Ce soir, je vais là, mais tu ne le dis pas". »*

La ligne de clivage entre le père et le beau-père est nettement celle de l'autorité légitime. Lorsque le père est absent, la mère prend le relais. C'est elle qui assume, doit assumer la fonction d'autorité. Éventuellement le beau-père peut jouer en partie le rôle du confident, ou celui de la mère (qui le peut moins, étant donné l'accroissement de son rôle d'autorité), comme avec Élodie. Ou encore il est présent presque uniquement en tant que conjoint de la mère. Ainsi Laetitia (16 ans, qui vit avec sa mère et son beau-père, n'ayant plus de contact avec son père) refuse tout de son beau-père, l'accusant de ne pas s'intéresser vraiment à elle, de n'être préoccupé que par les résultats scolaires. Elle ne lui obéit pas : *« Je ne mets jamais mon beau-père au courant quand je veux sortir. Je demande à ma mère. Des fois, il me dit : "Je ne veux pas que tu sortes", dans ce cas-là, je lui réponds et je sors quand même. J'écoute pas vraiment, car il n'a pas à me donner d'ordre, ce n'est pas mon père. Mais j'écoute ma mère. Quand elle me dit : "Tu ne sors pas", je ne sors pas. Mais si c'est mon beau-père, je sors. »*

Le beau-père, représentant de l'idéal de la famille élective

La place du beau-père vis-à-vis de l'enfant doit être conquise après négociation. Par sa manière d'être, ses activités, son sens de la communication, le beau-père peut devenir un très proche qui ne se confonde pas avec le père. Un jeune homme, Romain (mère, profession intermédiaire ; père et beau-père cadres), compare son beau-père à un grand-père : *« C'est un peu comme un grand-père qui veut aider ses petits-enfants, qui par exemple les garde, leur fait des cadeaux, les aime mais qui n'a pas une grosse autorité sur eux. »* Le beau-père n'a ni droit juridique, ni droit social (c'est-à-dire reconnu par les individus) pour jouer le répertoire du père, codé, par le public et les autres interprètes, comme manifestation d'autorité. En revanche, il peut emprunter les autres dimensions du rôle de père. Par exemple, Romain accepte que son beau-père loue pour lui un studio, il ne le prend pas comme une usurpation de rôle. La dimension autoritaire constitue le fil associant l'ensemble du rôle paternel. Lorsqu'elle est absente par construction sociale, les fonctions de pourvoyeur de revenus, d'attention et d'écoute peuvent être déléguées au beau-père sans que cela pose problème.

Le blanc juridique, validé socialement, crée les conditions dans lesquelles le rôle de beau-père correspond le plus à l'idéal électif de la famille relationnelle. Le beau-père ne peut exister que par un engagement personnel. Si le jeune n'approuve pas la façon dont son beau-père intervient, alors la relation peut tendre « vers le zéro absolu » (expression d'un jeune homme) et le beau-père continuer à être perçu comme « un intrus ». Le jeune peut au contraire l'approuver, étant sensible à la personne même de son beau-père et à ses manières de faire. C'est le cas de Romain : « *Quand j'ai grandi, j'ai vu que mon père avait des défauts. J'ai essayé de les enlever de ma personnalité pour prendre les qualités de mon beau-père... Ma relation avec lui est relativement détendue, mais toujours sobre. J'ai appris à être comme lui, à temporiser mes sentiments. On n'ira jamais se taper un fou rire. Mais un petit sourire, un petit regard, cela comptera beaucoup plus. C'est chaleureux, mais toujours très respectueux. De ma part, il y a un peu d'admiration envers mon beau-père qui a toutes les qualités que mon père n'a pas. De son côté, il y a beaucoup de respect parce qu'il sait qu'il y a l'héritage de mon père. Physiquement je suis un peu comme mon père. Il a su m'accepter.* » Conformément aux normes de la logique relationnelle, cette reconnaissance est mutuelle, sans renvoi explicite de critères de place, de statut. Ce qui fait que le beau-père (ou la belle-mère) peut établir des liens intergénérationnels qui pourront avoir la fragilité des relations conjugales, ne fonctionnant pas selon le principe du devoir [1].

Comment un beau-père devient père

Comme le réel est, là encore, plus complexe que le schéma théorique, il nous conduit à donner la suite de l'histoire de Romain. Ce jeune homme cherche à distinguer nettement son père et son beau-père. Et il nous apprend qu'il « va se faire adopter » par son beau-père pour des raisons financières. Ce dernier n'a pas d'enfant et veut pouvoir lui transmettre son patrimoine. Romain accepte cette situation, suggérée par sa mère. Il insiste sur la possibilité de cumul : « *Mon père et lui auront*

1. Contrairement aux relations de parenté « ordinaires ». Voir Finch, 1989 ; Déchaux, 1994.

la même autorité parentale. J'ai deux pères et une mère. Ils ont chacun une place différente. Ma mère est au milieu. Ce n'est pas parce que l'un grandit dans mon estime, dans mes sentiments que l'autre va baisser. Bien au contraire. C'est comme si j'avais fait une renaissance. J'ai eu un nouveau père. C'est comme si j'avais eu une nouvelle naissance, que j'avais changé de père. Mais que j'avais gardé l'ancien. Un peu une sorte de réincarnation dans le fils de mon beau-père et de ma mère. C'est difficile à concevoir dans la tête. Il n'y en a pas un qui remplace l'autre. Ils se complètent. » Quel effet cette dualité paternelle aura-t-elle sur l'identité de Romain ?

Dans ce cas de figure assez rare (la substitution est souvent pensée comme le contraire de la pérennité, alors qu'ici les deux semblent compatibles), apparaissent deux critères marquant le fait que le beau-père n'est plus seulement une personne proche :

– « *Si un jour ma mère meurt, j'aurai toujours un devoir envers mon beau-père... Si jamais mon beau-père doit aller en maison de retraite un jour, je la paierai. Si jamais moi, un jour, je n'ai pas d'argent, il m'aidera. On sera toujours présent. Il y aura des devoirs. On est tous prêts à les assumer.* »

– « *Je l'écoute comme si c'était mon père. S'il me dit de faire quelque chose, je ne dirai pas : "Tu n'as rien à me dire." Au contraire, j'essaierais de réfléchir à ce qu'il m'a dit.* »

La transformation d'une relation affective et contractuelle en une relation affective et obligée réclame de la part de l'enfant, vis-à-vis de son beau-père/père, l'obéissance ou tout au moins l'acceptation d'une certaine autorité, et l'expression de la reconnaissance d'un au-delà de la relation, l'existence des devoirs réciproques.

4.3. Rester père

Le père conserve donc la ressource « autorité » dont ne dispose pas le beau-père. Cela ne suffit pas à faire qu'il reste père. Cette autorité est d'un maniement difficile, devant toujours prendre des formes acceptables, sinon elle passe pour autoritaire. Le droit du père ne peut s'exercer que s'il est doublé d'investissements temporels suffisants. Ce que dit Sophie sur son beau-père, avec qui elle a vécu dix ans, exprime l'attente que les jeunes ont vis-à-vis du père ou du beau-père : *« D'abord qu'il soit là, à ce moment je comprendrais qu'il ait de l'autorité. Je ne le vois pas le matin, et quasiment pas le soir car il rentre tard. Je le vois au week-end. Ce type n'est jamais là, et quand il est présent, c'est pour t'embêter. Il y a des limites. »* En écho, Stéphanie juge son beau-père ainsi : *« Avec ses enfants (qu'il a avec la mère de Stéphanie) il est disponible. Évidemment, comme tous les hommes, il n'assure pas très bien au niveau du quotidien comme laver, habiller les enfants. En gros, ça va. Il est assez présent, il est à leur écoute mais en même temps il ne les couve pas trop. Des fois cela m'arrive de me dire que j'aurais bien aimé avoir un père comme mon beau-père quand j'étais petite. »*

Plus de temps

L'enfant exige que son père soit « assez » présent. Le « assez » tend à augmenter après la séparation, ce qui est un défi, à la fois parce que les actes de la mère ne compensent plus les manques du père, et que l'autorité paternelle a changé de sens : ne représentant plus le groupe familial, elle a plus de chances d'apparaître arbitraire.

L'homme, pour rester père, doit l'être encore davantage après le divorce. Il peut échouer dans le passage d'une identité « paternelle-parentale » à une identité « paternelle-personnelle ». Lui qui sait si bien séparer les territoires pour se préserver a plus de mal à cloisonner parfaitement ses rôles, à différencier le rôle de père et le rôle de conjoint, peut-être parce qu'en réalité c'est son épouse qui a toujours servi de médiateur entre lui et ses enfants, par exemple en lui rendant compte de leur journée. C'est pourquoi certains pères peuvent préférer une logique de substitution qui les conduit à considérer comme leurs les enfants de la première union de leur nouvelle compagne, et à distendre les liens les unissant à leurs propres enfants. Ils sont ainsi autorisés (ou tout au moins le croient-ils) à rejouer sur une scène unique avec une nouvelle famille réunie. L'origine des enfants devient un élément secondaire dans la construction de leur rôle paternel. Ce qui importe le plus pour ce type de père, c'est l'unité du répertoire entre identité personnelle, identité paternelle, identité parentale et identité conjugale.

Dans d'autres cas, ils veulent rester pères, en acceptant de passer du temps avec leurs enfants. S'ils les ont en fin de semaine (cas fréquent), ils modifient leurs manières de faire. Ils le font d'autant plus facilement que leur rôle antérieur de père comprenait déjà du temps consacré à des activités qui étaient, non pas familiales, mais interpersonnelles. L'existence de ces temps passés avec l'enfant en tête-à-tête rend plus solides les liens entre le père et l'enfant, évitant les ruptures provoquées par l'embarras d'un homme ne sachant plus comment faire, ni quoi faire. Le père qui a eu des activités spécifiques avec son enfant pourra plus facilement continuer à jouer son rôle, malgré la rupture conjugale, et aussi à exercer une certaine autorité, rendue légitime par cette distance affective. Après le divorce, encore plus qu'avant, le père ne peut être seulement autoritaire, ou seulement « copain » ou ami, il doit savoir combiner ces deux dimensions.

D'autre part, que ces temps exclusifs soient programmés (selon le mode masculin) ne constitue pas un obstacle puisque, après le divorce, un tel rapport au temps est également possible. Un des avantages du temps strictement réservé à la relation avec son enfant est de rassurer le père, en lui laissant des temps sur lesquels celle-ci n'empiète pas. Ainsi, une jeune fille a compris comment les liens entre son père et elle se sont maintenus pendant la pré-adolescence : *« Il y a quelques années, j'allais au cinéma avec mon père. Comme on avait des problèmes pour communiquer ensemble, pour se dire ce qu'on ressentait, on voulait se prouver qu'on s'aimait comme cela, en partageant ».* De même, après son divorce, l'homme peut continuer sa fonction d'ouverture au monde. Les adolescents qui ont gardé des relations avec leur père le soulignent : *« Mon père, c'est un rapport à la réflexion. Il m'a donné beaucoup de choses à ce niveau-là, que je retrouve dans mon caractère, dans ma façon de réfléchir. Mon père m'a énormément incitée à réfléchir Pas parce qu'il me disait : "Réfléchis ma fille !", mais parce qu'il a des idées assez précises dans beaucoup de domaines, notamment l'écologie. Il discutait souvent sur des problèmes de nature, sur l'homme, l'humanité, sur des sujets très vastes »* (Alice, 17 ans, fille d'un informaticien).

« Mon enfant »

Les malheurs attribués à la famille contemporaine proviennent, en partie, d'une synchronisation imparfaite des changements. La force de l'argument affectif dans les arrangements conjugaux s'est imposée sans que naissent, pour autant, de nouvelles formes de fonctionnement du marché matrimonial, ce qui provoque des situations d'isolement, de solitude, les occasions de rencontre « spontanée » de partenaires éventuels étant trop rares. Pour les relations avec les enfants, un constat identique peut être établi. Trop d'hommes ont une conception relationnelle des rapports conjugaux sans en avoir une pour leurs rapports avec l'enfant. Ils appartiennent au groupe de ceux qui pensent et disent « notre enfant ». Leur engagement paternel est fragile lorsqu'ils se séparent de leur épouse ; ils conçoivent leur apport « moins sur le terrain de la relation à l'enfant que sur celui de la contribution à la bonne marche de la famille » (Fournier, 1994).

Au contraire, les hommes qui pensent et disent « mon enfant » peuvent plus facilement continuer à avoir une relation avec lui après le divorce, l'enfant n'étant pas le « ciment » de la famille. L'homme se sent coresponsable du développement de son enfant :

> Son identité paternelle s'accomplit et s'actualise dans un face-à-face quotidien avec l'enfant, le lien de sang qui le lie à son enfant et le fait d'être principal pourvoyeur, tout cela n'a pas de signification. Son identité paternelle est essentiellement expressive et relationnelle (Fournier, 1994).

Les liens seront entretenus après le divorce puisque la relation n'est pas médiatisée par la mère et ne puise pas son sens dans le groupe familial unifié. Ce type de relation est plus cohérent avec l'individualisation observée au niveau conjugal. Cela ne signifie pas que cette cohérence supprime la souffrance, les moments de réglage, les phases de transition, cela augmente néanmoins les chances que l'enfant puisse conserver ses deux parents (la formule du « couple parental », prônée juridiquement par la France, n'est pas équivalente ; elle propose un modèle contradictoire entre les deux niveaux de la famille).

Unité

L'avenir des bonnes relations entre le père et l'enfant ne demande ni retour en arrière, ni diminution de l'individualisation ou de la personnalisation des relations. Au contraire, il repose sur l'apprentissage chez les hommes d'un nouveau rapport à l'enfant, plus direct. Plus précisément, les hommes sont simultanément trop individualistes et pas assez : trop au sens où ils valorisent trop leur « soi seul pour autrui » ; pas assez au sens où ils ne savent pas suffisamment s'impliquer en tant que personne avec leur enfant. Désireux de ne pas se figer dans la statue du père commandeur, et peu aptes à être eux-mêmes avec leur fils ou leur fille, ils préfèrent se réfugier au bureau (hors de la maison, ou chez eux), dans la pièce de bricolage, au jardin (Schwartz, 1990). Ils savent mal concilier le statut de père (fonctions d'autorité et de pourvoyeur) et la dimension personnelle (fonctions d'ouverture et d'aide) qui doit être associée à ce statut, selon les exigences des normes contemporaines.

La suppression, involontaire en cas de chômage, d'une des fonctions relevant du statut classique, ne constitue pas une solution pour que les hommes soient plus à leur aise dans leur peau de nouveaux pères. Les hommes divorcés et chômeurs (de longue durée) jouent moins que les autres un répertoire paternel (Bertaux,

Delcroix, 1991), signe que c'est dans l'unité du rôle que se négocient l'offre et la demande du père – on l'a déjà appréhendé avec la relation entre versement de la pension et maintien des relations. La quête de cette unité est laborieuse. Même les hommes de bonne volonté oscillent, ne sachant comment lier les dimensions du rôle : « *Si je n'avais pas tant d'affaires à faire, il n'y aurait pas de contrainte, et cela me ferait plaisir de m'occuper des enfants. C'est toujours déchirant : si tu travailles, alors tu te sens coupable parce que tu ne t'es pas occupé des enfants. Et si tu vas avec tes enfants, tu te sens coupable parce que tu ne t'es pas tué à l'ouvrage* » (Dulac, 1994).

Un proche lointain

Continuer à manifester de l'autorité tout en étant proche, continuer à investir professionnellement pour fournir des ressources monétaires tout en étant disponible, alterner position verticale et position horizontale sans en privilégier aucune..., telles sont les exigences auxquelles les hommes – en couple ou séparés – tentent de se soumettre pour devenir ce proche qui sait être en même temps lointain et qui, de ce fait, aidera à grandir. C'est ce que réclame Stéphanie (père et beau-père enseignants) en dessinant le portrait du « père idéal » : « *Le père idéal c'est celui qui s'occupe de ses enfants. D'un point de vue scolaire, sur le plan de l'éducation. Mais aussi au jour le jour. Le père qui est là, qui s'occupe de leurs vacances, qui ne s'y prend pas à la dernière minute pour régler les problèmes qui les concernent. En même temps sans trop les couver, en leur permettant de se former une personnalité, d'être indépendants. Trouver un juste milieu entre la présence et l'attention. Et en même temps se soucier de l'indépendance* ».

Conclusion

Les ailes et les racines

La construction de l'identité personnelle dans une société individualiste

> *Ne préférerions-nous pas, dans ces moments-là, avoir une destinée à laquelle nous soumettre, quelque chose qui nous sollicite, n'importe quoi, plutôt que ces choix fragiles ?*
>
> Alice MUNRO,
> *La Vierge albanaise* (1995).

1. Soi comme engagement

Le mythe moderne de Sisyphe : le soi comme boulet

L'individualisme contemporain (pris au sens où l'individu constitue la référence suprême) pose problème lorsque l'exaltation du moi devient le seul contenu de l'identité. En effet, le propre de l'authenticité – exigence du culte du moi – est de susciter des crises de soi qui se transforment en crises de vie privée. Crises dont le dénouement est incertain, chacun restant maître de savoir si les valeurs engagées dans les conduites ou si le dialogue noué avec un proche sont suffisamment compatibles avec l'image qu'il a de lui-même. Crises néanmoins nécessaires puisqu'elles permettent à l'individu de faire des choix : redonner sens à un engagement antérieur, ou au contraire le rompre, concilier continuité et liberté, la possibilité du divorce étant un des supports de la subjectivation. Crises sans fin, l'individu poussant devant lui son soi, rocher dont il ne parvient pas à se débarrasser, avec ses multiples exigences : stabilité, unité, volonté de révélation totale. Dans *Amours profanes* (de la romancière américaine Joyce Carol Oates, 1982), dans l'ambiance d'un campus américain, une femme, Brigit, comprend qu'elle doit parvenir, après une relation avec Alexis, à se reconstruire :

> Mais comme c'est pénible, ennuyeux de devoir toujours introduire un nouveau moi parmi tous les autres moi déjà existants – une création sans fin, rendue nécessaire à cause de sa nature sombre et têtue. Avec Alexis, elle avait été elle-même – elle pensait avoir été elle-même... Néanmoins tout avait raté. Donc maintenant il fallait recommencer. Se créer une fois de plus. L'effort exigé lui faisait penser à celui que certains philosophes considèrent comme indispensable à la création de l'univers... Elle doit s'imaginer pour être. Elle doit se créer elle-même de nouveau à chaque instant.

La fuite est difficile : impossible de se défaire de soi, à moins de se noyer dans le sommeil, la mort, ou le suicide. L'autre moyen de réaliser ce rêve est de rompre avec le soi présent, en pensant que grâce à d'autres proches (d'autres autruis significatifs), le nouveau moi sera plus léger à porter, ou au moins surprendra pour un temps par sa nouveauté.

C'est la tentation de *L'Automne de Monsieur Bland* (Anita Brookner, 1995). Au moment où il prend sa retraite et où il perd son proche ami, ce monsieur prend conscience du faible intérêt de sa vie. Une jeune femme va amplifier sa crise d'identité en lui ouvrant un nouvel horizon, en lui laissant espérer qu'il peut refaire sa vie. L'union avec une femme plus jeune lui donne l'impression d'avoir accès à une machine à remonter le temps. Pouvant être jeune de nouveau, il découvrira des pans de la réalité qu'il n'avait jamais explorés et se construira différemment.

Le roman commence par un portrait de George Bland, désemparé. Privé de son ami, il comprend qu'il a créé une vie, une identité, à l'image de son appartement : terne. Arrive une jeune femme, Katy Gibb, qui prétend être une amie des propriétaires (absents) de l'appartement voisin et s'y installe. Sa présence lui fait découvrir qu'il « n'avait jamais, comme on dit, brûlé ses vaisseaux, ne s'était jamais lancé à la poursuite de l'indéfinissable, du rêve hors de portée. Il était resté chez lui, prudent, sage, et même satisfait de son sort. Un sentiment de dérision et de désespoir l'assaillit soudain, qui lui fit monter les larmes aux yeux ». En dépit des efforts de la jeune femme, il n'est pas séduit et n'éprouve aucun désir pour elle. C'est à un autre niveau que les choses se jouent. Ce qui l'attire c'est le fait que Katy est, selon son expression, « à l'aube d'une nouvelle vie », qu'elle est jeune : « Tout ce que cela impliquait, tous les désirs, les douleurs, les frustrations de sa propre jeunesse lui revenaient par vagues. » George Bland oscille entre le désir d'une liaison qui lui ouvrirait les portes d'un nouveau soi et le refus de l'aventure qui anéantirait la définition de lui qu'il s'est progressivement construite :

Il était trop tard pour rompre avec ses habitudes. Il était condamné à demeurer ce qu'il avait toujours été. Il lui fallait être prudent, vigilant même, s'il voulait rester le même, comme il croyait le souhaiter.

George voudrait ne pas être dupe de Katy et il découvre, malgré tout, qu'il est attiré par elle. Katy lui propose de changer l'ordre de son appartement, trop impersonnel :

> Changer, c'est évoluer. Comment pouvez-vous grandir si vous ne changez jamais [...]. Je ne vous parle pas de grandir pour devenir adulte. Je parle de croissance personnelle [...]. La croissance personnelle ne peut se faire sans aide. C'est-à-dire qu'il faut savoir partager. Y a-t il quelque chose que vous souhaitiez partager, George ?

Reprenant toujours l'examen de sa vie, George sait qu'il a mené une lutte incessante « pour se faire une place dans le monde » (il a connu une trajectoire ascendante). La dimension statutaire de son existence a sinon tué, du moins relégué à une seconde place la quête d'un soi intime. Privé d'activité professionnelle, et face à l'éventualité d'une relation avec Katy, George voit remonter « les émotions primitives ». Katy est prête à s'offrir à lui, à la condition qu'il l'aide à monter une petite entreprise. Cet échange intéressé ne suffit pas à rompre l'attraction de George pour Katy. Il lui propose de l'emmener à Rome pour Noël. Il le veut, non pas pour faire l'amour avec elle, ayant honte de son vieux corps, mais pour « jeter par-dessus bord sa petite vie ennuyeuse, soigneusement organisée, pour s'adonner à la vénalité, à la vulgarité... »

Il était temps d'entrer dans le monde réel. Sa vie passée lui semblait à présent dénuée de couleur, comme si un automate avait effectué à sa place les tâches dont il était si fier hier encore. Il avait passé les plus belles années de sa vie à mettre son énergie et sa virilité sous le boisseau d'une routine anesthésiante, au prix de menues indulgences.

Ce voyage lui permettrait de disparaître. Il sait qu'il souffrira avec Katy, mais il l'aime, ou plus précisément, une partie de lui-même aime « en elle ce désir instinctif et libre, identique à la soif immense et non assouvie qu'il reconnaissait en lui-même ». Katy refuse le voyage et repart seule aux États-Unis. George s'aperçoit que « sa capacité à changer » a disparu avec elle :

> Il avait été amené à découvrir un phénomène inconnu jusqu'alors : la rencontre de hasard, pas même amicale, qui ravive, permet et introduit l'idée de liberté, d'une liberté dépassant les limites personnelles permises [...]. Il avait fait la connaissance de cette fille, il avait failli devenir un autre homme, vivre une vie incomparablement plus poétique.

Cependant il sait que tout cela n'était qu'illusion dans la mesure où Katy n'était pas un proche susceptible de le recréer. Il en prend conscience au moment où il lui remet un chèque du montant du voyage de retour. Katy ne le regarde pas, ne le remercie pas :

> Katy s'était en fait révélée monstrueusement indifférente, érigeant ses propres châteaux de cartes sur sa vie et sur ce qu'il possédait, sans lui poser la moindre question sur ses goûts et ses préférences, sans faire aucun travail d'approche afin de juger s'il était prêt à coopérer. Voilà ce qui a provoqué sa reconversion à la

dernière minute : il s'était rendu compte de son indifférence totale à sa vie, à ce qu'il était [...]. Elle l'avait traité comme une prostituée traite un client, avec dégoût.

Et George Bland comprend aussi qu'il n'aurait pas pu vraiment l'aider, en dehors de l'apport financier, et donc que cela ne leur aurait pas apporté grand-chose. À quoi bon renaître pour avoir une vie aussi « vide » que celle qui l'attend désormais ? George Bland ne croit ni à son soi présent-passé, ni au soi qui aurait pu être produit avec Katy. La crise n'est pas résolue. Peut-être prendra-t-il des médicaments pour s'endormir longtemps, pour toujours, pour mettre en conformité l'image qu'il a de lui-même et de la réalité.

Ce projet de suicide, une femme le formule également dans une nouvelle de Doris Lessing – « La chambre 19 » dans *L'Habitude d'aimer*[1]. Après des années de vie familiale heureuse, une femme au foyer, Susan, commence à se sentir mal alors que tous ses enfants sont scolarisés. Désormais beaucoup plus libre, elle se demande qui elle est : « Qu'était cette Susan essentielle ? Elle n'en savait rien. » Susan fait un bilan de sa vie :

J'ai commencé par passer douze ans de ma vie adulte à travailler, et à vivre ma vie à moi. Puis je me suis mariée, et dès l'instant où j'ai attendu mon premier enfant, j'ai en quelque sorte signé ma reddition aux autres. Aux enfants. En douze ans, pas un seul instant je n'ai été seule, jamais je n'ai eu une minute à moi. Maintenant, il faut que je réapprenne à être moi-même. C'est tout.

1. Cette nouvelle peut être lue dans la perspective des rapports sociaux de sexe (de Singly, 1987c).

Susan essaie avec difficulté : « Il y a moins d'un an que je n'ai plus les jumeaux sur le dos, et pourtant je suis devenue une autre personne. Je ne suis plus moi-même. Je n'y comprends rien. » Aussi Susan décide-t-elle d'avoir une chambre à elle, une pièce réservée à son usage personnel, tout d'abord dans la maison (« Privé. Ne pas déranger », avaient inscrit les enfants sur la porte), et ensuite dans un hôtel. Le soir, elle rentre chez elle. Et le lendemain elle retourne dans la chambre s'asseoir dans le fauteuil et fermer les yeux.

> Que faisait-elle dans la chambre ? Eh bien, rien du tout. Elle n'était plus Susan Rawlings, mère de quatre enfants, épouse de Matthew, patronne de Mme Parkes et de Sophie Traub, et liée de telle manière à des amis, des enseignants, des commerçants. Elle n'était plus la maîtresse de la grande maison blanche et du jardin, possédant des vêtements convenant pour telle activité ou telle circonstance. Elle était Mme Jones (le nom qu'elle avait donné à l'hôtelier), et elle était seule, sans passé, ni avenir. Me voici, songeait-elle, après toutes ces années passées à être mariée, à avoir des enfants, à jouer ces rôles de responsabilité – et je suis exactement la même. Pourtant à certains moments, j'ai cru que plus rien n'existait de moi que les rôles correspondant au personnage de Mme Matthew Rawlings. »

Cependant, Susan ne parvient pas à se retrouver, et décide de s'endormir pour toujours.

L'individualisme contemporain conduit-il nécessairement à de telles extrémités ? La quête de soi débouche-telle sur un tel vide (après une vie consacrée à sa profession pour monsieur Bland, à la famille pour Susan) ? Les détracteurs de l'individualisme le pensent, appuyant leurs thèses sur les excès auxquels il peut conduire. Toutefois, nous nous situons dans une autre perspective, estimant que l'individualisme est « négatif » seulement, et seulement si, l'exaltation du moi devient le seul contenu de la construction identitaire. À quelles conditions l'individualisme peut-il être « positif » ? En distinguant deux aspects de subjectivation, d'individualisation, à la suite de Charles Taylor (1992)

> L'un concerne la manière et l'autre la matière ou le contenu de l'action. L'idéal de l'authenticité en propose un exemple topique [...]. L'authenticité est manifestement autoréférentielle : telle doit être mon orientation. Mais cela ne veut pas dire qu'à un autre niveau le contenu doive l'être aussi : cela signifierait que mes buts devraient exprimer ou satisfaire mes désirs et mes aspirations contre quelque chose qui se dresserait au-delà.

La construction de soi doit reposer sur une autoréférentialité « de manière » et non sur une autoréférentialité « de contenu » qui risque d'être insuffisante.

Deux conditions permettent d'échapper à l'enfermement identitaire, à une quête de soi qui occupe une telle place qu'elle finit par rompre les liens de l'individu avec autrui et qu'elle juge tout ce qui n'a pas trait à son objet comme inintéressant les relations d'une certaine qualité (« dialogue ») avec autrui, et le contenu de ces échanges, les valeurs évoquées (« horizon de signification »). Ce livre les a étudiées à partir de la vie privée – sous les formes multiples qu'elle prend aujourd'hui, désignées par commodité « famille » – qui constitue un cadre privilégié de développement pour le soi, aussi bien adulte qu'enfantin. Parce que c'est un lieu dans lequel s'articulent à la fois la quête de soi et le souci d'autrui, la quête de soi dans le souci d'autrui, la quête d'autrui dans le souci de soi. Parce que c'est un lieu dans lequel s'articulent à la fois cette quête de soi et d'autrui et d'autres enjeux de l'existence – des plus quotidiens (trouver les moyens de vivre), des plus sociaux (trouver les moyens de réussir) aux plus culturels, politiques, moraux. Parce que c'est un lieu où la valorisation de l'individu cherche à se coordonner avec la production d'un intérêt collectif (celui du groupe que forme le soi avec son ou ses proches).

Cette affirmation ne signifie ni que ces fonctions ne peuvent pas être assurées en coopération avec d'autres proches que ceux de la famille, ni que la famille les garantit à coup sûr. Elle veut insister sur le rôle central de la vie privée dans les sociétés occidentales. Même si ces sociétés semblent fonctionner, contrairement à d'autres, sur un mode de relation plus impersonnelle – « les relations de pouvoir et de dépendance ne s'établissent plus directement entre des personnes ; elles s'instaurent dans l'objectivité même entre des institutions, c'est-à-dire entre des titres socialement garantis et des postes socialement définis » (Bourdieu, 1980) –, cela n'implique ni un dépérissement de la personnalisation des relations, ni l'inutilité d'une identité personnelle[1]. La bureaucratisation, la régulation administrative coexistent avec la psychologisation de la société.

1. La lecture sociologique du mythe de Pygmalion montre en quoi le regard sur soi peut aider à la réalisation des capitaux, des richesses. Pour « bien » occuper tel poste, disposer de tel titre n'est pas suffisant, encore faut-il avoir aussi des dispositions personnelles ; c'est là qu'intervient fortement la dimension du soi intime (pour soi et pour autrui). La définition de la « personne » change lorsque la société fonctionne selon un mode de domination « personnelle » ou un mode de domination « impersonnelle ». Paradoxalement, dans le premier cas, c'est le soi statutaire de la personne qui prime – le fait d'être « mère », « fils de » par exemple –, dans le second cas, c'est davantage le soi intime – avec telle ou telle qualité, avec telle ou telle ressource. D'où le fait que l'accumulation

L'individu ne renonce pas à son autonomie, il accepte néanmoins de se plier à des exigences qui ne sont pas exclusivement personnelles. C'est ainsi qu'il deviendra « sujet », pour reprendre la distinction d'Alain Renaut :

> Dans la mesure où l'idée de sujet correspond, non à la valeur (individualiste) de l'indépendance, mais à celle (humaniste) de l'autonomie, elle inclut en elle, par définition, le rapport à l'autre. Lorsque pour exprimer l'exigence qui définit l'autonomie, je dis que je me soumets à la loi que je me suis moi-même donnée, l'irréductibilité du second « je » au premier (irréductibilité qui est précisément celle du sujet à l'individu) engage la prise en compte par le sujet de ce rapport à l'humanité qui le constitue comme tel (Renaut, 1995).

Autrement dit, en empruntant encore à Charles Taylor :

> L'authenticité (a) implique (ai) une création et une construction aussi bien qu'une découverte (aii), une originalité, et souvent (aiii) une opposition aux règles sociales et même, éventuellement, à ce que nous considérons comme la morale. Mais il est vrai aussi qu'elle (b) requiert (bi) une ouverture à des horizons de signification (car, sans eux, la création perd la perspective qui peut la sauver de l'insignifiance) et (bii) une définition de soi dans le dialogue.

de capital scolaire se combine avec l'autre dimension, l'épanouissement personnel, au sein de l'éducation contemporaine.

Les individus prennent des risques lorsqu'ils oublient le second niveau (b), trop centrés sur la réalisation de soi par le niveau (a).

Les mécanismes de production de soi incluent non seulement le dialogue avec des très proches, mais aussi un horizon de signification, des valeurs de référence. Ainsi, dans sa famille, l'homme trouve une formulation spécifique à ses interventions : il ne doit pas « jouer » au père. Cela ne signifie pas qu'il propose un contenu qui ne serait que le reflet de sa propre subjectivité, ou pas de contenu du tout, sous le prétexte de l'autonomie de chacun. Ne peut-il pas faire découvrir à ses enfants « certaines exigences supérieures au moi », tout en respectant la formation du soi enfantin ?

La régulation des relations conjugales peut également être pensée dans cette perspective, ainsi que l'illustre le roman (et le film) *Sur la route de Madison* (Waller, 1993). Mariée à un fermier et mère de deux enfants, Francesca Johnson réalise brutalement que sa famille ne répond pas à ses besoins et ne lui permet pas de découvrir son identité latente, à l'occasion d'une rencontre – qui va bouleverser toute son existence – avec un photographe, une sorte d'aventurier, Robert Kincaid. En l'absence des siens, elle l'invite à dîner dans la cuisine familiale. Robert commente : « Ça sent bon. Cela sent... la tranquillité. » Francesca apprécie aussi cette sensation, tout en se demandant, en son for intérieur, si cela correspond à ce dont elle avait rêvé pour elle. À l'affirmation : « C'est un bon endroit pour élever des enfants », elle a toujours envie de répondre par une question : « Mais est-ce un bon endroit pour élever des adultes ? » Question à laquelle elle répondrait « non », estimant n'avoir pas pu se développer en tant que personne comme elle l'aurait souhaité.

Si Francesca est tentée de fuir son mari et de suivre

Robert Kincaid, c'est parce qu'elle est surtout définie par son rôle de mère et d'épouse, qu'elle n'est pas assez reconnue dans sa propre identité personnelle. Le regard de Robert la fait chavirer, et la découverte de leurs corps produit un des paradoxes de l'amour. C'est au moment où elle prononce : « Oh ! Robert, Robert, je suis en train de me perdre », qu'elle estime redevenir elle-même, et parvient à trouver une adéquation entre la réalité et l'image d'elle-même dont elle rêvait depuis toujours. Francesca résout son problème en laissant partir Robert dont elle est éperdument amoureuse, et en acceptant de vivre dédoublée. Elle joue sur la scène publique son rôle inchangé de mère et d'épouse, et dans les coulisses (en cachette, et dans ses rêves) celui qu'elle pense être elle, reconnue en tant que personne (avec ses goûts propres comme la poésie, par exemple). La seconde Francesca, la secrète, n'est seule qu'en apparence puisqu'elle vit avec Robert dans l'imaginaire. Elle confesse cette « double » vie à ses enfants dans son testament :

> Bien que lui et moi nous ne nous soyons plus jamais parlé, nous sommes restés liés l'un à l'autre aussi profondément que deux personnes peuvent l'être. Je ne peux pas trouver les mots pour l'exprimer avec justesse. C'est lui qui l'a le mieux formulé quand il m'a dit que nous avions cessé d'être deux personnalités distinctes pour devenir une troisième personne formée de nous deux. Ni lui, ni moi n'avons plus désormais existé sans cette troisième personne (Waller, 1992).

Dans sa famille, Francesca est exclusivement définie par sa place, par les services précieux qu'elle rend à son mari et à ses enfants tandis que, dans sa vie privée, imaginaire (« J'ai vécu avec cet amour tous les jours, toutes ces années, et lui aussi », écrit-elle à ses enfants), elle est définie en référence à son origine italienne, à ses études littéraires, à son amour de la poésie, à ce qu'elle a partagé avec Robert Kincaid. Le choix de Francesca consiste à continuer sa vie officielle d'épouse et de mère : afin de ne pas blesser ceux auprès de qui elle est engagée, elle reste à sa place. En revanche, elle a décidé de vivre sa mort en tant qu'amante (puisqu'elle demande que ses cendres rejoignent celles de son amant sur la route de Madison). Ce choix exigeant n'est guère satisfaisant, ses enfants adultes et les spectateurs le découvrent avec émotion. Chacun en mesure le prix, et pense qu'il est élevé, trop élevé. C'est dire combien la légitimité de la vie privée repose sur l'aide que celle-ci doit apporter à chaque membre du groupe domestique.

Le sens de *Sur la route de Madison* ne peut pas être limité à cette découverte du droit à être soi-même. En effet, Francesca ne part pas avec Robert, elle reste à la maison. Elle tente de l'expliquer à son amant et de se l'expliquer :

> Même si je te veux, si je veux être avec toi, être une partie de toi, je ne peux pas m'arracher à la réalité de ces responsabilités [...]. J'ai dit que je ne voulais pas t'enlever le voyage, mais je te suivrais pour satisfaire mon besoin égoïste d'être avec toi. Alors, je t'en prie, ne m'y oblige pas. Ne m'oblige pas à abandonner mes responsabilités. Je ne pourrais pas le faire et vivre avec cette idée. Si je partais avec toi aujourd'hui, ces pensées feraient de moi une autre femme que celle que tu as aimée.

Même si Francesca avait pris une autre décision – des femmes, des hommes font d'autres choix – elle aurait aussi pris en considération de tels arguments. Ces phrases de Francesca conduisent à repenser les contradictions dans lesquelles chacun se débat. En effet, Francesca accepte de sacrifier sa vie amoureuse, son lien avec Robert, non pas seulement, comme elle le dit, au nom de l'altruisme, mais aussi parce qu'elle se définit par les rôles qu'elle joue en tant que mère et épouse. La famille-service contribue également à construire l'identité, elle participe à la logique identificatrice. Francesca est en partie devenue elle-même grâce aux services qu'elle a rendus et qu'elle rend aux siens, par la place qu'elle occupe à la maison (c'est ce qui explique la force, malgré son manque de légitimité, de la division sexuelle du travail domestique). Ce qui lui pose problème c'est que sa vie privée ne lui a pas offert en même temps de conditions d'épanouissement personnel, c'est que le mari et l'amant ne se confondent pas, c'est que l'institution du mariage ne garantisse pas les liens affectifs qui supportent la révélation de soi.

Il est également possible de tirer une autre leçon théorique de *Sur la route de Madison*. Lorsque Francesca décide de continuer à vivre avec ses enfants et son mari, elle pose son sens des responsabilités familiales comme horizon de signification. Elle accepte de considérer un objectif qu'elle s'était fixé antérieurement comme étant encore sa propre orientation personnelle. C'est la dimension autoréférentielle de sa décision, même si le fait que Francesca reçoit peu de satisfaction personnelle, notamment dans le dialogue conjugal, rend le compromis quelque peu déséquilibré. Si elle avait retenu l'autre option (suivre Robert), Francesca aurait accordé la priorité au sentiment de plénitude de soi associé à la reconnaissance personnelle dans une relation. Le choix de Francesca est d'autant plus difficile qu'elle sait que Robert a besoin d'elle (au début, elle a peur du contraire, pensant qu'elle n'est qu'une femme de passage) pour se construire. Mais il est peut-être facilité par la peur de Francesca de ne pas être à la hauteur de cette identité révélée par l'amour, identité jusque-là rêvée et soudain devenue possible, donc soumise au test de la réalité. Si elle veut que ses cendres soient dispersées avec celles de Robert, que son corps ne partage pas la même tombe que son mari, n'est-ce pas pour réaliser dans l'ordre de l'imaginaire un second soi : celui qu'elle aurait pu connaître avec Robert ?

La décision de rester peut être lue comme le poids de l'intériorisation des normes morales qui font renoncer Francesca à être elle-même. Elle peut aussi être interprétée autrement, comme un des modes de construction de l'identité personnelle, un des modes de résolution des contradictions de l'individualisme. La conduite de Francesca n'illustre-t-elle pas ce que Paul Ricœur estime être le cœur de l'identité personnelle : avoir le sens des responsabilités (1990) ?

Être soi-même a deux sens, celui qui privilégie la continuité de soi dans son caractère, dans sa profondeur supposée (le soi que monsieur Bland et Susan recherchent désespérément), et celui qui privilégie la continuité de soi dans le temps, dans ses promesses. En reprenant les termes de Heidegger, Ricœur plaide pour une « constance de soi-même » qui ne soit « existentiellement rien d'autre que la résolution en marche ». Après le retour de son mari et de ses enfants, Francesca est à la fois la même et différente. Ce qui a changé, c'est le renouvellement de son engagement. En décidant de rester, Francesca change le sens de son rôle d'épouse et de mère. Elle parvient, selon nous, à transformer le soi que nous nommons « statutaire » en un soi « intime ». Elle devient elle-même par « déni du changement », agissant selon les principes de *Soi-même comme un autre* (Ricœur, 1990) : « Quand même mon désir changerait, quand même je changerais d'opinion, d'inclinaison, "je maintiendrais"... Se suffit à elle-même la justification proprement éthique de la promesse, que l'on peut tirer de l'obligation de sauvegarder l'institution du langage et de répondre à la confiance que l'autre met dans ma fidélité [1]. »

La responsabilité consiste donc à transformer une contrainte de position, de place, d'institution en une décision, un engagement personnel. Catherine Ringer, chanteuse des Rita Mitsouko, prend une position comparable dans une chanson intitulée « Chères petites » (en référence à ses deux filles) et, dans un entretien accordé au *Monde* (le 14 avril 1994), fait l'éloge de la monogamie sur une longue période :

> Quand les gens tombent amoureux, ils sont éblouis, ils se mettent ensemble. Quand c'est un grand amour, ça dure cinq ans, six ans maximum ; la septième année arrive, c'est une crise monstrueuse, les gens n'ont plus de plaisir à se consommer. Et se séparent en disant : j'ai fait un mauvais choix, donc je change de lessive, de personne. On peut se séparer, mais ça devrait être exceptionnel. Il y a une tromperie dans l'affaire. C'est l'idée de responsabilité dans l'amour. Comme on dit aux citoyens : soyez responsables, votez, on est en démocratie. Pareil quand on s'engage dans un contrat de mariage ou d'association : il faut tenir le contrat, être responsable. J'ai eu beaucoup de mal à trouver la manière de le dire, pour que ce ne soit ni lourd, ni trop long, et quand même clair. Il ne faut pas seulement être porté par ses sentiments et ses impulsions.

1. Le rapport à « l'institution du langage » devrait être intégré dans les analyses sur la désinstitutionnalisation.

2. Le double soi de l'identité personnelle

Quatre pièces

La double transaction, décrite par Claude Dubar (1991), entre un soi pour soi et un soi pour autrui, entre un acte d'attribution et un acte d'appartenance, ne suffit pas à décrire le processus de construction de l'identité personnelle. Cette dernière est aussi écartelée entre un soi « intime » qui est autant la propriété d'autrui que l'autre (le soi statutaire), et un soi « statutaire » qui sert autant à se définir que l'autre (le soi intime). C'est une proposition théorique importante. Cela revient donc à affirmer que l'identité personnelle se construit à partir de quatre références : le soi intime pour autrui, le soi intime pour soi, le soi statutaire pour autrui, le soi statutaire pour soi. Comme le soi statutaire, le soi intime se construit avec des proches, avec leurs attentes, avec leur aide volontaire ou non. Témoin, ce qu'écrit dans son journal le narrateur de *Un homme regarde une femme* (Fournel, 1995) :

> Souvent tu me dis : "Ne me regarde pas comme ça", ou alors : "À quoi tu penses ?" Ce sont tes deux façons d'exprimer une attitude qui m'est à moi-même inexplicable [...]. Ce que tu débusques dans tes deux questions rituelles, ce sont des moments où quelque chose se trame en moi dont je ne connais pas les contours. Sans doute mes yeux sont-ils alors posés sur toi, à la recherche d'une forme à donner à mon songe. Tu es la forme de ma pensée informe, tu es mon rêve et je ne pense pas encore.

Dans l'interaction, soi intime et soi statutaire se mêlent (tout comme autrui intime et autrui statutaire).

La pièce, *Pygmalion*, de George Bernard Shaw le démontre bien. Eliza ne peut parvenir à réaliser son rêve social (avoir un magasin de fleurs) que par la médiation d'un regard, à la fois personnel et professionnel, celui du Professeur. À la fin de la pièce, Eliza se prend les pieds dans le tapis des identités pour soi, pour autrui, des identités intime et statutaire. Elle voudrait que le Professeur l'apprécie autrement que comme une élève devant être dotée de nouvelles ressources. Ce que nous apprennent les récits croisés des hommes et des femmes interrogés (dans le chapitre 2 de la première partie), c'est l'existence de ce chevauchement dans les processus identitaires. Le regard personnel de l'homme (de la femme) peut soutenir la construction du soi statutaire de sa compagne, ou plus précisément peut aider à l'articulation du soi statutaire et du soi intime.

Le regard sur soi comme coagulant identitaire

C'est grâce au travail relationnel, effectué avec un ou plusieurs proches (de la famille ou non), que se coagulent ces éléments de l'identité. Une nouvelle de Budd Schulberg – « Les barracudas » dans *Amour, Action, Rire* (1995) – le souligne, tout en insistant sur la fragilité du résultat. L'histoire commence à un moment où le héros, Gérald Millidender, va mal. Il ne parvient pas à arbitrer entre le soi intime et le soi statutaire. Écrivain, il a reçu une proposition d'édition de son manuscrit dans un club de livres, à la condition de le transformer :

> C'est une terrible décision à prendre [...]. Il y a un hic, ils demandent certaines modifications qu'au fond de moi, je le sais, je n'ai pas envie de prendre. D'un

> autre côté, passer un an à écrire un autre roman pourrait se révéler très dur pour la famille. Et soixante-quinze mille dollars, c'est une sacrée somme. Il faut que je pense à mes gosses, à Madge.

Son médecin l'a incité à prendre des vacances. Son épouse et lui se retrouvent seuls avec le capitaine d'un bateau de pêche. Gérald connaît là sa deuxième blessure identitaire : son épouse est attirée par le capitaine, elle le déclare même à son mari : « Il est exquis, tu ne trouves pas ? Il a navigué dans toutes les Caraïbes, sur un voilier de six mètres. Il a rapporté des alligators tout vivants. Il a été harponneur sur un baleinier. Il a tout fait. » Madge est tentée par une infidélité – « Oh ! Ça lui ferait peut-être du bien de coucher avec un beau mâle sain qu'elle connaissait à peine, quelqu'un qui ne mélangeait pas complètement l'amour avec les problèmes de l'écriture et l'éthique de l'art » – pense Gérald Millidender, se demandant « si les femmes modernes ne sont pas fatiguées des hommes intelligents qui déversent sur elles leurs problèmes intellectuels ».

Gérald ressent cela comme une dévalorisation personnelle. Conscient de la situation, le capitaine le défie de plonger pour dégager l'hélice du bateau, malgré la présence de poissons dangereux. Après avoir hésité, le mari se décide, espérant ainsi fuir ses propres problèmes, trouver une autre source d'estime de soi pour lui-même et pour son épouse, afin de la reconquérir. Au moment où il va plonger, Madge le lui interdit, déclarant qu'il ne doit pas se prendre pour le capitaine, qu'il vaut davantage et qu'il ne doit pas se dénaturer :

> Écoute, nous avons trois enfants, il y a ton travail, et tu essaies d'être brave alors que c'est beaucoup plus difficile de l'être d'une manière qui compte pour toi.

Si tu fais ça – cette chose idiote –, je ne serai pas fière de toi. Je penserai que tu es aussi bête que, que lui qui t'y a poussé.

Cet incident redonne à George confiance en lui, ce qui a pour effet de lui faire prendre sa décision, une décision qui engage une définition de soi. Il refuse la proposition de publication dans un club de livres, pour garder le livre tel qu'il doit être. Son épouse approuve son choix, sans vouloir donner l'impression qu'elle avait également décidé : « C'est ton livre. Le meilleur jusqu'ici... Je suis contente que tu aies pris ta décision. » Gérald Millidender retrouve, pour un temps, le sentiment d'unité de soi, fondement de l'identité personnelle [1]. Les deux incidents, identitaire et conjugal, sont clos.

Une identité nomade et ancrée

L'identité personnelle contemporaine est soumise en permanence à des tensions. Sa construction ne peut se faire sans une dialectique entre la thèse du soi intime et l'antithèse du soi statutaire. On l'a découvert dans les chapitres sur la nouvelle éducation et sur le père. L'homme est invité à « décrocher de son rôle de père, sans pour autant devenir un ami, un copain, parce qu'il doit être celui qui ouvre l'horizon de signification, et qui contribue aussi à poser des barrières, négociées, au soi de l'enfant, et ainsi à lui donner une place. Le fait que l'enfant soit pris en tenailles entre la norme de

1. Pourquoi nommer « illusion » le besoin de ce sentiment lorsqu'il s'inscrit dans le récit autobiographique (Bourdieu, 1986) ? Pourquoi l'unité « objective » de l'habitus serait-elle plus « réelle » que celle qui découle de cette revendication d'un soi approprié par soi, d'un soi réflexif ? Voir Strauss (1992) et Weller (1994).

l'épanouissement personnel et les exigences de la réussite scolaire produit un effet comparable. Tout d'abord l'enfant a le sentiment d'être lui-même, de ne pas être défini par une position au sein de la fratrie, de ne pas courir le risque d'être pris pour un autre, tout en devant donner les preuves qu'il peut avoir une place, définie par son travail et ses compétences, au sein de la classe. Ensuite, à un second degré, il aura aussi des repères – fournis en particulier par les rappels de ressemblance dans sa famille – tandis que, dans la compétition scolaire, il lui sera reconnu le droit à une certaine originalité (définir, à un moment donné, éventuellement, un projet, une orientation, et résister à celle que l'on voudrait lui imposer). L'enfant ne sera jamais que lui-même, c'est-à-dire, selon les canons de l'authenticité, sans référence extérieure.

Le soi doit savoir voler, libre de ses mouvements, tout en sachant, lorsqu'il le faut, retrouver ses racines. Il est double, même si la musique d'ambiance reprend surtout les refrains propres à la valorisation de la personne. Il est en équilibre instable [1]. La dévalorisation des places, des positions, des statuts, des appartenances dans la définition de l'identité personnelle n'est que partielle. Le soi peut parvenir à être nomade et ancré, comme un bateau qui dispose d'une ancre flottante. Accepter cette dualité comme la spécificité de l'individualisme contemporain permet d'éviter certaines erreurs d'interprétation sur l'individu et la famille modernes. On a toujours trop tendance à penser en termes de révolution, en termes de « tout ou rien ». Or, comprendre le fonctionnement des sociétés contempo-

1. Le soi intime et le soi statutaire coexistent toujours, même si dans tel ou tel milieu social, l'accent est mis plutôt sur l'un que sur l'autre.

raines nécessite une autre conception du changement : celui de la variation du poids des enjeux et celui de l'éventuelle transformation de l'ordre des priorités, des modes de réalisation d'un équilibre. Depuis quelques décennies, l'évolution de la famille peut se définir par une forte poussée de la revendication de l'authenticité, de la réalisation de soi, sans pour autant supprimer les fonctions plus classiques de la famille, comme celle des services – perceptibles avec l'économie cachée de la parenté (Déchaux, 1994), avec les solidarités entre les générations (Attias-Donfut, 1995). C'est un nouvel équilibre (assez instable, d'ailleurs) qui s'est créé. L'identité personnelle se construit à la croisée de ces deux principes, celui des rôles, des positions, des statuts et celui de l'idéal du subjectivisme. La nouveauté réside, d'une part, dans la valorisation plus grande de ce second principe et, d'autre part, dans les effets de cette valorisation, notamment avec l'éventuelle illusion de l'autoréférentialité « de contenu ».

L'individu se construit en fonction de ces deux références. Dans certaines situations – par exemple dans l'adoption, dans le placement en famille d'accueil, ou dans le cas des enfants qui vivent dans des familles recomposées... – les contradictions apparaissent davantage. Ainsi l'attribution du mot « mère » ou « père » peut créer de l'embarras. Dans des réunions avec des spécialistes de l'enfance, une femme qui accouche sous x est appelée « mère » ou « maman », tout comme celle qui adoptera son enfant[1]. Ce compromis, accepté par

1. Ces brèves notations résultent de l'observation participante au sein d'un groupe de travail sur l'accès à la connaissance des origines familiales (présidé par Pierre Pascal dans le cadre d'une mission du ministère des Affaires sociales, à la fin de l'année 1995). Un embarras analogue peut être observé avec les relations affines : les belles-filles ont du mal à nommer leur belle-mère « maman »,

tous, ne fait que déplacer le problème qui resurgit avec l'évocation de la « vraie mère ». Les représentants des associations de parents adoptifs pensent que ce terme leur revient, alors que pour d'autres, l'expression renvoie à la parenté biologique. Argument de la place et de la position, des liens biologiques, et argument de la reconnaissance personnelle, des liens tissés dans les relations quotidiennes se défient. Dans la grande majorité des situations, les deux logiques se mêlent pour parvenir à un accord, inventant les figures de la modernité, figures diversifiées puisque le poids accordé à l'une ou à l'autre varie.

Dans une scène du roman d'Alison Lurie (1989), *Comme des enfants*, la solution adoptée veut minimiser le soi statutaire pour autrui :

> Honey est le prénom de sa mère, pas son prénom officiel pour la correspondance qui est Honoria, mais son prénom pour tous ceux qui ne l'appellent pas madame Hubbard. Le nom de son père est William et on l'appelle Bill. Et depuis l'été dernier, depuis qu'elle va à Eastwind School, Mary Ann les appelle Honey et Bill. Ça lui a fait drôle au début, mais maintenant elle s'est habituée. À Eastwind, les élèves appellent la maîtresse par son prénom, et presque tous appellent leurs parents par leur prénom. Honey lui a expliqué que c'était pour l'amener à considérer ses parents comme des personnes et pas comme des objets. Si elle appelait Honey « Maman », ce serait comme si eux l'appelaient « Ma fille » ou « Mon enfant », en faisant semblant de ne pas connaître son prénom et de ne pas savoir qu'elle existe en dehors d'eux.

sauf celles qui ont une relation distante avec leur mère. Voir Lemarchant, 1994.

Un tel usage du prénom marque le refus de rendre trop visible le soi statutaire. Cela ne signifie pas que la position de parent soit rejetée, celle-ci est assumée sans être mise au premier plan. Une position, même celle de parent, se mérite en quelque sorte, par l'affection, par l'amour. La norme de l'authenticité n'exclut pas les positions, les places ; ce qu'elle modifie ce sont leurs justifications : pas seulement le sang, mais aussi l'amour ; pas seulement l'héritage, mais aussi la compétence personnelle...

Cependant, l'idéal social est atteint lorsque la synthèse est réalisée entre les deux principes. Dans *Le Mystère des saints Innocents*, Charles Péguy le pressent, en imaginant la « vraie » reconnaissance du père par ses fils :

> Demandez à ce père si le meilleur moment
> N'est pas quand ses fils commencent à l'aimer comme des hommes
> Lui-même comme un homme,
> Librement
> Gratuitement
> Demandez à ce père dont les enfants grandissent.

La coïncidence entre liens du sang et liens du cœur est fréquente, comme on le constate avec la similitude entre les individus que l'on est prêt à aider sans condition, ceux que l'on déclare le plus aimer et ceux qui sont les plus proches parents biologiques (Coenen-Huther, Kellerhals, von Allmen, 1994 ; Bonvalet, Le Bras, Maison, Charles, 1993). Le principe de l'élection redouble le principe d'appartenance, l'affection redouble la position. Il ne s'agit pas seulement de rendre légitime une position par la reconnaissance personnelle (la liberté représentant, dans l'imaginaire, l'opposé de l'effet de position), il s'agit aussi de renforcer la relation interpersonnelle par le jeu des positions.

« À la colle » matrimoniale

Au niveau des relations conjugales, il en est de même. La cohabitation précède presque toujours le mariage, et dans de nombreux cas, le mariage suit la cohabitation. L'institution du mariage n'est plus un rite qui marque l'entrée dans la vie conjugale (Kaufmann, 1993c, 1994b). Son sens actuel s'élabore sur un processus comparable à celui observé dans les relations intergénérationnelles. Le mariage-institution est dévalorisé s'il sert à rendre légitime le maintien à tout prix d'une relation. Ce rapport distant ne doit pas être interprété obligatoirement comme les prémices de la disparition du mariage. En établissant la preuve publique de l'existence du groupe conjugal, le mariage peut, en retour, renforcer la relation interpersonnelle, avec l'introduction d'un tiers, d'un autrui généralisé (la société selon Mead), l'ensemble des regards personnels (connus et inconnus) et institutionnels. Dans un travail sur le mariage et les listes de mariage (Cicchelli, 1993), un résultat s'est révélé surprenant. Pour expliquer leur liste, des jeunes couples évoquent les invitations qu'ils peuvent faire grâce aux nouveaux objets dont ils disposent : « *Les grands plaisirs qu'on aimerait développer de plus en plus, c'est de recevoir nos amis, convenablement, avec une belle nappe, de beaux couverts, des objets agréables à la vue et au toucher.* ». À les écouter, leur vie de concubins était limitée : « *À chaque invitation, on ne pouvait inviter que quatre personnes sur cette petite table, et on n'avait ni les assiettes, ni les verres. On n'avait rien.* » Ils font comme si, ne pouvant pas recevoir, leur couple n'existait pas vraiment. Le mariage c'est la fin du « rien », de cette indifférence (codée négativement après coup) aux choses qui reflètent une position acquise : celle de « couple officiel ». Appartenant davantage au registre des positions que le concubinage, le mariage semble attendre son heure. Celle qui suit le temps où les individus se sont éprouvés en tant que personnes (dépouillées) dans leur relation, où ils ont éventuellement achevé leur propre construction sociale, avec la fin des études, l'installation dans le travail professionnel. Celle de l'autorisation d'utiliser une autre « colle » que les regards privés. Celle aussi d'un besoin de construction différente de l'identité personnelle.

Dans le cadre de l'individualisme contemporain, le mariage occupe une position paradoxale. Il s'efface et revient. Il s'efface devant la cohabitation pour autoriser la naissance d'un sentiment amoureux libéré des contraintes, de regards dépouillés des apparences sociales. Il revient au moment où les conjoints veulent être définis aussi par une dimension statutaire, par le fait d'être membre d'un groupe conjugal (et familial, l'enfant étant souvent annoncé). Le mariage est une seconde phase (éventuelle) de la vie conjugale qui ne correspond pas à celle que décrit Alberoni (1981) sous le terme de « désenchantement ». Il est là pour ceux et celles qui voudraient que leur identité soit moins éclatée entre leurs soi multiples. C'est là sans doute la différence la plus importante entre le mariage et le concubinage. N'est-ce pas ainsi que l'on peut interpréter le fait que les concubins rendent visite à leurs parents plus souvent séparément que les couples mariés ? De retour à la maison parentale, ils sont « fils de » ou « fille de », sans être en même temps « époux de » ou « épouse de ». Cet éclatement autorise davantage le jeu entre plusieurs scènes et donc accroît la liberté, le sentiment de liberté ; en revanche le mariage restreint les possibilités, tout en offrant une possibilité d'unification de soi. Le concubinage est utile au mariage en ce qu'il blanchit l'institution, y compris par le fait que la fiscalité était, en partie, désavantageuse (jusqu'à récemment) pour les gens mariés qui ne pouvaient pas être soupçonnés de faire un mariage d'intérêt. Il démontre que l'homme et la femme savent hiérarchiser, qu'ils accordent le primat à la logique relationnelle. Il est un hommage rendu à l'authenticité. Il permet alors éventuellement de passer à une seconde phase, matrimoniale, où l'identité se module différemment en accordant plus de place au soi positionnel, ne serait-ce que par l'introduction du nouveau statut.

Le mariage fournirait le support à une recomposition identitaire, à la manière du passage du linge lavé à l'extérieur de l'appartement ou par chacun, à un linge lavé selon une division plus rigide entre les sexes. La socialisation passée, la force des apprentissages de rôles sexués (Kaufmann, 1992b) sont des conditions nécessaires mais non suffisantes pour rendre compte d'un tel changement ; en effet, ces éléments n'étaient-ils pas présents aussi pendant la phase précédente ? Le mariage (et l'enfant) trahit le besoin, tout en lui permettant de s'exprimer, d'un soi et d'un proche qui ne se limitent pas à leur dimension personnelle. Le renvoi à l'appartenance de genre ressemble à la présence de l'appartenance matrimoniale ; tous deux marquent une confiance (malgré le coût plus élevé pour les femmes des effets associés à leur place) dans la logique positionnelle pour asseoir leur identité.

Par rapport au concubinage, le mariage contemporain apparaîtrait surtout comme le marqueur d'une autre forme d'engagement personnel du fait d'une transformation des identités. Il jouerait davantage au pôle

« unité » qu'au pôle « stabilité » (il n'est pas certain que la dimension « promesse » pèse pour beaucoup dans la décision). Dans le mariage, chacun se définit par un équilibre entre les deux soi, où le statut externe et interne (la position sociale, le sexe, le statut matrimonial) occupe une place plus grande, sans supprimer la dominante de la référence à l'authenticité. Le maintien du mariage (Kaufmann, 1994b) n'est pas un mouvement de machine arrière de la part des femmes et des hommes. Il signifie plutôt la demande d'un soi reconnu dans toutes ses dimensions.

Le circuit conjugal serait l'équivalent du circuit parental (analysé plus haut), à ceci près que la circulation se ferait en sens inverse. On est « mère » ou « père » (au sens biologique et/ou juridique) avant d'avoir pu le prouver par son travail relationnel, on doit ensuite mériter cette nomination. On est « épouse » ou « époux » (au sens juridique) après avoir vécu ensemble, avoir mérité en quelque sorte l'appropriation personnelle de cette position. Cette inversion a des effets importants. La dissolution du couple pour des raisons personnelles supprime le sens contemporain de son union. L'absence de travail relationnel des parents avec leur enfant (soit dès la naissance, soit plus tardivement) n'abolit pas la position (biologique, juridique, sociale) de père ou de mère. L'impossibilité pour un adulte de désigner l'un de ses enfants sous le terme mon « ex », contrairement à l'un de ses compagnons (compagnes), l'exprime.

3. L'incorporation du soi statutaire dans le soi intime

Un des problèmes de l'individualisme que le « nouveau mariage » (inventé par les acteurs sociaux) cherche à résoudre est celui de la « colle » entre les deux types de soi, afin d'éviter les risques d'éclatement identitaire entre un soi statutaire réservé à la sphère publique et un soi intime réservé à la sphère privée. La référence incontestable à l'authenticité rend peu supportable cette division du travail à l'intérieur de soi. Le soi intime et le soi statutaire se fréquentent, en inventant des règles de savoir-vivre ensemble, afin d'éviter une trop forte domination de l'un ou de l'autre.

S'assumer « héritier »

L'héritage constitue un excellent observatoire pour analyser ces mouvements entre les deux dimensions de l'identité personnelle (de Singly, 1996). Le soi intime n'a pas supprimé le soi statutaire, défini ici par les liens de filiation qui légitiment le fait de recevoir. On en prend conscience devant la gêne, plus forte que l'admiration, suscitée par la figure du dilapidateur, de l'individu qui refuse son héritage en le gaspillant par un excès de dépense, ou en le redonnant à sa famille (Gotman, 1995). Admiration devant une telle affirmation de liberté, mais gêne face à un gaspillage, ou à un trop grand don, devant un orgueil de soi si grand. Cette suffisance, on peut la découvrir dans les lignes que le philosophe allemand Ludwig Wittgenstein s'écrit à lui-même : « Ne dépends pas du monde extérieur, et alors tu ne craindras pas ce qui s'y passe [...]. Il est plus facile d'être indépendant des choses que d'être indépendant des gens. Mais il faut aussi en être capable » (cité par Gotman). En refusant l'héritage, le dilapidateur ou le prodigue voudraient ne pas avoir de dettes, de liens, être un soi indépendant, sans racines, sans appartenance, sans position.

Dans *Patrimoine* (1992), le romancier américain Philip Roth propose un parcours plus conforme au mode de résolution des tensions structurant le soi contemporain. Estimant avoir réussi en tant que romancier, il renonce à l'avance à l'héritage de son père, préférant le laisser aux autres membres de la famille. Jusqu'au jour où, son père mourant, il veut modifier sa décision :

> Je constatai que je voulais ma part du petit capital que, contre toute attente, ce père opiniâtre et déterminé, mon père, avait accumulé au cours d'une vie. Je voulais l'argent parce que c'était son argent, j'étais son fils et j'avais droit à ma part, et je le voulais aussi parce que c'était, sinon un authentique morceau de sa peau de bûcheur acharné, du moins en un sens la matérialisation de tout ce dont il avait triomphé et à quoi il avait survécu.

Philip Roth s'en veut d'avoir été « naïf », c'est-à-dire d'avoir cru au conte de la fabrication de soi par soi. Il veut être héritier, découvrant qu'il est souhaitable d'être soi-même tout en étant fils de, d'être indépendant tout en étant dépendant. L'individu cherche un certain équilibre entre « se lier à » et « se délier de ». Alors que l'héritage, matériel et symbolique, structure encore fortement les rapports entre générations, les jeunes élaborent des scénarios qui les rendent indépendants, qui les autorisent à avoir un soi « authentique ».

Le soi professionnel comme soi intime

Les frontières entre le soi intime et le soi statutaire ne sont pas si rigides qu'elles ne puissent ouvrir la possibilité de l'unité. Cela pose dans la réalité des problèmes de réglage, non seulement à l'intérieur de soi, mais aussi entre proches. Une enquête auprès de couples dont au moins un des conjoints est enseignant (Poissenot, de Singly, 1996), le montre. Un certain silence sur sa vie professionnelle est toléré, même demandé dans les couples au nom du droit de chacun à avoir une existence autonome. Une insatisfaction peut cependant apparaître chez l'un des partenaires qui estime qu'une telle séparation entre les deux sphères ne permet plus suffisamment la reconnaissance de soi par les proches. Le désaccord porte alors sur le sens accordé à la vie professionnelle. Parce qu'il est plus sensible à cette logique relationnelle, parce qu'il a davantage besoin de tels échanges (à certains moments, comme lors de l'entrée dans le métier, d'un changement de profession, d'ennuis spécifiques), l'homme ou la femme [1] peut souhaiter parler davantage de sa vie professionnelle dont il voudrait partager les soucis, tandis que son conjoint le désire moins, percevant cette demande comme une intrusion de la vie extérieure, « publique », comme une menace pour leur vie privée.

Professeur de français dans un collège, mariée à un homme directeur d'entreprise, Danièle (49 ans) vit assez mal cette divergence d'interprétation. Son mari

1. Les femmes souhaitent davantage que les hommes parler de leur travail professionnel et de leur vie à leur conjoint (voir Kaufmann, 1993a ; Séverac, 1995). Dans un couple d'enseignants, la femme déclare : *« Le soir, on discute, moi, je ne peux m'en empêcher »*, tandis que l'homme estime : *« Globalement, moi j'aime bien faire le break le soir, parler d'autres choses. »*

est favorable à la coupure, elle est favorable à l'expression : « *Avec mon mari, je parle le moins possible parce qu'il trouve que j'en parle trop. Je ne me rends pas compte si j'en parle beaucoup. Il y a deux ans, j'ai été frappée par un élève en fin d'année, une gifle, et cela m'a vraiment affectée. Je n'en ai pas parlé immédiatement à la maison, mais seulement quelques mois plus tard. Mon mari m'a dit : "Pourquoi tu ne m'en as pas parlé ?". Mon mari et mes enfants trouvent que je leur parle beaucoup du boulot, et de mon point de vue à moi, je ne leur en parle pas autant que je le souhaiterais. Je me censure.* Danièle reproche à son mari de vouloir une trop grande coupure dans la vie quotidienne : « *On a deux milieux professionnels différents. Il ne parle pas beaucoup de ses soucis. Il a une formule qui va vous sembler raide : "Chacun sa m..." Pour le professionnel, nos deux vies sont indépendantes. Il considère ces problèmes comme de petits problèmes. Je ne pense pas qu'il les minimise, mais c'est une autre planète.* »

Un des conjoints peut penser son engagement professionnel comme une des formes importantes de l'expression de soi, et l'autre ne pas le concevoir ainsi. C'est ce qui arrive dans le couple de Jean-Claude (26 ans), professeur dans un lycée professionnel de la banlieue parisienne, vivant avec une secrétaire, et qui a de nombreux amis enseignants : « *Quand je vois mes camarades d'IUFM, mon amie ne vient pas. Souvent je vais seul chez des copains dont la femme est institutrice et l'homme enseignant, et mon amie reste à la maison. Elle n'aime pas du tout. C'est vrai que sur une soirée, il doit bien y avoir trois heures consacrées aux classes, aux élèves. Je comprends qu'elle n'ait pas du tout envie d'entendre tout cela... À chaque fois que je rentre, j'ai l'impression de ne pas en parler tant que ça, mais cela dure trois quarts d'heure. Parce que finalement je n'ai même pas l'impression de parler d'un métier, d'un travail, j'en parle comme si c'était ma vie. C'est ça en fait. Et je m'aperçois que cela doit être une horreur parce qu'elle, quand elle discute de son travail, je trouve que c'est long. J'ai l'impression qu'elle m'entretient de son travail, et moi, quand je lui parle de ce que je fais, je n'ai pas l'impression de lui parler de mon travail* ».

Le problème de l'articulation entre vie professionnelle et vie conjugale résulte, notamment, des difficultés engendrées par la double vision du monde au sein du couple. Alors qu'un des conjoints cherche à éviter les conversations portant sur le travail professionnel, afin de protéger le cadre de leurs relations conjugales, l'autre partenaire ressent cet évitement comme une amputation lorsqu'il s'agit de son travail. Pour lui, la vie professionnelle est un morceau important de sa vie tout court, ou de sa vie personnelle. Que dire alors ensemble si l'on est privé de cette partie de soi ? La coupure entre le monde privé et le monde public, les individus y tiennent pour pouvoir construire la sphère privée. Elle est donc nécessaire. Et en même temps, elle peut contribuer à limiter les échanges et à rendre plus difficile la mise en œuvre de la logique relationnelle de la famille contemporaine qui a pour objectif d'aider chacun à se construire en tant que personne. Un instituteur, marié à un professeur de lycée professionnel, affirme : « *Il y a un équilibre à trouver. Il faut vraiment faire la différence, et beaucoup d'enseignants ont du mal à la faire, entre leur identité personnelle et leur identité professionnelle. Ils sont des enseignants. C'est la folie parce que les gens ne parlent que de ça, ils ne voient que par ça.* ».

4. Le proche comme obstacle

Il arrive que le conjoint – ou un autre très proche – devienne un obstacle à la socialisation secondaire de l'identité, le soi pouvant avoir l'impression d'être figé par la relation conjugale. Dans *Des anges sur canapé*, de la romancière américaine Dawn Powell (1992), deux hommes mariés justifient ainsi leur infidélité, estimant que tout mariage est un enfermement :

> Parlez-moi des mariages heureux ! Les hommes qui ont des problèmes de ménage sont bien les plus veinards. Ils peuvent partir dans leur bon droit. Mais nous qui avons commencé dans la vie avec notre épouse à nos côtés, nous changeons, nous évoluons, mais elles ne suivent pas. Elles restent là, affolées, à nous regarder mûrir, nous enrichir, devenir plus malins, puis elles se sentent blessées, étonnées, et même fâchées de ne plus pouvoir citer nos plats favoris, de voir que nous ne mangeons plus de leur roulé à la confiture, mais elles ne comprennent pas que nos goûts ont pu changer. Et nous, nous sommes désolés parce que nous avons été amoureux de ces femmes autrefois et qu'il faut continuer. Nous n'aimons pas nous couper de nos propres souvenirs, ni de nos habitudes, des habitudes que nous ne connaissions même pas jusqu'à ce qu'elles soient perturbées.

Comme tout processus à l'œuvre dans les sociétés contemporaines, la sécurité apportée par la stabilité de la relation avec un proche est ambivalente : critiquée au nom du soi intime, changeant, mobile, et valorisée au nom du soi statutaire, cristallisé dans les habitudes. Ces hommes espèrent avoir résolu leur problème en conservant leur épouse pour la garantie statutaire et en prenant une maîtresse ou amante pour des satisfactions jugées plus intimes. D'autres adoptent un système – en partie comparable – avec la coexistence d'un conjoint et d'un confident, ou d'un ami (le plus souvent de même sexe [1]).

Il faudrait établir l'inventaire des formes sous lesquelles un proche devient un obstacle à la construction de soi, par les effets associés à une trop grande proximité aussi bien dans les relations intergénérationnelles que dans les relations conjugales. Citons-en quelques-unes.

Grâce à des romans, à des récits de responsables d'agences matrimoniales ou de conseillers conjugaux, à des cas analysés par Olivier Schwartz (1990), on connaît la fusion mère/fils, permanente, qui interdit à ce dernier de devenir autonome. L'inceste ferait partie de cette liste, y compris celui de second type (Héritier, 1994) entre un beau-parent et un bel-enfant. Les travaux de David Cooper (1972) et de Ronald D. Laing (1972) mériteraient aussi d'être relus. Ils montrent en creux la fonction centrale – trop centrale à leurs yeux – que joue la famille dans la formation de l'identité. En effet, le soi peut se sentir prisonnier du regard, même amoureux, de son partenaire. Dans *Scènes de la vie*

1. Il faudrait analyser les cas où le nombre de proches est « un », sans qu'il y ait biais dans la mesure (c'est-à-dire sans élimination des conjoints du réseau des confidents ; Ferrand, Mounier, 1993) sans qu'il y ait confusion entre proche, au sens relationnel, et individu fournissant une aide. Voir O'Connor, 1991, et Simmel, 1992. L'unité de la vie privée et le conjoint unique forment la norme actuelle de référence, moins pour des raisons morales (la tolérance exprimée lors de l'enterrement de François Mitterrand le démontre) que pour des motifs identitaires. À la question : « Quand dans un couple, l'un des conjoints entretient des relations extraconjugales durables, quelle attitude vous semble préférable ? », 62 % des Français interrogés optent pour : « choisir entre les deux familles » (sondage IFOP-*L'Express*, janvier 1996).

quotidienne (1975), Ingmar Bergman illustre ce cas de figure. Après une longue séparation, Johan, universitaire, et Marianne, avocate, auparavant mariés pendant treize ans, se retrouvent. Ils analysent après coup les raisons de leur divorce et de leurs retrouvailles :

— Johan : Il y a quelqu'un qui m'a dit [...] que je me rapetissais (depuis ma nouvelle vie). Ce n'est pas vrai. Je crois que j'ai trouvé ma vraie mesure. Et qu'avec une certaine humilité, j'ai accepté mes limites. Cela fait que je deviens gentil et un peu triste.

— Marianne (*avec tendresse*) : Toi qui attendais tant de la vie !

— Johan : Non, ce n'est pas vrai. C'est mon père qui, lui, attendait tant de choses de moi, pas moi. Seulement, je voulais tant faire plaisir à mon père. Alors, j'essayais toujours de faire ce qu'il attendait de moi. Mais pas ce que j'attendais, moi. Quand j'étais petit, mes projets concernant mon avenir étaient modestes et très agréables.

— Marianne (*sourit*) : Et quels étaient tes projets ?

— Johan :... Eh bien, vois-tu, j'avais un vieil oncle. Il tenait une petite boutique à Sitguna, à la fois librairie, papeterie et marchand de jouets. On m'a souvent envoyé chez lui, parce que j'étais un enfant chétif et que j'avais besoin de grand air. Parfois, je les aidais, lui et ma tante, à la boutique. C'est ce que j'aimais le plus au monde. Mon rêve c'était d'avoir une boutique comme celle-là. Voilà quelles étaient mes ambitions.

— Marianne : Nous aurions dû avoir une petite boutique...

— Johan : C'est très amusant de parler de tout ce qui n'a pas eu lieu. De toute façon, tu ne te serais jamais plu dans un petit trou de province.

— Marianne : Non, c'est vrai. Moi, je rêvais de plaider la cause des opprimés. Des ambitions folles. Et voilà : je m'occupe de gens qui divorcent.

Johan reproche à Marianne d'avoir été comme son père, d'avoir favorisé une définition de lui qui ne correspondait pas à ce qu'il aurait voulu être, d'un soi statutaire différent de celui auquel il aspirait. Après coup, il estime que la transaction entre le soi pour autrui et le soi pour soi a été défavorable au second, et qu'un tel déséquilibre a eu pour effet de perturber la transaction entre le soi statutaire et le soi intime. Si Johan a éprouvé le besoin de rompre avec Marianne, c'est, dit-il, pour bénéficier d'un autre regard qui l'autorise à retrouver un soi statutaire (plus modeste en l'occurrence) plus conforme à son projet (s'appuyant sur une figure ancienne, celle de son vieil oncle). Il a le sentiment d'être quelqu'un d'autre grâce à sa nouvelle compagne. Une des contraintes de l'idéal de l'authenticité est cette impression, fondée ou non – comment le savoir ? – que le soi est multiple, qu'il n'est pas entièrement révélé, et donc que la relation avec le ou les proches en masque des dimensions importantes. Il suffit que surgisse une personne qui regarde le soi de manière différente – et semble du même coup l'autoriser à être lui-même en étant autre – pour que l'idéal d'authenticité soit atteint.

Les besoins de stabilité et d'unité de soi ne constituent pas les seuls enjeux identitaires, il y a également le besoin de « totalité » de soi. On a vu que, paradoxalement, le mariage pouvait y contribuer en accordant au sein de la structure identitaire une part plus grande au soi statutaire. Mais à d'autres périodes, cet équilibre peut être insatisfaisant. La femme, ou l'homme, retrouve à portée de main – toujours disponible dans nos sociétés – la critique des rôles, des statuts, des institutions, de « l'installation ». C'est ce qui arrive au héros dans *Le Conseil d'indiscipline* (Arrou-Vignod, 1995). Après de brillantes études et l'écriture d'un roman, Philippe Beaujeu est devenu professeur dans un lycée de la banlieue parisienne et s'est marié. À quarante ans, il est en crise. Une de ses collègues l'encourage à changer :

> Auprès d'elle, il pouvait entretenir l'illusion qu'il était différent, égaré dans la salle des profs par quelque aberration du destin plus que par choix. En attisant son désir d'une autre vie, Maude le déchargeait en même temps du poids de sa propre conscience, flattant sa propension à s'apitoyer sur lui-même, à rendre les autres (Catherine, son épouse, les enfants, le métier) responsables de ce qu'il était devenu, de ce chemin trop balisé sur lequel son couple et sa vie d'homme se trouvaient désormais engagés inéluctablement.

Dans les relations conjugales, un des partenaires peut avoir le sentiment que son soi n'est pas entièrement révélé par l'être qui lui est le plus proche. La présence de ce dernier peut aider à rassembler une grande partie du puzzle « soi multiple », voire à retrouver des pièces dont le propriétaire ignorait l'existence. Cependant elle ne suffit pas pour aller jusqu'à placer la dernière pièce. Et elle ne supprime pas l'impression qu'avec les mêmes pièces une autre image aurait pu être obtenue. Naît, renaît alors le conflit entre deux conceptions du soi, entre la recherche de l'authenticité et le souci de ses engagements, entre la « profondeur » (jamais atteinte) du moi et la continuité temporelle du moi. Conflit dont les deux films *La Leçon de piano* et *Sur la route de Madison* montrent, par leur divergence (avec l'accent mis soit sur la première valeur, soit sur la seconde), que la synthèse, propre à la dialectique identitaire, n'est jamais écrite à l'avance.

Annexe

Les matériaux avec lesquels ce livre est construit sont les suivants

1. Enquête par entretiens sur un dimanche en famille (chapitre 2, deuxième partie)

Une centaine d'entretiens auprès de femmes et d'hommes, parents d'un enfant de douze ans, ont été réalisés par les étudiants du certificat de sociologie de la famille (deuxième cycle, université Paris V). Le parent interrogé devait d'abord remplir un carnet d'emploi du temps de son dernier dimanche (de quart d'heure en quart d'heure), notant les activités, et précisant « avec qui », « en présence de qui » et « pour qui ». L'entretien était réalisé ensuite. Il portait sur un commentaire des activités notées dans le carnet, leur sens. Il s'élargissait ensuite aux activités avec les enfants pendant la semaine, les vacances, et aux projets pédagogiques.

2. Enquête par entretiens sur l'éducation familiale (chapitre 1, deuxième partie)

Cent vingt-cinq entretiens auprès de mères ayant un enfant de douze ans, en collège, avec les étudiants de Deug 2 de l'université Paris V, avec la grille suivante :

a. Tout d'abord je vais essayer de connaître un peu votre enfant.

– Quel est son prénom ?

– Pouvez-vous me le décrire ?

– Pouvez-vous me raconter le meilleur souvenir que vous avez de votre enfant ? – Qu'est-ce qui vous fait le plus de plaisir, qui vous satisfait le plus chez votre enfant ?

– Avez-vous l'impression que votre enfant a des possibilités, des ressources qui restent en sommeil ? Si oui, pour quelles raisons ?

– Racontez-moi le dernier mercredi (pendant l'année scolaire) ?

– Pouvez-vous m'indiquer tous les loisirs, toutes les activités extrascolaires auxquelles participe votre enfant ?

– Quelquefois on entend dire d'un garçon que « c'est un vrai garçon », ou d'une fille que « c'est une vraie fille ». Diriez-vous de votre fils, « c'est un vrai garçon » (de votre fille, « c'est une vraie fille ») ?

– Imaginons un instant que votre enfant ait des difficultés pour avoir des camarades, pour nouer de bonnes relations avec des amis, que feriez-vous ?

b. Parlons un peu de votre enfant et de son rapport à l'école.

– Dans quel collège avez-vous inscrit votre enfant ? Auriez-vous préféré que votre enfant soit ailleurs ? Pourquoi ?

– À l'école maternelle, primaire, avez-vous noté quelque chose de particulier concernant votre enfant ?

– Comment réagit votre enfant au collège où il est actuellement ?

– Estimez-vous les résultats de votre enfant satisfaisants ?

– À l'entrée en sixième, avez-vous laissé votre enfant choisir sa première langue étrangère ? Si oui (non), pourquoi ?

– Suivez-vous, vous ou votre conjoint, le travail scolaire de votre enfant ? De quelle manière ?

– Imaginons un instant que votre enfant ait des difficultés en mathématiques, que feriez-vous ?

– Jusqu'où voudriez-vous que votre enfant aille dans les études ?

c. Maintenant vous allez préciser l'éducation que vous mettez en œuvre.

– Dans l'éducation de votre enfant, sur quoi mettez-vous l'accent principalement ? – Quelles qualités jugez-vous important de développer chez votre enfant ?

– Quelle aide pensez-vous apporter à votre enfant ?

– À Noël, qu'avez-vous offert à votre enfant ? Donnez les raisons de votre choix.

– Avez-vous entendu parler du livre *Libres enfants de Summerhill* d'A.S. Neill ?

– Donnez-vous une éducation religieuse ou morale à votre enfant ?

– Il arrive que l'on doive réprimander son enfant. Pouvez-vous m'indiquer comment et à quel propos vous estimez devoir le faire ?

– Je vais vous présenter deux publicités ; pouvez-vous me dire très librement ce que vous en pensez ?

• Avec une photographie d'un couple dont la femme est enceinte, et le texte suivant : « Il jouera du piano, il sera chirurgien et il mangera beaucoup de fromage. »

• Avec un dessin humoristique et le texte suivant : « Pour votre fille, vous hésitez entre le lycée Pierre et Marie Curie et le cours Saint-Exupéry. Vous posez-vous autant de questions lorsqu'elle vous demande de regarder une émission ? »

– Vivez-vous avec le père de votre enfant ?

– Estimez-vous que le père intervient différemment de vous dans l'éducation de votre enfant ?

d. Pour finir, pouvez-vous vous présenter ?

– Quelle est votre profession ?

– Celle de votre conjoint ?

– Pouvez-vous m'indiquer votre niveau d'études, vos diplômes ?

– Ceux de votre conjoint ?

– Combien avez-vous d'enfants ?

– Avez-vous quelque chose à ajouter concernant votre enfant et son éducation ?

3. Enquête par questionnaire sur les parents de collégiens (chapitre 1, deuxième partie)

Dans le cadre de l'enseignement sur les méthodes quantitatives en Deug 2, avec Philippe Cibois (université Paris V), 512 questionnaires ont été passés auprès de mères ayant un enfant de douze ans soit dans un collège considéré socialement comme d'excellence, soit dans une école nouvelle. Le questionnaire comprenait 120 questions sur l'ensemble de l'éducation, sur les activités scolaires, sur les loisirs, sur les qualités et les défauts de l'enfant, sur le rapport de la mère et du père avec l'enfant, sur les projets...

4. Enquête par entretiens sur les investissements professionnels de la femme (chapitre 2, première partie)

Dans le cadre d'un contrat avec la Caisse nationale d'allocations familiales, avec Gilda Charrier, étude auprès de seize couples (trente-deux entretiens avec l'homme, la femme, menés séparément), qui ont au moins un enfant, dont la femme, employée ou cadre, a une activité professionnelle à temps plein.

La grille d'entretien comprend les questions suivantes, qui ne sont pas toujours posées :

a. Quelle est votre activité professionnelle ?

– Comment êtes-vous devenue ce que vous êtes aujourd'hui, pouvez-vous retracer votre carrière depuis vos études ?

– Est-ce que ce que vous deveniez plaisait à vos parents ? Pourquoi ?

– Vous-même, aviez-vous d'autres projets, professionnels et scolaires ?

– Vous souvenez-vous de votre premier jour de travail ? Quel souvenir en gardez-vous ? L'avez-vous évoqué avec votre conjoint ? Qu'en disiez-vous ?

b. Parlons de votre couple et de votre famille.

– Comment avez-vous rencontré votre mari ?

– Qu'avez-vous pensé de lui la première fois que vous l'avez vu ?

– Quels étaient, à l'époque, vos projets – professionnels pour vous deux ? En parliez-vous ? Qu'en disiez-vous ?

– Votre conjoint a-t-il fait les études qu'il souhaitait faire ? Aujourd'hui, que fait-il ? Est-il satisfait ? Est-ce bien ce qu'il souhaitait ? A-t-il le projet de changer, d'améliorer sa situation ? Cela signifierait-il des changements pour votre vie, un déménagement par exemple ? Alors, que feriez-vous ?

– Depuis la fin de votre scolarité, avez-vous suivi de nouvelles formations ? Auriez-vous aimé en suivre ? Lesquelles ?

– Votre conjoint y était-il favorable ?

– Quel profit pensiez-vous tirer de cette formation ? Votre conjoint pensait-il que vous alliez réussir ? Vous encourageait-il ?

– Quand vous êtes-vous mariés ? Que faisiez-vous dans la vie à ce moment-là ?

– Pensiez-vous déjà avoir des enfants ? Quand et combien ? Et votre conjoint ?

– Combien avez-vous d'enfants ? Quand sont-ils nés ? Les naissances ont-elles eu des incidences sur votre travail ? Pensez-vous que la venue d'un nouvel enfant en aurait ?

– Avez-vous repris tout de suite après chaque naissance ? Avez-vous conservé le même poste, ou bien avez-vous demandé un allègement de votre travail ?

– Comment avez-vous résolu les problèmes de garde ? Qui se charge ou s'est chargé de mener les enfants à l'école ou chez la nourrice ?

– Comment vous partagez-vous les tâches domestiques avec votre conjoint ? En a-t-il toujours été ainsi ? Y a-t-il des tâches que vous faites plus volontiers que d'autres ?

– Pour vos enfants, comment votre mari s'en occupe-t-il ?

c. Revenons à votre travail.

– En quoi consiste exactement votre travail ? Cela correspond-il bien à l'idée que vous vous en faisiez ?

– Quelles sont, selon vous, vos qualités et vos défauts dans votre travail ? Dans la vie courante, diriez-vous que ce sont les mêmes, ou bien avez-vous un autre comportement hors du bureau ?

– Et que dirait votre mari ? Selon lui, quelles sont vos qualités et vos défauts dans votre travail ? Que pense-t-il de votre manière de travailler, trouve-t-il que vous en faites trop ?

– Et que pensent vos collègues ?

– Et votre supérieur direct ? Qu'avez-vous pensé de lui la première fois que vous l'avez vu ? Quels sont ses qualités et ses défauts ?

– Vous estimez-vous bien notée ? Bien rémunérée ?

– Seriez-vous favorable à ce que le salaire tienne compte aussi du mérite, ou bien pensez-vous qu'il est préférable de tenir compte surtout de l'ancienneté ?

– Aujourd'hui, qu'aimez-vous le mieux dans votre travail ? Et le moins ?

– Quelle importance a votre activité professionnelle dans votre vie ? Que représente-t-elle pour votre conjoint ?

– Connaît-il bien votre travail ? Vous arrive-t-il d'en parler entre vous ? Pouvez-vous me donner un exemple récent : à propos de quoi ?

– Quand vous avez commencé à travailler, pensiez-vous arriver à une situation telle que celle vous avez aujourd'hui, ou à une autre ?

– L'établissement dans lequel vous travaillez aujourd'hui, qu'en pensez-vous ? Quels sont ses points négatifs et positifs ?

– Depuis que vous avez commencé à travailler, vos responsabilités sont-elles plus ou moins importantes ? Qu'en pense votre conjoint ?

– Vous souvenez-vous d'une année ou d'une période, ou même d'une journée où vous avez été très contente de votre travail ? Quand ? Pourquoi ?

– Au contraire, vous souvenez-vous d'une année, d'une période, d'une journée où vous avez été très mécontente de votre travail ?

d. Et votre vie de tous les jours ?

– Pourriez-vous me raconter votre journée d'hier au bureau

– Combien d'heures travaillez-vous par semaine ? Faites-vous plus d'heures que vous ne devriez en faire ?

– Vous arrive-t-il de joindre vos enfants, votre conjoint, alors que vous êtes au bureau ? Souvent ? Pourquoi ?

– Quand vous êtes chez vous, après le bureau, pensez-vous quelquefois à des soucis de travail ? Et quand vous êtes au bureau, pensez-vous à des choses à faire à la maison ?

– Aimeriez-vous passer plus de temps chez vous ? Si vous aviez plus de temps, que feriez-vous ?

– Que pense votre conjoint de vos horaires ? Et vos enfants ?

– Si on demandait à vos enfants ce que vous faites dans la vie, que croyez-vous qu'ils répondraient ?

– Pourriez-vous dire à propos de votre couple : « Nous nous sommes toujours bien entendus. » Quand vous avez des désaccords (malgré tout), c'est à quel propos ? Y a-t-il un sujet qui revient plus souvent ?

– Parmi les femmes autour de vous, celles qui travaillent le font-elles pour les mêmes raisons que vous ?

– Y a-t-il eu des moments où votre conjoint aurait souhaité que vous arrêtiez de travailler ? Quand et pourquoi ? Un arrêt complet ou un passage à temps partiel ? Vous-même, y avez-vous pensé ?

– Votre conjoint vous a-t-il quelquefois reproché votre travail, disant qu'il était une cause de soucis ?

e. Maintenant je vais vous poser cinq fois de suite la même question :

– Qui êtes-vous ?

– Qui est votre conjoint ?

f. Enfin, quelques questions pour mieux vous situer

– Quelle activité a ou avait votre père ? Votre mère ?

– Avez-vous des frères et sœurs ? Quel est votre rang ? Que font-ils ?

– Puis-je vous demander si vous croyez en Dieu ? De quelle religion êtes-vous ? Êtes-vous pratiquante ?

5. Enquêtes par entretiens (une centaine) et par questionnaires (n = 486) sur les jugements des parents sur leurs enfants (chapitre 1, deuxième partie)

Effectuées avec l'aide des étudiants de l'université Rennes II, dans le cadre de l'initiation à la méthodologie quantitative, et avec la collaboration de Claude Poissenot. Les questionnaires ont été passés auprès d'hommes et de femmes (âgés, pour la très grande majorité, de 50 à 70 ans) dont les enfants (au moins deux), adultes, ne devaient plus habiter chez eux et devaient, si possible, avoir achevé leurs études. Ces parents appartenaient principalement à trois groupes sociaux, les agriculteurs, les professions intermédiaires, les employés. Le noyau central du questionnaire était constitué de questions sur le jugement du parent sur ses enfants, et sur l'image du jugement de l'autre parent. Dix dimensions étaient approchées :
– la ressemblance physique,
– la ressemblance de caractère,
– le fait de recevoir des confidences,
– l'admiration,
– la proximité,
– la préférence,
– l'énervement,
– la déception,
– la réussite personnelle,
– la réussite professionnelle.
Les questions étaient du type : « Un de vos enfants vous ressemble-t-il davantage physiquement que les autres ? Si oui, lequel ou lesquels ? Pour quels traits ? »

6. Enquête par entretiens auprès de vingt-trois femmes célibataires, ne vivant pas en couple, âgées de 35 à 60 ans, menés par Crystelle Astagneau, Fabienne Conan, Céline

Lefrançois, Nathalie Marteau, Christine Rault de l'université Rennes II (chapitre 1, première partie)

7. Exploration secondaire des entretiens menés, par des étudiantes et des étudiants dans le cadre de leur mémoire de maîtrise ou (le DEA (université Paris V)

– Nathalie Ramond auprès de femmes qui ont épousé des hommes prisonniers.

– Marie Guillaume auprès de jeunes dont les parents sont séparés ou divorcés, qui vivent avec leur mère et qui ont des relations avec leur père.

– Céline Duez auprès de jeunes (15-20 ans) dont les parents sont séparés, qui vivent avec leur mère et leur beau-père, qui ont leur père qu'ils revoient ou non (catégories moyennes ou supérieures).

– Nathalie Miot auprès de vingt hommes (35-50 ans), pères, cadres supérieurs.

– Cécile Guérin, Pascal Tatéossian auprès de trente femmes et hommes, vivant ensemble, ayant au moins un enfant de 7 à 15 ans.

– Muriel Darmon auprès de quatre familles de jumeaux (entretiens séparés avec la mère, le père – de catégories moyenne ou supérieure – et chacun des jumeaux [âgés de 14 à 16 ans]),

– Marie-Élisabeth Cosson auprès de dix couples d'enseignants (entretiens séparés avec la femme et l'homme) qui ont au moins deux enfants ayant achevé leurs études et dont la plupart vivent en couple.

Bibliographie

Les textes suivants sont cités dans l'ouvrage ou ont servi à son élaboration.

ABDESSELAM C., 1990, *Mon père, ce héros,* Paris, Acropole.

Actes du colloque « Pères et paternité dans la France et l'Europe d'aujourd'hui », 1988, *Revue française des affaires sociales*, hors série.

AEBY P., 1994, « Le lien familial à l'épreuve de la maltraitance », compte rendu de la journée du 28 janvier, « Maltraitance : maintien du lien ? », *Actualités sociales hebdomadaires*, n° 1867.

ALBERONI F., 1981, *Le Choc amoureux*, Paris, Ramsay (1re éd. 1979, *Innamoramento e amore*).

ARIÈS P., 1960, *L'Enfant et la vie familiale sous l'Ancien Régime*, Paris, Plon.

ARRONDEL L., LAFERRERE A., 1992, « Les partages inégaux de successions entre frères et sœurs », *Économie et Statistique*, n° 256, pp. 29-42.

ARROU-VIGNOD J.-P., 1995, *Le Conseil d'indiscipline*, Paris, Gallimard.

ASKHAM J., 1976, « Identity and stability within the marriage relationship », *Journal of Marriage and the Family*, vol. 38, n° 3, pp. 535-546.

ATTIAS-DONFUT C. (éd.), 1995, *Les Solidarités entre générations*, Paris, Nathan.

AUBERT N., GAULEJAC V. de, 1991, *Le Coût de l'excellence*, Paris, Le Seuil.

BADINTER É., 1992, *X Y. De l'identité masculine*, Paris, Odile Jacob.

BAILLEAU E., GUEISSAZ M. (éd.), 1988, « De quel droit ? De l'intérêt... aux droits de l'enfant », *Cahiers du CRIV*, n° 4.BASTARD B., CARDIA-VONÈCHE L., 1990, *Le Divorce autrement : la médiation familiale*, Paris, Syros.

BASTARD B., CARDIA-VONÈCHE L., EME B., NEYRAND G., 1995, *Scènes privées dans l'espace public. Des lieux d'accueil enfants-parents*, Paris, Fondation de France.

BELLOW S., 1991, *Un larcin*, Paris, Julliard.

BENHABIB S., 1993, « The generalized and the concrete other », in FRAZER E., HORNSBY J., LOVIBOND S., *Ethics : a feminist Reader*, Londres, Blackwell, pp. 267-300.

BERGER M., 1992, *Les Séparations parents-enfants à but thérapeutique*, Toulouse, Privat.

BERGER P., LUCKMANN T., 1986, *La Construction sociale de la réalité*, Paris, Méridiens-Klincksieck (1re éd. 1966, *The Social Construction of Reality).*

BERGER P., KELLNER H., 1988, « Le mariage et la construction de la réalité », *Dialogue, Le Moi conjugal, un drôle de je*, numéro spécial, n° 102 (1re éd. 1960), pp. 6-23.

BERGSON H., 1888, *Essai sur les données immédiates de la conscience*, rééd. 1993, Paris, PUF.

BERSTEIN B., 1975, *Langage et Classes sociales. Codes socio-linguistiques et contrôle social*, Paris, Éditions de Minuit.

BERTAUX D., DELCROIX C., 1991, « Des pères face au divorce. La fragilisation du lien paternel », *Espaces et Familles*, Paris, CNAF, n° 17.

BETTELHEIM B., 1988, *Pour être des parents acceptables*, Paris, Robert Laffont.

BICHONNIER H., COUDERC A., 1991, *Albert et le faux papa*, Paris, Nathan.

BLÖSS T., 1996, *Éducation familiale et beau parente*, Paris, L'Harmattan.

BOLTANSKI L., THÉVENOT L., 1991, *De la justification. Les économies de la grandeur*, Paris, Gallimard.

BONGRAND C., 1993, *Le Souligneur*, Paris, Stock.

BONNELLE M., CAILLOL A., 1990, *Lettres en liberté conditionnelle*, Paris, Manya.

BONVALET C., MAISON D., LE BRAS H., CHARLES L., 1993, « Proches et parents », *Population*, 1, pp. 83-100.

BOTTON A. de, 1994, *Petite philosophie de l'amour*, Paris, Denoël (1re éd. 1993, *Essays in Love*).

BOURDIEU P., 1972, « Les stratégies matrimoniales dans le système des stratégies de reproduction », *Annales*, E.S.C., 27, n° 4-5, pp. 1105-1127.

BOURDIEU P., 1974, « Avenir de classe et causalité du probable », *Revue française de sociologie*, XV, 1, pp. 3-42.

BOURDIEU P., 1979, « Les trois états du capital culturel », *Actes de la recherche en sciences sociales*, n° 30, pp. 3-6.

BOURDIEU P., 1980, « Le capital social », *Actes de la recherche en sciences sociales*, n° 31, pp. 2-3.

BOURDIEU P., 1980, *Le Sens pratique*, Paris, Éditions de Minuit.

BOURDIEU P., 1986, « L'illusion biographique », *Actes de la recherche en sciences sociales*, n° 62-63, pp. 69-72.

BOURDIEU P., 1989, *La Noblesse d'État*, Paris, Éditions de Minuit. BOURDIEU P., PASSERON J.-C., 1964, *Les Héritiers*, Paris, Éditions de Minuit.

BOURDIEU P., PASSERON J.-C., 1970, *La Reproduction*, Paris, Éditions de Minuit.

BOYER R., DELCLAUX M., 1995, *Des familles face au collège*, Paris, INRP.

BOYUM A. L., PARKE R.D., 1995, « The role of family emotional expressiveness in the development of children's social competence », *Journal of Marriage and the Family, vol.* 57, n° 3, pp. 593-608.

BOZON M., 1993, « Panorama de deux évolutions parallèles. Famille et sexualité en France dans les vingt-cinq dernières années », séminaire « Famille » de l'INED, 20 octobre.

BOZON M., LAUFER J., SINGLY F. de, VILLENEUVE-GOKALP C.,

1994, « Rapport de l'enquête sur le rôle et la place des femmes en France », mission de coordination de la 4e Conférence mondiale sur les femmes, ministère des Affaires sociales, de la Santé et de la Ville.

BRAZELTON B., 1992, « À ce soir... » in COHEN-SOLAL J. (éd.), *Développement de l'enfant et engagement professionnel des mères*, Paris, Éditions STH, pp. 83-88.

BRICOUT J., 1987, « L'adoption. Les difficultés de l'examen médico-psychologique des candidats », *Cahiers de médecine légale. Droit médical*, n° 5.

BROOKNER A., 1986, *Regardez-moi*, Paris, La Découverte (1re éd. 1983, *Look at me*).

BROOKNER A., 1987, *Sofka*, Paris, La Découverte.

BROOKNER A., 1988, *Une amie d'Angleterre*, Paris, La Découverte (1re éd. 1987, *A Friend from England)*.

BROOKNER A., 1988, *Hôtel du lac*, Paris, Belfond (1re éd. 1984, *Hôtel du lac*).

BROOKNER A., 1989, *La Porte de Brandebourg*, Paris, La Découverte (1re éd. *Latecomers*).

BROOKNER A., 1990, *La Vie quelque part*, Paris, Belfond (1re éd., *A Start in Life)*.

BROOKNER A., 1992, Julia et moi, Paris, La Découverte (1re éd. 1990, *Brief Lives*).

BROOKNER A., 1993, *Mésalliance*, Paris, Belfond (1re éd. 1986, *A Misalliance*).

BROOKNER A., 1994, *Impostures*, Paris, La Découverte (1re éd. 1992, *Fraud*).

BROOKNER A., 1995, *L'Automne de Monsieur Bland*, Paris, La Découverte (1re éd. 1994, *A Private View*).

BUBECK D., 1995, « A feminist approach to citizenship », forum « *Gender* et emploi du temps », Florence, Institut universitaire européen, 9 février.

BUBECK D., 1995, *Care, Gender and justice*, Oxford University Press.

BUZIN E., 1995, *Papa, maman, laissez-moi le temp de rêver*, Paris, Albin Michel.

CAMPION J., 1994, *La Leçon de piano*, scénario du film, Paris, UGE 10/18 (1re éd. 1993, *The Piano*).
CARADEC V., 1993, *La Retraite conjugale*, thèse de doctorat de sociologie, université Paris V, directeur F. de Singly.
CASTEL R., 1981, *La Gestion des risques*, Paris, Éditions de Minuit.
CASTEL R., 1990, « Le roman de la désaffiliation. À propos de *Tristan et Iseut* », *Le Débat*, n° 61, pp. 152-164.
CAVELL S., 1993, *À la recherche du bonheur*, Paris, Cahiers du Cinéma.
CHALUPT C., 1993, *Le Désenchantement amoureux*, mémoire de maîtrise de sociologie, université Paris V, directeur F. de Singly.
CHARBONNEAU J., GODBOUT J., 1993, « La dette positive dans le lien familial », *Revue du Mauss, Ce que donner veut dire*, numéro spécial pp. 235-256.
CHARLOT B., BAÜTIER E.,ROCHER J.-Y., 1992, *École et Savoir dans les banlieues... et ailleurs*, Paris, Armand Colin.
Children's Literature Association Quartely, 1993, numéro spécial, « Fathers and sons in children's literature », vol. 18, n° 3, pp. 98-130.
CICCHELLI V., 1993, *Listes et Rituels de mariage comme indicateurs de la volition conjugale*, mémoire de maîtrise, université Paris V, directeur F. de Singly.
CLAVERIE J., PRICE M., 1986, *C'est mon papa !*, Paris, Albin Michel.
COENEN-HUTHER J., KELLERHALS J., VON ALLMEN M., 1994, *Les Réseaux de solidarité dans la famille*, Lausanne, Réalités sociales.
Collectif, 1984, *Le Sexe du travail*, Grenoble, Presses universitaires de Grenoble.
COMBES D., DEVREUX A.-M., 1991, *Construire sa parenté. Reconnaissance, légitimation, dénomination des enfants*, Paris, Centre de sociologie urbaine.
COMMAILLE J., 1994, *L'Esprit sociologique des lois*, Paris, PUF.
COOLEY C.H., 1902, *Human Nature and the Social Order*, New York, Scribner.

COOPER D., 1972, *Mort de la famille*, Paris, Le Seuil.

COOPER L., 1995, *Fenny*, Paris, Rivages (1re éd. 1953). CORCUFF P., 1995, *Les Nouvelles Sociologies*, Paris, Nathan.

CORENTIN E., 1986, *Papa n'a pas le temps*, Paris-Marseille, Rivages.

CORMAN L., 1963, *L'Éducation dans la confiance*, Paris, Stock.

CORNEAU G., 1989, *Père manquant, fils manqué. Que sont les hommes devenus ?*, Montréal, Éditions de l'homme.

COSSON M.-É., 1993, *Évaluation et Usages parentaux de la production enfantine et des affins*, DEA, université Paris V, directeur F. de Singly.

COURCELLE S., PRÉVOST C., 1986, « Le vrai désaccord parental à propos de la garde dans les procédures contentieuses », journées sur l'intervention judiciaire dans le processus de rupture conjugale, Vaucresson, 15-17 décembre.

CUVILLIER A., 1967, *Manuel de sociologie*, tome 1, Paris, PUF.

DARMON M., 1995, *Devenir sans pareil ? Construction et représentation de la différence dans la fratrie gémellaire*, mémoire de maîtrise de sociologie, université Paris V, directeur F. de Singly.

DAUMAS M., 1990, *Le Syndrome des Grieux. La relation père/fils au XVIII siècle*, Paris, Le Seuil.

DAVIES K., 1994, « The tensions between process time and clock time in carework. The exemple of day nurseries », *Time & Society*, vol. 3, pp. 277-303.

DÉCHAUX J.-H., 1994, « Les trois composantes de l'économie cachée de la parenté : l'exemple français », *Recherches sociologiques*, vol. 25, n° 3.

DELAISI DE PARSEVAL G., LALLEMAND S., 1980, *L'Art d'accommoder les bébés. 100 ans de recettes françaises de puériculture*, Paris, Le Seuil.

DELAISI DE PARSEVAL G., VERDIER P., 1994, *Enfant de personne*, Paris, Odile Jacob.

DEL GIUDICE D., 1985, *Le Stade de Wimbledon*, Paris-Marseille, Rivages.

DELUMEAU J., ROCHE D. (éds.), 1990, *Histoire des pères et de la paternité*, Paris, Larousse.

DEMO D.H., 1992, « The self-concept over time : research issues and directions », *Annuel Review of Sociology*, 18, pp. 303-326.

Dialogue, 1987, « Les beaux-enfants. Remariages et recompositions familiales », n° 97. *Dialogue*, 1989, « Mauvais élève ou enfant symptôme ? », n° 106.

Dialogue, 1990, « Pères et société », n° 107.

Dialogue, 1993, « L'enfant séparé de ses parents : quels liens poursuivre ? », n° 119.

DOLTO F., 1977-1979, *Lorsque l'enfant paraît*, tome 1, Paris, Le Seuil, 1977 ; tome 2, 1978 ; tome 3, 1979.

DOLTO F., 1985, *La Cause des enfants*, Paris, Robert Laffont.

DOMINIC K.T, SCHLESINGER B., 1980, « Weekend fathers : familles shadows », *Divorce*, vol. 3, n° 3, pp. 241-247.

DONNELY E., 1986, *Les Parents échangés*, Paris, L'École des loisirs. DONZELOT J., 1977, *La Police des familles*, Paris, Éditions de Minuit. DOS PASSOS J., 1928, *Manhattan Transfer*, Paris, Gallimard.

DOUGLAS M., 1990, « La connaissance de soi », *Revue du MAUSS*, n° 8, pp. 125-136.

DUBAR C., 1991, *La Socialisation*, Paris, Armand Colin.

DUBET F., 1991, *Les Lycéens*, Paris, Le Seuil.

DUBET F., 1995, *Sociologie de l'expérience*, Paris, Le Seuil.

DUBEZ C., 1994, *Les Familles recomposées : les relations des adolescents avec leurs beaux-pères*, mémoire de maîtrise de sociologie, université Paris V, dir. F. de Singly.

DULAC G., 1993, *La Paternité : les transformations sociales récentes*, Études et recherches, Conseil de la Famille, Québec.

DULAC G., 1994, *Penser le masculin*, INRS, Culture et Société.

DURIF-VAREMBONT J.-P, 1988, « Quand les mères seules demandent à un psychothérapeute-homme de fournir une image de père à leur enfant », *Dialogue*, n° 101, pp. 105-112.

DURKHEIM É., 1975, « La famille conjugale », dernier cours

de sociologie de la famille, (1982), republié in *Textes*, tome 3, Paris, Éditions de Minuit.

DURKHEIM É., 1906, « Le divorce par consentement mutuel », *La Revue Bleue*, 44 (5).

DURKHEIM É., 1925, *L'Éducation morale*, Paris, PUF, rééd. 1963.

DURU-BELLAT M., HENRIOT VAN ZANTEN A., 1992, *Sociologie de l'école*, Paris, Armand Colin.

EHRENBERG A., 1991, *Le Culte de la performance*, Paris, Calmann-Lévy.

EHRENBERG A., 1995, *L'Individu incertain*, Paris, Calmann-Lévy.

ELIAS N., 1974, *La Société de cour*, Paris, Calmann-Lévy.

ELIAS N., 1975, *La Dynamique de l'Occident*, Paris, Calmann-Lévy (1re éd. 1939).

ELIAS N., 1981, *Qu'est-ce que la sociologie ?*, Paris, Éditions Pandora (1re éd. 1970).

ELIAS N., 1991, *La Société des individus*, Paris, Fayard (1re éd. 1987, *Die Gesellschaf der Individuen*).

ELSTER J. (éd.), 1985, *The Multiple Self*, Cambridge University Press.

EPHESIA (Coll.), 1995, *La Place des femmes. Les enjeux de l'identité et de légalité au regard des sciences sociales*, Paris, La Découverte.

ERICKSON R.J., 1993, « Reconceptualizing family work : the effect of emotion work on perceptions of marital quality », *Journal of Marriage and the Family*, vol. 55, n° 4, pp. 888-900.

ERNAUX A., 1981, *La Femme gelée*, Paris, Gallimard.

FERRAND M., 1984, « La paternité et la vie professionnelle », in collectif, *Le Sexe du travail*, Presses universitaires de Grenoble, pp. 127-139.

FERRAND M., 1990, « La Comtesse de Ségur et ses pères », *Dialogue*, n° 107, pp. 13-21.

FERRAND A., MOUNIER L., 1993, « L'échange de paroles sur

la sexualité : une analyse des relations de confidence », *Population*, 48, n° 5, pp. 1451-1478.

FINCH J., 1989, *Family Obligations and Social Change*, Polity Press and Basil Blackwell, Cambridge.

FINE A., LABRO S., LORQUIN C., 1993, « Les albums de naissance », in FABRE D., (dir.) *Écritures ordinaires*, Paris, POL.

FITOUSSI M., 1991, *Lettre à mon fils*, Paris, Calmann-Lévy.

FIZGERALD F.S., 1988, *Tendre est la nuit*, Paris, Belfond (1re éd. 1934, *Tender is the Night*).

FIZE M., 1990, *La Démocratie familiale*, Paris, Presses de la Renaissance.

FIZE M., 1993, *Le Peuple adolescent*, Paris, Julliard.

FORSTER E.M., 1988, *Un instant d'éternité et autres nouvelles*, Paris, Christian Bourgois.

FOURNEL P., 1995, *Un homme regarde une femme*, Paris, Points-Seuil.

FOURNIER F., 1994, « Trois figures contemporaines du rapport paternel à l'enfant », communication Association canadienne française pour l'avancement des sciences, Montréal.

FOURNIER F., QUENIART A., 1995, « Trajectoires de fragilisation du lien père-enfant », Montréal, colloque Enfances, 22-23 août.

FREDEN L., 1983, *Aspects psycho-sociaux de la dépression*, Pierre Mardaga éditeur, Bruxelles.

FULCHIRON H., 1994, « Le "droit" de l'enfant à ses deux parents », *Recherches et Prévisions*, n° 35, pp. 19-30.

FURSTENBERG F.F., WINQUIST-NORD C., PETERSON J. L., ZILL N., 1983, « The life course of children of divorce : marital description and parental contacts », *American Sociological Review*, vol. 48, pp. 656-668.

FURSTENBERG F.F., MORGAN P., ALLISON P.D., 1987, « Paternal participation and children's well-being after marital dissolution », *American Sociological Review*, vol. 52, pp. 695-701.

GERLACH-NIELSEN M., 1985, « Essai sur l'évolution du rôle masculin au Danemark, 1975-1985 », colloque UNESCO, Athènes.

GIDDENS A., 1991, *Modernity and Self-Identity*, Stanford, University Press.

GIDDENS A., 1992, *The Transformation of Intimacy*, Stanford, University Press.

GIDDENS A., 1994, *Les Conséquences de la modernité*, Paris, L'Harmattan (1re éd. 1990, *The Conséquences of Modernity*).

GILLIGAN C., 1986, *Une si grande différence*, Paris, Flammarion (1re éd. 1982, *In a Different Voice : Psychological Theory and Women's Developpment).*

GIRARD A., 1960, *Le Choix du conjoint*, Paris, INED/PUF.

GLAUDE M., SINGLY F. de, 1986, « L'organisation domestique : pouvoir et négociation », *Économie et Statistique*, nº 187, pp. 3-30.

GLAUMAUD M. (dir.), 1988, *Dossier documentaire : Ouvrez les livres aux bébés*, Paris, Institut de l'enfance et de la famille.

GOFFMAN E., 1968, *Asiles*, Paris, Éditions de Minuit (1re éd. 1961, *Asylums*).

GOFFMAN E., 1975, *Stigmate. Les usages sociaux des handicaps*, Paris, Éditions de Minuit (1re éd. 1963, *Stigma*).

GOFFMAN E., 1988, « La ritualisation de la féminité », in *Les Moments et leurs hommes* (édité par WINKIN Y.), Paris, Seuil/Minuit, pp. 150-185.

GOLDMANN A., 1984, *Rêves d'amour perdus. Les femmes dans le roman du XIXe* , Paris, Denoël-Gonthier.

GOTMAN A., 1988, *Hériter*, Paris, PUF.

GOTMAN A., 1995, *Dilapidation et Prodigalité*, Paris, Nathan.

GRAHAM H., 1983 « Caring : a labour of love », in FINCH J., GROVES D. (éd.), *A Labour of Love : Women, Work and Caring*, Routledge and Kegan Paul, London, pp. 13-30.

GRAHAM H., 1991, « The concept of caring in feminist research : the case of domestic service », Sociology, vol. 25, nº 1, pp. 61-78.

GRUEL L., 1991, « Individus, personnes, personnages », in *Pardons et Châtiment*, Paris, Nathan, pp. 123-131.
GUÉRIN C., TATÉOSSIAN P., 1994, *Jeu d'acteurs et production de l'enfant. Conflits et compromis autour de l'éducation*, mémoire de maîtrise, université Paris V, directeur F. de Singly.
GUILLAUME M., 1995, *Être adolescent du divorce : bilan d'une éducation par un couple parental disjoint*, mémoire de DEA de sciences sociales, université Paris V, directeur F. de Singly.
GULLESTAD M., 1995, « En Norvège : être "utile" ou "se trouver" », in GULLESTAD M., SEGALEN M. (éd.), *La Famille en Europe. Parenté et perpétuation familiale*, Paris, La Découverte, pp. 221-236.
GUTTMANN J., 1989, « The divorced father : a review of the issues and the research », *Journal of Comparative Family Studies, vol. XX*, n° 2, pp. 247-261.

HARRIS F., 1938, *George Bernard Shaw*, Paris, Gallimard.
HEIDEGGER M., 1989, *Être et Temps*, édition hors commerce (1re éd. 1927, *Sein und Zeit*).
HÉRAN F., 1994, « L'aide au travail scolaire : les mères persévèrent », *INSEE première*, n° 350.
HÉRITIER F., 1994, *Les Deux Sœurs et leur mère*, Odile Jacob, Paris.
HUET M.-P., 1988, « Images du père dans les albums pour enfants », *Nous voulons lire*, juillet, n° 75, pp. 1-16.
HURSTEL F., 1991, « Affaire de lois, affaire de famille, affaire de sujet », in SINGLY F. de, SCHULTHEIS F. (dir.), *Affaires de famille, affaires d'État*, Nancy, Éditions de l'Est, pp. 189-199.
HURSTEL F., 1996, « Identité masculine, inversion des rôles parentaux, fonction paternelle », *Enfance*.
HURSTEL F., DELAISI DE PARSEVAL G., 1990, « Le pardessus du soupçon », « Mon fils, ma bataille », in DELUMEAU J., ROCHE D., *Histoire des pères et de la paternité*, Paris, Larousse, pp. 373-392, pp. 393-416.
HURSTEL F., CARRE C., 1993, « Processus psychologiques et

parentés plurielles » in MEULDERS M.-T, THÉRY I. (dir.) ; *Les Recompositions familiales aujourd'hui*, Paris, Nathan, pp. 191-214.

HURTEBISE R., 1989, *L'Amour, le Soi et la Société. Sociologie de la connaissance amoureuse dans les correspondances amoureuses québécoises (1860-1968)*, thèse de doctorat, université de Montréal.

IBSEN H., 1961, *Maison de poupée*, Paris, Librairie académique Perrin (1re éd. 1879). *Informations sociales*, 1993, « Des bébés "efficaces" », n° 25.

JACKSON D.D., 1981, « Les règles familiales : *le quid pro quod* », in WATZLAWICK P., WEAKLAND J.H. (dir.), *Sur l'interaction. Palo Alto 1965-1974*, Paris, Le Seuil (1re éd. 1977).

JAMES W., 1904, *Principles of Psychology*, tome 1, New York, Éditions Holt.

Journal of Family Issues, 1993, numéro spécial Fatherhood, vol. 14, n° 4.

Journal of Family Issues, 1994, numéro spécial Fatherhood, vol. 15, n°1.

JOSSE D., 1993, « An exchange on children and divorce », *Journal of Marriage and the Family*, vol. 55, n° 1, pp. 23-54.

JOSSE D., ROBIN M., 1990, « La prénomination des jumeaux : effet de couple, effet de mode ? », *Enfance*, 3, pp. 251-261.

JUMP T.L., HAAS L., 1988, « Fathers in transition », in KIMMEL M.S. (éd.), *Changing Men*, Londres, Sage Publications, pp. 98-114.

JUNTER-LOISEAU A., TOBLER C., 1995, « La notion de conciliation dans les travaux du forum. What about conciliation ? », forum « *Gender* et emploi du temps », Institut universitaire européen, Florence, 23-24 juin.

KAUFMANN J.-C., 1988, *La Chaleur du foyer*, Paris, Méridiens-Klincksieck.

KAUFMANN J.-C., 1992a, « Le sacrifice égoïste », *Dialogue*, n° 116, pp. 16-21.

KAUFMANN J.-C., 1992b, *La Trame conjugale. Analyse du couple par son linge*, Paris, Nathan.

KAUFMANN J.-C., 1993a, *Sociologie du couple*, Paris, PUF.

KAUFMANN J.-C., 1993b, « Théorie du Bernard-l'hermite », *Autrement*, La Rencontre, pp. 90-95.

KAUFMANN J.-C., 1993, *Célibat, ménages d'une personne, isolement, solitude*, rapport pour la Commission des communautés européennes.

KAUFMANN J.-C., 1994, « Rôle et identité : l'exemple de l'entrée en couple », *Cahiers internationaux de sociologie*, vol. XCVII, pp. 301-328.

KAUFMANN J.-C., 1994, « Nuptialité ou conjugalité ? Critique d'un indicateur et état des évolutions conjugales en Europe », *Archives européennes de sociologie*, vol. XXXV, n° 1, pp. 3-20.

KELLERHALS J., LANGUIN N., PERRIN J.-F., WIRTH G., 1985, « Statut social, projet familial et divorce », *Population*, n° 6, pp. 811-827.

KELLERHALS J., MONTANDON C., 1991, *Les Stratégies éducatives des familles*, Neuchâtel-Paris, Éditions Delachaux et Niestlé.

KELLERHALS J., avec COENEN-HUTHER J., LAZEGA E., MODAK M., TROUTOT P.-Y., VALENTE L., *Les Formes de l'équité dans les échanges familiaux*, Travaux du Cetel, Université de Genève.

KERNS R.D., TURK D.C., 1984, « Depression and chronic pain : the médiatiog role of the spouse », *journal of Marriage and the Family*, 4, pp. 845-852.

KNIBIEHLER Y., 1987, *Les pères aussi ont une histoire*, Paris, Hachette.

LACHANCE E., QUENIART A., 1994, *Le Père d'hier à aujourd'hui. Recension des écrits sociologiques sur la paternité (1970-1990).* Montréal, Larehs.

LAHIRE B., 1995, *Tableaux de famille*, Paris, Gallimard/Le Seuil/EHESS.

LAING R.D., 1970, *Le Moi divisé*, Paris, Stock (1re éd. *The divided Self*).
LAING R.D., 1971, *Nœuds*, Paris, Stock (1re éd. *Knots*).
LAING R.D., 1971, *Soi et les autres*, Paris, Gallimard (1re éd. 1961, *Self and Others*).
LAING R.D., 1972, *Politique de la famille*, Paris, Stock.
LAMB M., 1981, *The Role of the Father in Child Development*, New York, Wiley.
LAMOUR M., 1993, « L'enfant partenaire », *Informations sociales*, n° 25.
LAMOUR M., BARRACO M., 1993, « Mères et bébés perturbés », *Informations sociales*, n° 25.
LANGOUËT G., LÉGER A., 1991, *Public ou Privé ? Trajectoires et réussites scolaires*, La Garenne-Colombe, Éditions Publidix.
LAPIERRE N., 1995, *Changer de nom*, Paris, Stock.
LAROQUE M., THÉAULT M., 1994, *Notre enfant d'abord. Le divorce et la médiation familiale*, Paris, Albin Michel.
LAROSSA R., GORDON B.A., WILSON R.J., BAIRAN A., JARET C., 1991, « The fluctuating image of the 20th century american father », *Journal of Marriage and the Family*, vol. 53, n° 4, pp. 987-997.
LA SELVE M., 1983, « Des images du père dans la littérature de jeunesse », *Livres jeunes aujourd'hui*, n° 2, pp. 55-65.
LE BRUN C., 1992, « Mais où sont passés les pères ? Un cas de censure sociale dans la littérature pour la jeunesse des années 80 », *Canadian Children's litérature*, n° 68, pp. 99-113.
LEFAUCHEUR N., 1987, « Quand leur situation était inférieure à celle de l'orphelin – ou le psychiatre, le marâtre et le délinquant juvénile », *Dialogue*, n° 97, pp. 104-120.
LEFAUCHEUR N., 1992, « Maternité, famille, État », in DUBY G., PERROT M., *Histoire des femmes*, tome 5, Paris, Plon, pp. 411-430.
LEFAUCHEUR N., 1993, « Le maintien des liens, de l'angélisme au patriotisme », *Dialogue*, n° 119, pp. 8-19.
LE FEUVRE N., 1994, « Leisure, work and gender. A socio-

logical study of women's time in France », *Time and Society*, vol. 3 (2), pp. 151-178.

LE GALL D., 1992, « Rôle beau-parental et nouvel enfant dans les familles composées », in *Familles et Contextes sociaux*, Lisbonne, Centro de investigaçao e estudos de Sociologia, pp. 101-112.

LE GALL D., MARTIN C., 1988, *Le Réseau de parenté après la désunion*, université de Caen, rapport du CRTS.

LE GAL D., MARTIN C., 1990, *Recomposition familiale, usages du droit et production normative*, université de Caen, rapport du CRTS.

LE GALL D., MARTIN C., 1993, « Transitions familiales, logiques de recomposition et modes de régulation conjugale », in MEULDERS M. T, THÉRY I. (dir.), *Les Recompositions familiales aujourd'hui*, Nathan, pp. 137-158.

LEGOUE E., 1881, *La Question des femmes*, Paris, Hetzel et Cie.

LEMARCHANT C., 1994, *Belles-filles et beaux-parents : la bonne distance*, thèse de doctorat de sociologie, université Paris V, directeur F. de Singly.

LE MEN S., 1984, *Les Abécédaires français*, Paris, Promodis.

Le Monde de l'éducation, 1993, « Les bébés ont du génie », février.

LENSKI G., 1954, « Status crystallization : a non-vertical dimension of social status », *American Sociological Review*, 19.

LÉRIDON H., VILLENEUVE-GOKALP C., 1988, « Enquête sur la situation des familles. Entre père et mère », *Population et Sociétés*, n° 220.

LÉRIDON H., VILLENEUVE-GOKALP C., 1994, *Constance et Inconstances de la famille*, Paris, PUF INED.

LESSING D., 1992, « Chambre 19 », in *L'Habitude d'aimer*, Paris, Albin Michel (1re éd. 1953, *To Room Nineteen)*, pp. 309-343.

LEVANT M., 1994, *Devenir père. Le vécu des futurs pères pendant la grossesse*, mémoire de maîtrise, université Paris V, directeur F. de Singly.

LIPOVETSKY G., 1983, *L'Ère du vide. Essai sur l'individualisme contemporain*, Paris, Gallimard.

LODGE D., 1990, *Jeu de société*, Paris, Rivages (1re éd. 1988, *Nice Work*).

LOEWEN J.W., 1988, « Visitation fatherhood », in BRONSTEIN P, COWAN C.P (éds.), *Fatherhood today : Men's changing Role in the Family*, J. Wiley and Sons, pp. 195-213.

LUHMANN N., 1990, *Amour comme passion. De la codification de l'intimité*, Paris, Aubier (1re éd. 1982, *Liebe als Passion*).

LUKWNBILL W.B., 1974, « Father's in adolescents novels », *Library journal*, Feb. 15, pp. 536-540.

LURIE A., 1987, *Liaisons étrangères*, Paris, Rivages.

LURIE A., 1989, *Comme des enfants*, Paris, Rivages (1re éd. 1969, *Real People*).

LURIE A., 1989, *Des gens comme les autres*, Paris, Rivages (1re éd. 1969, *Real People*).

MALPAS N., LAMBERT P.-Y., 1993, « Fathers' and mothers' tasks : who should do what for their children in the European Community ? », *Eurobarometer 39.0*, Familles in Europe.

MARSIGLIO W. (éd.), 1993, « Fatherhood », *Journal of Family Issues*, numéro spécial, 14, 4.

MARSIGLIO W. (éd.), 1991, « Parternal engagement activities with minor children », *Journal of Marriage and the Family*, vol. 53, n° 4, pp. 973-986.

MARTIN C., 1993, « Le "risque solitude". Divorces et vulnérabilité relationnelle », *Revue internationale d'action communautaire*, n° 29, pp. 69-83.

MARTINOT D., 1995, *Le Soi. Les approches psychosociales*, Grenoble, Presses universitaires de Grenoble.

MAUGER G., FOSSÉ C., 1997, *La Vie buissonnière : marginalité petite-bourgeoise et marginalité populaire*, Paris, Maspéro.

MAUGUE A., 1987, *L'Identité masculine en crise au tournant du siècle*, Marseille, *Rivages.*

MCINERNEY *J., 1993, Trente ans et des poussières*, Paris, éd. de L'Olivier.

MEAD G.H., 1963, *L'Esprit, le Soi et la Société*, Paris, PUF (1re éd. 1934, *Mind, Self and Society*).

MÉNARD M., 1990, « Le miroir brisé », in DELUMEAU J., ROCHE D., *Histoire des pères et de la paternité*, Paris, Larousse, pp. 349-372.

MENGER P.-M., 1995, « Est-il rationnel de travailler pour s'épanouir ? », in GERARD-VALLET L.-A., PASSERON J.-C. (éds.), *Le Modèle et l'Enquête. Les usages du principe de rationalité dans les sciences sociales*, Paris, Éditons de l'EHESS, pp. 401-443.

MERTON R.K., 1953, *Éléments de théorie et de méthode sociologique*, Paris, Plon.

MICHEL C., 1986, « Les nouveaux pères sont arrivés... », *Bouquins-Potins*, pp. 15-18.

MIOT N., 1994, *Le Sentiment paternel*, mémoire de maîtrise de sociologie, université Paris V, directeur F. de Singly.

MITSCHERLICH A., 1969, *Vers une société sans pères*, Paris, Gallimard.

MODAK M., 1986, « Note sur les conversations de table en famille », *Dialogue*, n° 93, pp. 62-66.

MOEN P., WETHINGTON E., 1992, « The concept of family adaptive strategies », *American Review Sociological*, 18, pp. 233-251.

MONTEIL J.-M., 1993, *Soi et le contexte*, Paris, Armand Colin.

MULLIEZ J., 1989, « *Pater id est...* La source juridique de la puissance paternelle du droit révolutionnaire au Code civil », in THÉRY I., BLET C. (dir.), *La Famille, la Loi, l'État. De la révolution au code civil*, Paris, Imprimerie Nationale/Centre G. Pompidou, pp. 412-431.

MUÑOZ-DARDÉ V., 1994, *La Fraternité : un concept politique ?* Florence, thèse, Institut universitaire européen, directeur S. Lukes.

MURAT P., 1989, « La puissance paternelle et la Révolution française : un essai de régénération de l'autorité des pères », in THÉRY I., BLET C. (dir.), *La Famille, la Loi, l'État. De la révolution au code civil*, Paris, Imprimerie Nationale/Centre G. Pompidou, pp. 390-411.

NAOURI A., 1985, *Une place pour le père*, Paris, Le Seuil.
NAOURI A., 1995, *Le Couple et l'Enfant*, Paris, Odile Jacob.
NEILL A.S., 1970, *Libres Enfants de Summerhill*, Paris, Maspéro (1re éd. 1960, *A Radical Approach To Child Rearing*).
NELSON C. (éd.), 1993, « Special section : fathers and sons in children's literature », *Children's Literature Association Quarterly*, 1993, vol. 18, n° 3, pp. 98-130.
NICOLE-DRANCOURT C., 1989, « Stratégies professionnelles et organisations des familles », *Revue française de sociologie*, XXX, 1, pp. 57-80.
NOËL J., 1959, *La Sélection des parents adoptifs*, Paris, thèse de doctorat en médecine.
NORVEZ A., 1990, *De la Naissance à l'école. Santé, modes de garde et préscolarité dans la France contemporaine*, Paris, PUF-INED.
NYE F.I., 1976, *Role Structure and Analysis of the Family*, London, Sage Publications.

OATES J.-C., 1982, *Amours profanes*, Paris, Stock (1re éd. 1979, *Unholy Loves*).
O'CONNOR P., 1991, « Women's confidants outside marriage : shared or competing of intimacy ? », Sociology, vol. 25, n° 2, pp. 241-254.
OUELLETTE F.-R., SEGUIN J., 1994, *Adoption et Redéfinition contemporaine de l'enfant, de la famille et de l'adoption*, Montréal, IQRC.
OVIDE, 1955, *Les Métamorphoses*, 8, livre X, tome 2, texte établi et traduit par G. Lafaye, Paris, Les Belles Lettres.
PARSONS T., BALES R.F., 1995, *Family, Socialisation and Interaction Process*, Free Press.
PASSERON J.-C., 1991, « L'illusion romanesque », in *Le Raisonnement sociologique*, Paris, Nathan, pp. 207-226.
PENNAC D., 1992, *Comme un roman*, Paris, Gallimard.

PERCHERON A., 1993, *La Socialisation politique*, Paris, Armand Colin.

PERROT M. (dir.), 1987, *Histoire de la vie privée. De la Révolution à la Grande Guerre*, Paris, Le Seuil.

PERRUCHOT H., 1955, *La Haine des masques. Montherland, Camus, Shaw*, Paris, La Table Ronde.

PLACE D., 1995, *Le Couple face à la maladie grave : recomposition de l'identité conjugale du conjoint bien portant*, mémoire de DEA de sciences sociales, université de Paris V, directeur F. de Singly.

PLECK J.H., 1988, « American fathering in historical perspective », in KIMMEL M.S. (éd.), *Changing Men*, London, Sage Publications, pp. 83-97.

POISSENOT C., 1990, *Sur les jugements parentaux*, université de Rennes II, mémoire de maîtrise de sociologie, directeur F. de Singly.

POISSENOT C., SINGLY F. de, 1996, « La vie de couple des enseignants », *Éducation et Formations*, n° 46, pp. 93-108.

POLLACK M., 1990, *L'Expérience concentrationnaire. Essai sur le maintièn de l'identité sociale*, Paris, A.-M. Métailié.

POWELL D., 1992, *Des Anges sur canapé*, Paris, Julliard (1re éd. 1940, *Angels on Toast*).

PRÉVOST M., 1894, *Les Demi-vierges*, Paris, éd. Lemerie.

PUJOL F., 1993, *Les Rapports d'influence entre parents et enfants*, mémoire de maîtrise, université Paris V, directeur F. de Singly.

PURVES L., 1994, *Comment ne pas être une mère parfaite ?*, Paris, Odile Jacob.

QUEIROZ J.-M. de, 1995, *L'École et ses sociologies*, Paris, Nathan.

QUEIROZ J.-M. de, ZIOLKOVSKI M., 1994, *L'Interactionnisme symbolique*, Rennes, Presses universitaires de Rennes.

RAFFIN T., 1987, « L'amour romanesque : mythe et réalité d'un mode féminin d'engagement matrimonial », *Dialogue*, n° 96, pp. 67-79.

RAMOND N., 1992, *Lorsqu'on devient femme de détenu*, mémoire de DEA de sciences sociales, université Paris V, directeur F. de Singly.

RAULT F, 1992, *L'Adoption comme révélateur de la « compétence parentale »*, mémoire de DEA de sciences sociales, université Paris V, directeur F. de Singly.

RENAUT A., 1989, *L'Ère de l'individu. Contribution à une histoire de la subjectivité*, Paris, Gallimard.

RENAUT A., 1995, *L'Individu. Réflexions sur la philosophie du sujet*, Paris, Hatier.

REPETTI R.L., 1989, « Effects of daily workload on subsequent behavior during marital interaction : the yoles of social withdrawal and spouse support », *Journal of Personality and Social Psychology*, vol. 57, pp. 651-659.

RICŒUR P., 1990, *Soi-même comme un autre*, Paris, Le Seuil.

RIDDER G. de, SALESSE C., 1989, *Celles qui travaillent et celles qui gardent les enfants*, Canteleu, ronéo LERS/IRTS.

RILEY D., ECKENRODE J., 1986, « Social ties : cost and benefits within different subgroups », *Journal of Personality and Social Psychology*, vol. 51, pp. 770-778.

ROCHEX J.-Y., 1995, *L'Expérience scolaire*, Paris, PUF.

RLLET C., 1990, *La Politique à l'égard de la petite enfance*, Paris, PUF/INED.

ROOK K., DOLLEY D., CATALANO R., 1991, « Stress transmission : the effects of husbands' job stressors on the emotional health of their wives », *Journal of Marriage and the Family*, vol. 53, n° 1, pp. 161-177.

ROSENTHAL R.A., JACOBSON L., 1971, *Pygmalion à l'école*, Paris, Casterman (1re éd. 1968).

ROTH P., 1992, *Patrimoine*, Paris, Gallimard (1re éd. 1991, *Patrimony*).

ROUGEMONT D. de, 1972, *L'Amour et l'Occident*, Paris, Plon (1re éd. 1938).

ROUSSEAU J.-J., 1776, *Pygmalion, scène lyrique mise en vers par M. BERQUIN*, Paris.

ROUSSEL L., BOURGUIGNON O., 1976, *La Famille après le mariage des enfants*, Paris, PUF-INED.

ROUX M.A., 1994, *Un micro-ordinateur à la maison. Le micro-ordinateur et la construction des identités familiales*, Paris, L'Harmattan.
ROY C., 1989, « La gestion du temps des hommes et des femmes, des actifs et des inactifs », *Économie et Statistique*, n° 223, pp. 5-14.
ROY C., 1990, « Dix ans après, les nouveaux pères existent-ils ? », *L'École des parents*, n° 2, pp. 37-42.

SAGAN F., 1965, *La Chamade*, Paris, Julliard.
SAYN I., 1993, « Le "droit" au maintien des relations personnelles entre parents et enfants », *Dialogue*, n° 119, pp. 20-34.
SCHNAPPER D., 1980, « La correction paternelle et le mouvement des idées au XIXe siècle », *Revue historique*, n° 263.
SCHORSKE C.E., 1973, « Politics and patricide in Freud's *Interpretation of Dreams* », *American historical Review*, n° 78, pp. 328-347.
SCHORSKE C.E., 1979, « Conflit de générations et changement culturel. Réflexions sur le cas de Vienne », *Actes de la recherche en sciences sociales*, n° 26-27, pp. 109-116.
SCHULBERG B., 1992, *Le Désenchanté*, Paris, Rivages (1re éd. 1950, *The Disenchanted*).
SCHULBERG B., 1995, « Les barracudas », in *Amour, Action, Rire. Et autres contes tristes*, Rivages, Paris (1re éd. 1989, *Love, Action, Laughter and Other Sad Tales*), pp. 275-294.
SCHULBERG B., 1995, « Un second père », in *Amour, Action, Rire. Et autres contes tristes*, Paris, Rivages (1re éd. 1989, *Love, Action, Laughter and Other Sad Tales*), pp. 209-242.
SCHULTHEIS F., 1991, « La famille, le marché et l'État-providence », in SINGLY F. de, SCHULTHEIS F. (dir.), *Affaires de famille, affaires d État*, Éditions de l'Est, Nancy, pp. 33-42.
SCHULTHEIS F., LUSCHER K., 1987, « Familles et savoirs », *L'Année sociologique*, vol. 37, pp. 239-263.

SCHÜTZ A., 1987, *Le Chercheur et le Quotidien*, Paris, Méridiens-Klincksieck (1re éd. 1971, *Collected Papers*).
SCHWARTZ O., 1990, *Le Monde privé des ouvriers*, Paris, PUF.
SEGALEN M., 1993, *Sociologie de la famille*, Paris, Armand Colin. SELTZER J.-A., 1991, « Relationships between fathers and children who live apart », *Journal of Marriage and the Family*, 53, 1, pp. 79-101.
SELTZER J.A., SCHAEFFER N.C., CHARNG H., 1989, « Famillies ties after divorce : the relationship between visiting and paying child support », *Journal of Marriage and the Family*, vol. 51, n° 4, pp. 1013-1032.
SEMPÉ, 1989, *Par avion*, Paris, Denoël.
SENNETT R., 1979, *Les Tyrannies de l'intimité*, Paris, Seuil.
SEURAT M., 1988, *Les Corbeaux d'Alep*, Paris, Lieu commun.
SÉVERAC N., 1995, *Des styles communicationnels dans le couple*, mémoire de maîtrise de sociologie, université de Paris V, directeur F. de Singly.
SHAW G.B., 1897 (1re éd.), *Candida*, in *Pièces plaisantes*, tome 1, Paris, Aubier.
SHAW G.B., 1983, *Pygmalion*, Paris, L'Arche (1re éd. 1914, version remaniée par l'auteur en 1941).
SHORTER E., 1977, *Naissance de la famille moderne*, Paris, Le Seuil (1re éd. 1975, *The Making of the Modern Family*).
SIGURDARDOTTIR S., 1995, *Le Voleur de vie*, Paris, Flammarion (1re éd. 1986).
SIMMEL G., 1992, *Secret et Sociétés secrètes*, Strasbourg, Circé (1re éd. 1908).
SINGLY F. de, 1972, *L'Intériorisation de la normativité dans le cercle domestique*, thèse de 3e cycle, université Paris VIII, directeur J.-C. Passeron.
SINGLY F. de, 1987a, « Gagner sa place : la conquête de l'autonomie des femmes dans la famille », *Revue internationale d'action communautaire*, n° 58, pp. 153-159.
SINGLY F. de, 1987b, « Théorie critique de l'homogamie », *L'Année sociologique*, vol. 37, pp. 181-205.
SINGLY F. de, 1987c, *Fortune et Infortune de la femme mariée*, Paris, PUF (4e éd. remaniée, 1996).

SINGLY F. de, 1988a, « L'amour, un bien privé, un mal public ? », *Revue française des affaires sociales*, vol. 42, n° 2, pp. 129-142.
SINGLY F. de, 1988b, « Les ruses totalitaires de la pédagogie anti-autoritaire », *Revue de l'institut de sociologie*, n° 1-2, pp. 115-126.
SINGLY F. de, 1990, « L'homme dual », *Le Débat*, n° 61, pp. 138-151.
SINGLY F. de, 1991a, « Conclusion : les affinités électives entre l'État et la famille », in SINGLY F. de, SCHULTHEIS F. (éd.), *Affaires de famille, affaires d'État*, Nancy, Éditions de l'Est.
SINGLY F. de, 1991b, « Le célibat contemporain », in HIBERT T., ROUSSEL L. (dir.), *La Nuptialité*, Paris, PUF-INED, pp. 75-87.
SINGLY F. de, 1992 « Les rivalités entre les genres dans la France contemporaine », in DUBY G., PERROT M. (dir.), *Femmes et Histoire*, Paris, Plon, pp. 131-145.
SINGLY F. de, 1993a, *Sociologie de la famille contemporaine*, Paris, Nathan.
SINGLY F. de, 1993b, « Savoir hériter », in FRAISSE E. (dir.), *Les Étudiants et la Lecture*, Paris, PUF, pp. 49-71.
SINGLY F. de, 1993c, « Comment définir la famille contemporaine ? », *Solidarité santé*, n° 4 (spécial « Familles et politiques familiales »), pp. 31-40.
SINGLY F. de, 1993d, « The social construction of a new paternel identity », communication introductive à la conférence *Fathers in the Familles of Tomorrow*, ministère des Affaires sociales du Danemark, Commission de la Communauté européenne, Copenhague, pp. 42-75.
SINGLY F. de, 1993e, « Les rivalités entre les genres dans la France contemporaine », in DUBY G. et PERROT M. (dir.), *Femmes et Histoire*, Paris, Plon, pp. 131-145.
SINGLY F. de, 1993f, « Die egalitäre oder inegalitäre Konzeption der elterlichen Zuneigung », in LUSCHER K., SCHULTHEIS F. (éds.), *Generationenbeziehungen in « postmodernen » Gesellschaflen*, Universitätsverlag Konstanz GMBH, pp. 171-183.

SINGLY F. de, 1993g, *Petites Maladies d'enfant et parents salariés*, Paris, La Documentation française.
SINGLY F. de, 1993h, « Les Jeunes et la lecture », numéro spécial *Les dossiers Éducation et formations*, Ministère de l'Éducation nationale et de la Culture, DEP.
SINGLY F. de, 1994a, « L'assignation aux femmes du travail domestique : quelques raisons d'une acceptation », forum « *Gender* et emploi du temps », Florence, Institut universitaire européen, 23-24 septembre.
SINGLY F. de, 1994b, « La mise en œuvre du nouveau modèle paternel », conférence *Changing Fatherhood*, Tilburg, 24-26 mai.
SINGLY F. de, 1995a, « Les actions culturelles en direction des bébés lecteurs et leurs raisons sociologiques », in GLAUMAUD M., MANUEL-RAVET M. (éds.), *Le Bébé et les apprentissages*, Paris, Syros, pp. 107-114.
SINGLY F. de, 1995b, « Travail domestique et *care* familial. Une construction théorique des temps maternel et paternel », forum « *Gender* et emploi du temps », Florence, Institut universitaire européen, 1er juin.
SINGLY F. de, 1995c, « Casser le temps. Habiliter l'altruisme de proximité », forum « *Gender* et emploi du temps », Florence, Institut universitaire européen, 23-24 juin.
SINGLY F. de, 1995d, « Le vizir et le sultan, ou les deux amours », in *Sexualité et Sida, Recherches en sciences sociales*, Paris, Éditions CNRS, pp. 159-181.
SINGLY F. de, 1996a, « Le travail de l'héritage », in *Revue européenne des sciences sociales*, tome XXXIV, pp. 61-80.
SINGLY F. de, 1996b, « Elias ou le romantisme éducatif », *Cahiers internationaux de sociologie*, vol. XCIX, pp. 279-291.
SINGLY F. de, CHARRIER G., 1988, « Vie commune et pensée célibataire », *Dialogue*, n° 102, pp. 44-53.
SINGLY F. de, CHARRIER G., 1989, *Pygmalion à la maison*, rapport université Rennes II.
SINGLY F. de, MAUNAYE E., 1996, « Le rôle et sa délégation. L'exemple du rôle maternel de garde-malade », in KAUF-

MANN J.-C. (éd.), 1996, *Faire ou faire faire ? Familles et services*, Presses universitaires de Rennes, pp. 93-107.
SINGLY F. de, THÉLOT C., 1989, *Gens du privé, gens du public. La grande différence*, Paris, Dunod.
SJÖGREN A., 1986, « Le repas comme architecte de la vie familiale », *Dialogue*, n° 93, pp. 54-61.
SMART L.S., 1992, « The marital helping relationship following pregnancy loss and infant death », *Journal of Family Issues*, vol. 13, n° 1, pp. 81-98.
STERN D., 1992, « La construction du monde subjectif du petit enfant », in COHEN-SOLAL J. (éd.), *Développement de l'enfant et engagement professionnel des mères*, Paris, Éditions STH, pp. 27-32.
STRAUSS A., 1992, *Miroirs et Masques*, Paris, A.M. Métailié (1re éd. 1959, *Mirrors and Masks*).
SULLEROT E., 1992, *Quels pères, quels fils ?*, Paris, Fayard.
TANIZAKI J., 1988, *Un amour insensé*, Paris, NRF Gallimard (1re éd. 1924).
TAYLOR C., 1989, *Sources of the Self*, Cambridge, Harvard University Press.
TAYLOR C., 1992, *Grandeur et Misère de la modernité*, Québec, Éditions Bellarmin.
TAYLOR C., 1994, « La politique de reconnaissance », in TAYLOR C., *Multiculturalisme. Différence et Démocratie*, Paris, Aubier, pp. 41-99.
TAYLOR C., 1994, « Les institutions dans la vie nationale », *Esprit*, n° 3-4, pp. 90-102.
TEACHMAN J.D., 1991, « Contributions to children by divorced fathers », *Social Problems*, vol. 38, n° 3, pp. 358-371.
TERRAIL J.-P, 1990, *Destins ouvriers. La fin d'une classe ?*, Paris, PUF.
TERRAIL J.-P., 1995, « La socialisation, une éducation des jeunes générations ? », in TERRAIL J.-P, *La Dynamique des générations. Activité individuelle et changement social*, Paris, L'Harmattan, pp. 117-127.
THÉRY I., 1985, « La référence à l'intérêt de l'enfant : usage judiciaire et ambiguïtés », in BOURGUIGNON O., RALLU

J.-L., Théry I., *Du divorce et des enfants*, Paris, PUF-INED.

Théry I., 1993, *Le Démariage. Justice et vie privée*, Paris, Odile Jacob.

Théry I., Dharvenas M.-J., 1993, « La parenté aux frontières de l'amitié : statut et rôle du beau-parent dans les familles recomposées », in Meulders-Klein M. T, Théry I. (éds.), *Les Recompositions familiales aujourd'hui*, Paris, Nathan, pp. 159-187.

Thomas C., 1993, « De-constructiog concepts of care », *Sociooogy*, vol. 27, n° 4, pp. 649-669.

Thompson L., 1993, « Conceptualizing gender in mariage : the case of marital care », *Journal of Marriage and the Family*, vol. 55, n° 3, pp. 557-569.

Todorov T., 1995, *La Vie commune. Essai d'anthropologie générale*, Paris, Le Seuil.

Tristan F., 1980, *Le Monde à l'envers*, Paris, Atelier Hachette/Massin.

Urfé H. d', 1984, *L'Astrée*, Paris, Gallimard (1re éd. 1607).

Van Dongen M., Frinking G.A.B., Jacobs M.J.G., 1995, *Changing Fatherhood*, Amsterdam, Thesis Publishers.

Vásquez Montalban M., 1995, « Les cendres de Laura », in *Trois Histoires d'amour*, Paris, C. Bourgeois éditeur, pp. 11-56 (1re éd. 1987, *Tres historias de amor*).

Vernier B., 1991, *La Genèse sociale des sentiments. Aînés et cadets dans l'île grecque de Karpathos*, Paris, Éditions de l'EHESS.

Villeneuve-Gokalp C., 1993, « La reçomposition du paysage familial après la séparation des parents », in collectif, *Données sociales*, Paris, INSEE, pp. 322-329.

Waller R.J., 1993, *Sur la route de Madison*, Paris, Albin Michel (1re éd. 1992, *The Bridges of Madison County*).

Walzer M., 1992, « Les deux universalismes », *Esprit*, décembre.

Walzer M., 1994, *Thick and Thin. Moral Argument at Home and Abroad*, Notre Dame, University of Notre Dame Press.

WATANABE S., OHTOMO Y., 1985, *Papa joue avec moi*, Paris, Éditions du Sorbier.

WATZLAWICK P., 1988, « Les prédictions qui se vérifient d'elles-mêmes », in WATZLAWICK P (éd.), *L'Invention de la réalité. Contributions au constructivisme*, Paris, Le Seuil (1re éd. 1989), pp. 109-130.

WEBER M., 1964, *L'Éthique protestante et le Capitalisme*, Paris, Plon (1re éd. 1905).

WEBER M., 1971, *Économie et Société*, tome I, Paris, Plon (1re éd. 1922, *Wirtschaft und Gesellschaft*).

WELLER J.-M., 1994, « Le mensonge d'Ernest Cigare. Problèmes épistémologiques et méthodologiques à propos de l'identité », *Sociologie du travail*, 1, pp. 25-42.

WELLS H.G., 1911, *L'Amour et M. Lawisham. Histoire d'un très jeune couple*, Paris, Mercure de France.

WELLS L.E., STRYKER S., 1988, « Stability and change in self over the life course », in *Life Span Development and Behavior*, pp. 191-229.

ZARKA B., 1993, « L'héritage de l'indépendance professionnelle : un ou plusieurs élus au sein de la fratrie », *Population*, 4, pp. 1015-1042.

Table des matières

DEUXIÈME PARTIE
LE TRAVAIL DE CONSTRUCTION DE
L'IDENTITÉ ENFANTINE PAR LES PARENTS

Achevé d'imprimer sur les presses de

BUSSIÈRE

GROUPE CPI

à Saint-Amand-Montrond (Cher)
en mai 2005

POCKET - 12, avenue d'Italie - 75627 Paris Cedex 13
Tél. : 01-44-16-05-00

— N° d'imp. 51419. —
Dépôt légal : juin 2005.

Imprimé en France